Childcare Curriculum

보육과정

박찬옥 나혜선 이예숙 황소영 공저

양 성 원

머리말

'보육(保育)을 교육(敎育)의 포함관계로 볼 것인가? 아니면 돌봄과 같은 차원으로 볼 것인가?' 사실, 이들의 관계를 명료히 구분 지어 설명하기가 어렵습니다. 그것은 글자 그대로 보육을 보호하고 기른다든지, 교육을 가르치고 기른다로, 돌봄을 보살펴 준다로 풀이하기에는 그 안에 내포된 의미가 시대조류에 따라 다양하게 변화되어 왔기 때문입니다. 말하자면, 이들의 대상인 영유아를 어떤 존재로 보느냐에 따라 대하는 방법과 태도 및 어른(부모, 교사 등)과의 상호작용 방식에 차이가 있을 수 있습니다. 예를 들어, 영유아를 미숙하여 어른(사회)이 목표한 대로 이끌어야 하는 존재로 볼 것인가, 아니면 영유아를 독립된 인격체로 보고 지켜봐야 하는 존재로 볼 것인가에 따라 보육, 교육, 돌봄 모두 그 접근 방법이 달라질 수 있다는 것입니다.

흥미롭게도, 최근에는 경영학계에서 청년들의 스타트업을 장려하면서 창업보육(Business Incubating)이란 용어를 사용하고 있는데, 보육으로 쓰는 educare와 incubating이 묘하게 뜻이 겹치고 있습니다. incubating은 예비 창업자나 신생기업이 사업에 필요한 기본적인 인프라는 물론 자금, 관련 법률, 인력, 홍보 등 관련 서비스를 지원하는 것을 말합니다. 보육계의 educare나 경영계의 incubating이나 모두 대상(영유아, 신생기업)이 필요한 역량을 이미 갖추고 있다는(유능한 잠재력) 신념하에 성장에 필요한 정보나 환경을 지원한다는 공통성이 있습니다. 따라서 영유아나 신생기업을 수동적 존재로 보기보다는 주도성을 가진 주체로 인식한다는 점도 같습니다.

한때, 유치원은 교육하는 곳이고 어린이집은 보육하는 곳이라는 이분법적 논쟁을 한 적도 있지만, 2019개정 누리과정 고시 이후로 보육 · 돌봄의 개념에 기반을 둔 교육이라는 의미에 힘이 실리고 있습니다. 즉, 2019 개정 누리과정에서 누리과정이 유치원과 어린이집의 3~5세 유아를 위한 공통 교육과정이라고 정의하였고, 교육의 개념도 교사의 가르침에서 교사의 영유아 지원으로 달라지고 있습니다. 특히 보육에서 돌봄의 원리가 매우 중요하게 작용하는데, 『돌봄 민주주의』 저자 조안 C. 트론토(Joan C. Tronto)가 말했듯이, 돌봄(care)은 면대면의 상호작용을 통해 개개인의 욕구나 안녕을 제공하는 활동을 동반한 애정과 책임의 조합이라고 할 수 있습니다.

이를 보육 현장의 맥락에서 보면, 교사가 영아의 기저귀를 부드럽게 갈아 줄 때 영아가 만족한 웃음을 지어, 교사와 영아 간에 상호돌봄이 이루어지는 것을 볼 수 있습니다.

2024년 개정된 국가수준 표준보육과정에서는 진일보하여 OECD의 Starting Strong Ⅱ(2006. 영아를 교육의 범주에서 다루어야 한다는 정책을 제언)를 배경으로, 영유아를 능동적인 학습자로 표명하고 영유아가 만들어 가는 보육과정의 배움을 교사가 따라가 보며 함께 걷기를 강조하고 있습니다.

이에 따라 본 책에서는 최근의 보육이 지향하는 의미와 가치에 공감하고, 이에 적합한 보육과정을 계획하고 운영하는 데 필요한 예비 영유아 교사로서의 역량을 기르는 데 중심을 두고자 합니다. 본 책의 내용은 모두 4개의 PART로 구성되어 있습니다.

Part Ⅰ에서는 보육과정의 기초가 되는 보육과정의 개념과 이론적 기초를 이해하는 내용을 담고 있습니다.

Part Ⅱ에서는 보육과정의 구성원리와 목표 · 내용 · 방법 · 평가 등 구성요소들의 체계를 살펴보는 내용을 담고 있습니다.

Part Ⅲ에서는 2024년에 개정된 국가수준 표준보육과정(0~2세)의 배경과 총론 및 0~2세 보육과정, 3~5세 보육과정(누리과정)에 대하여 자세히 소개하는 내용을 담고 있습니다.

Part Ⅳ에서는 2024개정 표준보육과정에 기초한 영아반 보육과정 계획과 운영, 2019개정 누리과정에 기초한 유아반 보육과정 계획과 운영, 지역수준 · 기관수준 · 개인수준의 다양한 보육과정 운영예시를 알아보는 내용을 담고 있습니다.

본 책이 “영유아는 배움을 생성하여 보육과정을 만든다”는 신념을 가지고 현장에서 영아들을 지원하고 보육하는 교사들, 예비교사로서 영유아보육을 전공하는 학생들, 그리고 보육 전문가들에게 유용한 교재가 되기를 소망합니다.

본 책이 나오기까지 많은 시간을 공들여 출판해 주신 양성원 여러분께 깊은 감사를 드립니다.

2025년 2월

저자 일동

차 례

PART 3 국가수준 표준보육과정의 이해와 적용

PART 4 보육과정 운영

PART 1

보육과정의 기초

생각열기

2세 영아 3명과 교사가 앉아 그림책을 봅니다. 「내 뒤에 누굴까?」 책이지요. 한 영아가 교사 무릎에 앉아 있고, 다른 영아들이 교사 왼쪽과 오른쪽에 앉아 있습니다.

이 그림책에는 여러 동물들이 등장합니다. 첫 페이지에 강아지가 있고 그 뒤에 거북이 얼굴이 보입니다. 교사는 '내 뒤에 누굴까?' 문장을 읽어 줍니다. 이어서 거북이 뒤에 코끼리 코가 살짝 보이고 "거북이 뒤에 누굴까?" 이런 식으로 새, 부엉이, 뱀, 기린, 토끼, 쥐들이 차례로 나옵니다. 이들은 각기 앞의 동물의 뒤에 또는 위에, 앞에, 아래에 있고 "~앞(뒤, 위, 아래)에 누굴까?" 질문이 이어집니다.

마지막 문장은 "우리 모두 가까이 있었네!"로 끝납니다.

작가는 영아들이 무엇을 느끼고, 어떤 배움을 형성하면 좋겠다고 생각했을까요? 우리 각자 생각해 보고 서로 의견을 나누어 볼까요?

Chapter 01

보육과정의 개념

1. 보육과정의 정의 및 수준
2. 보육과정의 특성

학습목표

1. 보육과정이 갖는 의미를 이해한다.
2. 보육철학의 정립은 보육설계의 기본임을 파악한다.
3. 보육철학과 신념에 따라 보육의 방향과 보육방식이 달라짐을 인식한다.
4. 보육과정을 결정하는 주체에 따라 국가수준 · 지역수준 · 어린이집수준 · 교사수준 · 영유아수준으로 구분됨을 인지한다.
5. 보육과정은 통합적 특성, 기초적 특성, 포괄적 특성, 종합적 특성이 있음을 안다.

주요 용어

보육과정 / 보육철학 / 설계도 / 보육목적 · 목표 / 보육내용 / 보육방법
운영계획 / 연속체 / 만들어 가는 보육과정 / 보육과정수준 /
국가수준 / 지역수준 / 어린이집수준 / 교사수준 / 학습자(영유아)수준

1. 보육과정의 정의 및 수준

어떻게 보육하면 영유아들이 즐겁고 행복한 하루를 보낼 수 있을까? 머릿속에 떠오르는 여러 생각들을 종이에 옮겨 그려 가며 설계한다. 영유아들에게 최선의 보육 경험이 이루어질 수 있도록 설계하는 것이 보육과정이다.

여기에서는 보육과정이 갖는 의미에 대하여 알아보고, 보육과정을 결정하는 주체에 따른 보육과정 수준에 대하여 살펴보기로 한다.

1) 보육과정의 정의

"이 어린이집에서는 영유아들이 어떤 경험을 할까?" 궁금해할 때 우선적으로 펼쳐 보는 것이 문서로 된 어린이집의 보육과정이다. 왜냐하면 보육과정이 어린이집의 보육계획과 운영에 관한 설계도를 의미하기 때문이다.

각 어린이집은 보육철학을 바탕으로 보육목적과 목표를 설정하고, 이를 실천할 수 있는 보육내용과 방법을 선정하여 구체적인 운영계획을 작성하는 등 보육에 관한 큰 그림을 그린다. 따라서 보육과정은 어린이집의 정체성을 나타낸다고도 말할 수 있다.

보육과정을 설계할 때 기본적으로 중요한 것이 보육철학을 정립하는 일이다(박찬옥, 2020). 즉, '왜 보육을 하는가? 영유아는 어떤 존재인가? 영유아의 전인적 발달과 행복을 위하여 어떻게 보육해야 할까?' 등에 대해 성찰하면서 특정한 신념과 가치선택을 하게 된다. 특정 보육과정은 다양한 신념과 가치들 가운데서 특정하게 선택된 보육적 신념과 가치의 산물이다. 이 같은 보육철학, 즉 신념과 가치선택은 잠재적으로 교사의 보육행동에 영향을 미치고, 표면적으로 어린이집의 전반적인 보육방향을 이끌어 간다.

그동안의 보육과정 흐름을 살펴볼 때, 이성호(1982)의 주장을 적용한다면 대체로 두 가지의 기본적인 철학적 신념과 가치를 형성하여 왔다고 할 수 있다. 이 두 가지의 철학적 신념과 가치는 양극적인 경향을 보이는데, 한쪽이 보수적 · 전통적 · 구속적 · 고정적 경향이라면, 다른 한쪽은 진보적 · 개혁적 · 자율적 · 가변적인 경향이 강하다.

철학적 신념과 가치의 연속체

보수적 · 전통적 · 구속적 · 고정적	진보적 · 개혁적 · 자율적 · 고정적
• 발달특성상 영유아기에 배워야 할 것은 어느 시대에나 똑같다. • 전문가인 교사가 사전에 계획한 대로 가르칠 때 영유아는 잘 배울 수 있다. • 영유아에게 배움이 잘 일어나기 위해 집단을 동질적으로 편성한다. • 하루일과는 정해진 순서대로 일관성 있게 운영해야 한다.	• 시대변화에 따라 영유아기에 경험하는 것이 다를 수 있다. • 영유아는 저마다의 방식으로 환경과 상호작용하여 배움이 일어난다. • 영유아는 동질적 집단뿐만 아니라 이질적이고 다양한 관계와의 상호작용을 통해 많은 것을 배운다. • 하루일과는 영유아의 개별적 선택과 상황적 흐름에 의해 언제든 융통성 있게 운영될 수 있다.

[그림 1-1] 보육에 관한 철학적 신념과 가치의 연속체 예시

그림 1-1의 예시를 통하여, 보육교사나 어린이집 원장 또는 보육과정 개발자가 어떤 철학적 신념과 가치를 선택하느냐에 따라 보육하는 접근방법이 달라질 수 있음을 인지할 수 있다. 두 입장 모두 영유아가 건강하고 행복한 사람으로 성장하기를 바란다고 해도, 한쪽은 영유아의 발달수준이나 연령에 적합한 경험내용을 선정하여 교사주도형으로 일과를 운영할 경향이 있으며, 다른 한쪽은 영유아가 자발적으로 놀이자료와 놀이공간 및 시간을 선택하여 영유아 주도형으로 일과를 운영하는 데 비중을 둘 경향이 있다. 그러나 실제로 이 두 가지 철학적 신념과 가치를 양극에 놓고 하나의 연속체를 그려 본다면, 어떤 교사나 원장, 보육과정 개발자도 양극단의 입장으로 분류할 수는 없을 것이다. 연속체상의 중간지점, 또는 어느 한쪽에 가까운 지점에서 두 가지 입장을 통합하고 균형을 이루고자 노력할 것이다. 그리고 시대사조나 사회의 변화, 인간발달 연구의 새로운 발

견, 학문적 동향 등을 참고하여 보육에 관한 신념이나 가치 입장이 달라질 수도 있다. 말하자면, 일정한 보육내용과 상호작용 방식을 일관되게 견지했던 교사라도 다음 해에는 다양하고 융통적인 운영 방식을 수용하려는 입장으로 변화할 수 있다.

보육과정을 설계할 때, 보육철학 정립과 함께 중요한 것이 당해년도 어린이집 보육과정의 운영 중점을 결정하는 일이다. 이는 어린이집마다 처한 지리적 조건이나 환경여건이 다르며 영유아들 및 교사들의 배경과 요구에 차이가 있고, 해마다 부모들의 요구가 다양할 수 있기 때문이다. 예를 들어, 다문화가정의 영유아가 다수인 어린이집에서는 언어활동 및 사회정서적 상호작용에 중점을 둔 보육과정을 운영하고자 할 수 있다. 농어촌 어린이집에서는 영유아들이 다양한 도시 공간과 새로운 디지털 문화를 경험하는 데 중점을 둔 보육과정을 계획할 수 있으며, 고층빌딩 도심의 어린이집에서는 영유아가 자연 숲 체험을 할 수 있는 기회를 제공하는 데 중점을 둘 수 있다. 그런가 하면, 0~2세 영아들은 일상생활과 정서적 상호작용을, 3~5세 유아들은 언어인지활동과 창의적 표현활동을 많이 경험할 수 있도록 하는 데 중점을 둘 수 있다. 따라서 모든 어린이집에는 그 어린이집 특성에 맞는 보육과정이 있으며, 어린이집 수만큼이나 다양한 보육과정이 존재한다고 해도 과언이 아니다.

그러나 국가차원에서 볼 때 우리나라의 영유아들을 보육하는 데 있어, 각 어린이집의 특수성을 인정함과 아울러 모든 어린이집이 공통적으로 지향하고 경험해야 할 방향을 고시할 필요가 있다. 이를 국가수준의 표준보육과정이라고 한다. 예를 들어, 2020년 4월에 보건복지부가 고시한 제4차 어린이집표준보육과정에서는 영유아 중심 · 놀이 중심 보육과정의 성격을 표방하고 있다. 특히 영유아는 개별적인 특성을 지닌 고유한 존재로서, 자발적으로 놀이하며 배움이 일어나는 유능한 영유아라는 아동관을 제시하고 있다. 이에 따라, 각 어린이집은 국가수준의 영유아 중심 · 놀이 중심 보육과정을 기반으로 개별적인 어린이집 특성과 운영 중점을 반영한 어린이집수준의 보육과정을 계획하고 운영하게 된다.

이제까지 기술한 바와 같이, 보육과정은 영유아가 자발적이고 주도적으로 놀이와 활동을 선택하고 수행하여 학습(배움)이 일어날 수 있도록 환경을 지원해 주는 보육의 설계도이다. 따라서 보육과정은 보육의 목표와 내용, 방법과 운영 방식, 평가를 포괄하는 폭넓은 개념으로 보아야 할 것이다. 또한 국가에서 일방적으로 만들어서 '주어지는 보육과정'이 아니라, 보육을 직접 실천하는 각 어린이집에서 다양하게 편성, 운영하는 '만들어 가는 보육과정'이 되어야 할 것이다.

2) 보육과정의 수준

보육과정을 결정하는 주체가 누구인가에 따라 보육과정은 국가수준의 보육과정, 지역수준의 보육과정, 어린이집수준의 보육과정, 교사수준의 보육과정 그리고 학습자(영유아)수준의 보육과정 등 5가지 수준으로 구분할 수 있다.

첫째, 국가수준의 보육과정이다.

우리나라 국가수준의 보육과정은 표준보육과정이라고 부른다. 이는 「어린이집의 0~5세 영유아들에게 국가수준에서 제공하는 보편적이고 공통적인 보육의 목표와 내용을 제시한 것」이다.

둘째, 지역수준의 보육과정이다.

각 지방자치단체(시 · 도 · 군 · 구)에서는 국가가 수립한 중장기 보육 기본계획과 국가수준의 표준보육과정에 근거하여 해당 지역에서 지원 가능한 보육정책과 사업 안내 지침을 각 어린이집에 시달한다. 이를 지역수준의 보육과정이라고 부른다. 예를 들어, 제4차 중장기 보육 기본계획(2023~2027)은 안전하고 질 높은 양육환경 조성을 실현하기 위한 4개 전략과 16대 주요과제를 제시한 바 있다. 이에 각 지방자치단체는 양육환경 조성을 위한 부모교육프로그램을 개발하거나, 어린이집 부모교육을 실시하고, 제4차 표준보육과정의 영유아 중심 · 놀이 중심 보육을 위한 영유아놀이 프로그램을 개발하여 어린이집에 안내, 보급할 수 있다.

셋째, 어린이집수준의 보육과정이다.

어린이집 원장은 교사들과 함께 연구하고 논의하여 당해년도의 최선의 보육방향을 결정해야 한다. 원장과 교사들은 0~5세 영유아들이 건강하고 행복한 삶을 살 수 있도록, 어린이집 생태환경을 고려하고 영유아들의 발달적 요구와 특성, 국가수준의 표준보육과정 및 지역수준의 보육정책과 보육사업 지침 등을 반영하여 당해년도 어린이집 보육계획을 설계하는 데 이를 어린이집수준의 보육과정이라고 부른다.

넷째, 교사수준의 보육과정이다.

'실제로 보육과정이 무엇일까?' 하고, 그 실체를 알아보고자 한다면, 교사가 운영하는 하루일과를 관찰하면 될 것이다. 교사는 국가수준의 표준보육과정과 지역수준의 보육정책과 보육사업 지침 및 해당 어린이집수준의 보육과정을 기초로, 담당 학급의 영유아의 요구, 상황 등을 고려하여 보육계획을 수립하고 운영하게 된다. 이때 교사는 어린이집 등원에서부터 귀가까지의 일과를 매일 사전에 계획하고, 실제 운영하며, 사후에 평가한다. 교사는 "오늘도 우리반의 영아들(또는 유아들)이 건강하고 행복하게 지냈으면 좋겠다."는 바람으로, 놀이하면서 영유아가 스스로의 방식으로 배움이 일어나도록 일과를 구성하고 놀이 환경을 지원하는 일일 보육계획안을 작성할 것이다. 일일 보육계획이 모여 주간 보육계획으로 이어지고, 다시 월간 보육계획으로 묶여진다. 12개월 분의 월간 보육계획은 당해년도 연간 보육계획으로 통합된다. 이를 교사수준의 보육과정이라고 부른다.

다섯째, 학습자(영유아)수준의 보육과정이다.

각 어린이집이 국가수준의 표준보육과정을 기초로, 지역수준의 보육정책 및 보육사업 지침을 반영하고, 부모의 만족도를 고려하여 어린이집수준의 보육과정을 결정하고, 각 반의 교사들이 영유아의 발달과 흥미 · 관심을 중심으로 보육과정을 계획 · 운영할 때, 그 결과는 학습자인 영유아의 배움, 즉 행동변화로 나타날 것이다. 영유아에게 나타나는 의미 있는 행동변화를 학습자수준의 보육과정이라고 한다.

국가수준의 표준보육과정이든 어린이집수준의 보육과정이든, 보육과정이 영유아를 위한 최선의 보육설계가 되어야 한다는 것은 주지의 사실이다. 이영덕(1987)의 주장을 적용해 볼 때, 영유아를 위한 최선의 보육설계가 되기 위하여는 보육과정을 계획하는 국가수준, 지역수준, 어린이집수준, 교사수준 및 학습자(영유아)수준이 상호 연계하여 보육의 방향을 결정하는 것이 중요하다.

즉, 보육과정의 편성, 운영이 '교육부 → 지방자치단체(시 · 도 · 군 · 구) → 어린이집 → 교사 → 영유아'의 방향으로 획일적 · 지시적 · 일방적으로 이루어지는 것이 아니라, 영유아 ⇄ 교사 ⇄ 어린이집 ⇄ 지방자치단체(시 · 도 · 군 · 구) ⇄ 교육부의 상호보완적 흐름으로 이루어져야 한다.

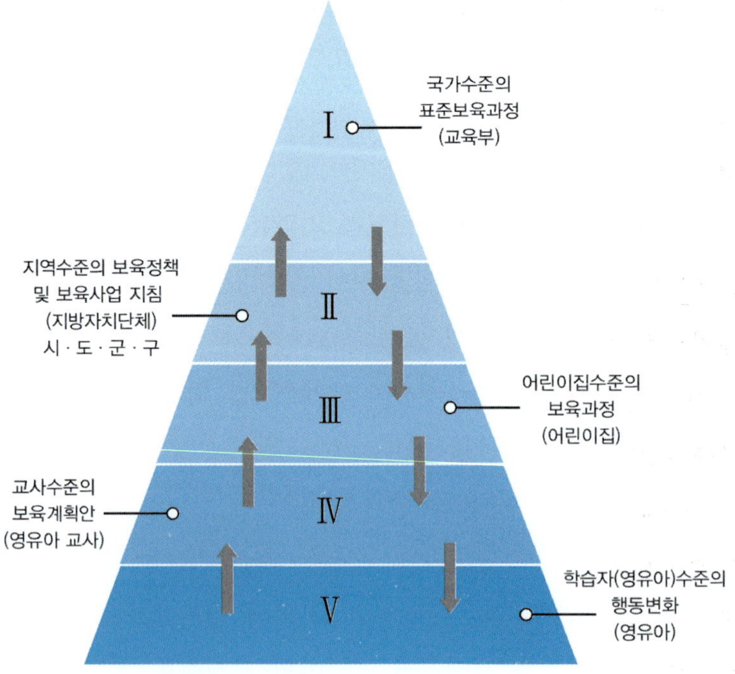

[그림 1-2] 보육과정 수준 및 상호연계

더 알아보기

보육과정, 교육과정, 프로그램은 어떤 차이가 있을까요?

보육과정과 교육과정은 둘 다 커리큘럼(Curriculum)을 번역한 용어입니다. 커리큘럼은 라틴어 쿠레레(currere)에서 유래되었으며, 이는 경마장에서 말이 달려야 할 경주로(race course)를 의미합니다. 이를 교육의 맥락에서 교육목표에 적합한 내용과 방법을 계획하고 수행하며 평가하는 일련의 과정을 교육과정이라고 부릅니다. 예를 들어, 초·중등학교 교육과정이 있으며, 유치원 교육과정이 있습니다. 이와 같은 차원에서 0~5세 영유아의 보육을 위한 어린이집 보육과정이 있습니다.

교육과정이나 보육과정과 마찬가지로 프로그램 역시 목적·목표, 내용, 방법, 평가의 요소들로 구성되어 있습니다. 다만, 교육과정이나 보육과정이 보편성, 공통성, 일반성을 띤 것에 비하여 상대적으로 프로그램은 개별성, 특수성을 띤다고 할 수 있습니다. 예를 들어, 국가수준의 표준보육과정이나 유치원 교육과정은 0~2세 영아들과 3~5세 유아들에게 공통적으로 적용해야 할 지침을 제시한 데 비하여, 어린이집수준의 보육과정이나 교사수준의 보육과정은 개별적 특성을 반영하고 있으므로 어린이집 프로그램이라고 부르기도 합니다. 또 다른 예로는, 특수성을 띤 영아운동발달프로그램, 산책활동프로그램, 부모역할지원프로그램 등을 들 수 있습니다.

2. 보육과정의 특성

보육과정의 특성을 이해하려면, 그 배경이 되는 보육의 역사를 인지할 필요가 있다. 보육이 구제사업의 일환으로 출발하여 관할부서가 보사부, 보건복지부, 여성가족부, 교육부 등으로 이관되기까지 사회변화가 보육에 작용하는 영향력은 매우 컸다고 볼 수 있다. 이는 보육과정이 초·중등교육과정과 차별화된 특성을 갖게 했다. 여기에서는 보육과정의 역사적 변천과 그를 배경으로 한 보육과정 특성에 대해 알아보기로 한다.

1) 보육과정의 역사적 변천

보육과정이 어린이집의 보육계획과 운영에 관한 설계도로서 그 의미를 정립하게 된 것은 2004년 1월 29일 「영유아보육법」이 개정되면서이다. 우리나라의 보육은 빈민아동을 위한 구제사업의 일환으로 출발하였다. 1921년 태화기독교사회관에서 탁아프로그램을 처음 운영하였는데, 이는 외국 원조에 의한 구호적 차원의 보육이었다. 이후 1961년 「아동복리법」을 제정 공포하고, 보건사회부 주관의 탁아사업을 실시하였다.

1991년 「영유아보육법」을 제정하여 탁아사업에서 보육사업으로 확대·발전하였다. 이때부터 보육을 보호와 교육의 통합 개념으로 사용하였다. 「영유아보육법」이 지향하는 보육대상은 보호자가 보호하기 어려운 영아 및 유아로 한정함으로써 선별적 보육의 성격을 가지고 있었다. 2004년 보육업무가 보건복지부에서 여성부로 이관하면서 「영유아보육법」의 전면 개정이 이루어졌는데, 보육의 공공성을 강화하고, 보육서비스의 질적 수준을 향상시키기 위한 어린이집 평가 인증제도와 국가수준의 표준보육과정이 도입되었다.

1991년 「영유아보육법」 제정 이후에 보육사업의 양적 팽창과 질적 향상을 모색하는 정책들이 나오기는 하였으나, 보육과정 자체에 대한 관심과 개선을 위한 노력은 상대적으로 부족하였다. 개별 어린이집에서는 보육에 대한 철학적 논의나 질적인 보육을 위한 보육과정을 구성하는 데 역부족을 보였다. 이에 따라 어린이집에서 영유아를 위한 보육의 목표, 내용, 방법에 대한 국가수준의 지침이 필요하게 됨으로써, 2004년 개정된 「영유아보육법」에서 표준보육과정을 개발·보급해야 함을 명시하였다. 이때부터 어린이집에 다니는 영유아는 성, 빈부, 종교, 소득 등에 관계없이 0~5세의 모든 영유아를 가리킴으로써 보편적 보육의 성격을 가지게 되었다.

표준보육과정이 2007년 1월에 1차로 고시된 이래로 2012년 2월에 2차, 2013년 1월에 3차, 2020년 4월에 4차로 개정되고, 2024년 12월 9일에 교육부가 2024 개정 표준보육과정(0~2세)을 고시함으로써 국가수준의 유치원 교육과정과 연계 및 통합하는 경향을 보였다. 예를 들어, 제4차 어린이집 표준보육과정은 2019 개정 누리과정을 3~5세 보육과정으로 하면서, 유치원 교육과정과 같이 3~5세 유아를 위한 국가수준의 공통 교육과정으로 명명하였다. 또한 0~2세 영아보육과정도 2019 개정 누리과정과 연계하여 영유아 중심 · 놀이 중심의 보육과정을 표방하였다.

2024년 2월 13일 정부조직법의 일부가 개정되고, 「영유아보육법 시행령」(대통령령 제34786호 시행 2024.8.7.) 일부가 개정됨에 따라 보건복지부에서 관할하던 보육정책 및 업무가 교육부로 이관되었다.

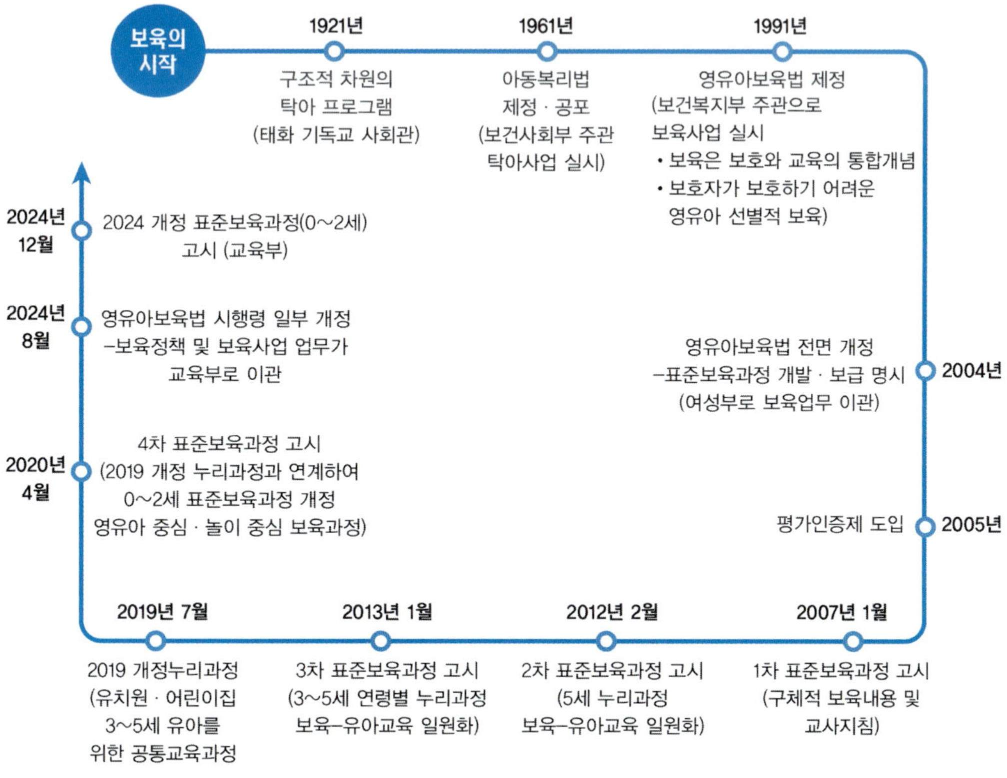

[그림 1–3] 보육과정의 역사적 변천

2) 보육과정의 특성

보육과정의 역사적 배경을 참고로 할 때, 초·중등학교급의 교육과정과 차별화된 몇 가지 특성을 생각해 볼 수 있다(박찬옥 외, 2020).

첫째, 보육과정은 보호와 교육의 두 가지 기능을 동시에 실현해야 하는 통합적 특성이 있다.

영유아를 위한 보호와 교육은 결코 분리할 수 없는 보육과정의 출발점이고, 목표이며 내용이고 방법이다. 보호는 일반적으로 쉬거나, 수면을 취하거나, 음악을 듣거나, 바깥놀이를 하거나, 식사를 하거나, 용변을 보거나, 또래와 노는 등 영유아가 안전하고 자유롭게 생활하도록 돌보아 주는 것이다. 학자에 따라서는 영유아를 위한 보호를 돌봄이라고 부르기도 한다. 이에 비하여, 교육은 영유아의 발달적 변화와 배움의 성장에 목표를 두고, 영유아가 하는 다양한 경험을 교사가 관찰하여 평가하고 지원해 주는 것이다. 따라서 편의상 하루일과 중 기저귀 갈기, 휴식하기, 수유하기, 화장실 가기, 잠자기, 산책하기 등의 일상생활을 보호시간으로 간주하고, 자유놀이와 대·소집단활동 등을 교육시간으로 간주하기도 한다. 또는 영아의 미분화된 발달특성에 따른 교사와의 신체적·정서적 상호작용에 비중을 두어 영아기에는 보호적 기능을 강조하고, 유아기에는 유아의 자율적 선택과 능동적 경험에 비중을 두어 교육적 기능을 강조하기도 한다.

그러나 영유아보육에 있어 이러한 구분은 적합하지 않다. 실제로 교사는 영아의 기저귀를 갈거나 수유하면서 따뜻한 미소와 노래를 불러 주는 등 상호작용을 하면서 동시에 어제와 달라진 영아의 행동특성을 발견하고 적절한 지원을 하는 등의 교육적 역할을 한다. 그리고 유아반의 교사는 박물관 견학을 할 경우에, 유아들이 과거·현재·미래를 연결하는 관계적 사고와 함께 창의적 아이디어를 계발하도록 격려하는 교육적 역할을 하면서, 안전하고 질서 있게 박물관 내부를 돌아보고 적절히 휴식과 간식을 취할 수 있도록 하는 등의 보호적 역할도 병행한다.

이에 따라, 영유아 보육과정은 영유아 보호와 교육의 기능을 통합한 발달적 보육 또는 질적인 보육을 지향하며, 그 대표적 예로 1차에서부터 4차에 이르기까지 국가수준 어린이집 표준보육과정과 2024 개정 표준보육과정(0~2세)을 들 수 있다.

둘째, 보육과정은 생애 초기교육 및 보육으로서 이후 학습과 성장의 기틀을 구축하는 기초적 특성이 있다.

발달심리학자들은 이미 지능의 50%가 4세 이전에, 80%가 8세 이전에 발달한다고 밝힌 바 있다. 넬슨(Nelson, 2000)은 두뇌발달이 0~2세에는 주 양육자와의 정서적 유대에 기반을 둔 기초 뇌기능(감각, 언어)이 발달하고, 3세 이후에는 창의성, 문제해결력, 추론능력 등의 고등 뇌기능이 발달한다고 주장하였다.

특히 경제학자인 헤크만(Heckman, 2006)은 인적자원 투자대비 회수율을 놓고 볼 때, 영유아기가 각 생애단계에 있어서 가장 비용효과가 크게 나타난다고 보고하고, 이에 따라 영유아기 보육을 강조하여 0~5세 계획(zero-to-five plan)을 제안한 바 있다. 이는 생애 초기 기본학습 능력의 중요성으로 이어져 세계 각국은 영유아의 보육기회 평등, 기본학습능력의 보장정책 등을 마련하는 움직임을 보

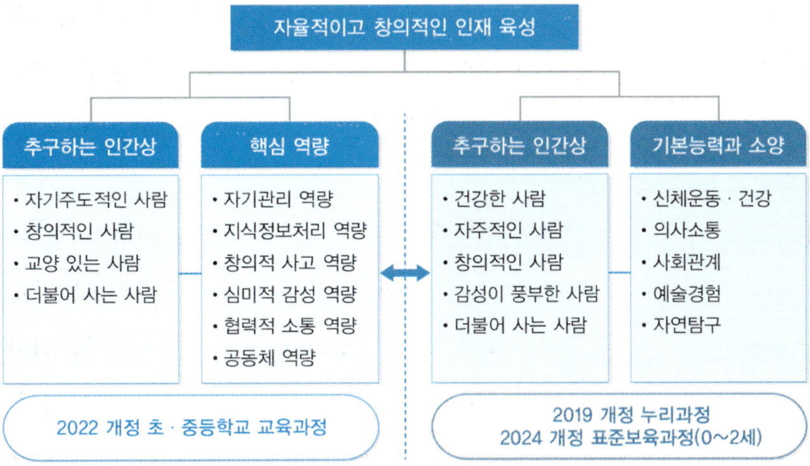

[그림 1-4] 유 · 초 연계 교육(보육) 방향

이고 있다. 또한 OECD에서 개인의 성공적 삶과 미래사회 발전에서 요구되는 핵심역량을 규명하는 De Se Co(Definition and Selection of Key Competencies) 프로젝트를 수행한 이후, 세계 각국은 역량기반 교육과정의 흐름을 보였는데, 이에 우리나라 2009 개정 초·중등학교 교육과정에서도 21세기에 적합한 자율적이고 창의적인 인재 육성을 위하여 추구하는 인간상과 핵심역량을 제시하였으며, 이는 2015 개정 및 2022 개정 초·중등학교 교육과정에도 계속 이어졌다. 이와 연계하여 2019 개정 누리과정, 제4차 어린이집 표준보육과정 및 2024 개정 표준보육과정(0~2세)에서도 추구하는 인간상과 5개 내용영역에 영유아기 기본능력과 소양을 제시하였다.

셋째, 보육과정은 영유아의 교육·건강·영양·안전뿐만 아니라, 부모참여 및 부모교육을 통한 가정지원을 포함하는 포괄적 특성이 있다.

영유아가 건강하고 행복하게 성장·발달하는 데는 영유아만을 위한 보육으로는 한계가 있으며, 부모와의 협력 및 가정과의 연계를 통해 보육과정의 효율을 기할 수 있다.

실제로 어린이집 일과에서 영유아에게 관찰되는 행동은 가정에서 양육된 경험을 바탕으로 한다. 이에 따라 교사는 영유아 이해 및 지원에 필요한 정보를 부모와 교류하고 적절한 보육계획을 해야 한다. 즉, 교사는 어린이집에서의 영유아 행동특성 및 관찰내용에 대하여 부모와 솔직한 대화를 나누고, 행동의 이유가 될 만한 정보를 주고받으며, 영유아에게 도움이 될 수 있는 보육과정계획을 수립하는 것이 중요하다.

이러한 노력의 과정에서 중요한 것은 부모와 교사 간의 신뢰이다. 영유아에게 진정성 있는 보육을 하는 교사, 영유아에게 최선을 다하는 부모라고 서로 믿는다면 교사와 부모 나아가서는 어린이집과 가정과의 연계는 영유아를 위한 동반자적 관계로 이루어질 것이다. 구체적으로 가정통신, 전화면담, 부모상담, 어린이집운영위원회, 수업참관, 일일교사와 같은 부모의 자원봉사 등 부모교육 및 참여를 통하여 보육과정을 효율적으로 운영할 수 있다. 2024 개정 표준보육과정(0~2세)에서도 교사−영유아−부모−지역사회가 함께 만들어 가는 보육과정이 되어야 할 것을 강조하고 있다.

넷째, 보육과정은 영유아의 개인적 특성과 함께 영유아를 둘러싼 환경의 다양한 조건들을 고려하고 반영해야 하는 종합적 특성이 있다.

브론펜브레너(Bronfenbrenner, 1995)가 제시하였듯이, 영유아를 둘러싼 생태학적 환경은 미시체계, 중간체계, 외체계, 거시체계 및 시간체계로 구성되어 있으며, 이들 환경은 영유아와 역동적으로 상호작용하면서 상호 영향을 주고받는다.

교사는 보육과정을 계획하고 운영할 때, 각 영유아의 개인적 특성(연령, 발달수준, 장애여부, 기질적 성향, 행동방식 등)을 기본적으로 고려해야 함은 물론이고, 영유아가 어떤 가정환경이나 지역사회에서 생활하는지와 문화적 경험은 어떠한지 등을 보육과정에 반영해야 한다.

예를 들어, 연령별 또는 발달수준별로 보육내용과 방법을 달리해야 하며, 장애가 있는 영유아가 있을 경우 완전통합으로 할 것인가, 부분통합 또는 역통합으로 할 것인가를 보육과정에 반영해야 할 것이다. 그리고 가족의 상황이 맞벌이부모, 한부모, 조부모, 다문화가정의 영유아인가, 또는 요보호 상황의 영유아인가 등에 따라 다양한 보육과정 운영이 요구된다. 실제로 어린이집에서는 기본보육, 연장보육, 시간제보육, 야간 및 24시간 보육, 휴일보육 등 다양한 보육과정을 운영하고 있다.

Chapter 02

보육과정의 이론적 기초

1. 아동에 대한 관점
2. 철학적 기초
3. 심리적 기초
4. 사회변화와 보육과정

학습목표

1. 아동에 대한 다양한 관점을 이해한다.
2. 보육적 신념과 가치를 형성하는 데 도움이 되는 철학적 관점에 대해 알아본다.
3. 학습자인 영유아의 성장과 발달에 대한 이해를 돕는 발달이론에 대해 살펴본다.
4. 현대사회의 현상과 변화를 파악해 봄으로써 미래 보육의 새로운 방향을 모색해 본다.

주요 용어

아동관 / 아동중심 교육 / 아동권리 / 전인교육 / 합자연의 원리 / 감각교육 / 백지설 / 소극적 교육 / 놀이 / 작업 / 민감기 / 흡수정신 / 성숙주의 / 정신분석 이론 / 행동주의 이론 / 인지발달 이론

1. 아동에 대한 관점

'아동을 어떠한 존재로 바라볼 것인가?'에 대한 논의는 보육과정의 방향을 설정하고 운영하는 데 아주 중요한 출발점이 된다. 아동을 유능하고 능동적인 존재로 인식한다면 아동이 자신이 흥미를 지닌 대상을 선택하고 자신의 속도에 맞춰 탐구하고 알아가도록 도울 수 있을 것이다. 반면 미숙하고 수동적인 존재로 인식한다면 성인의 계획과 직접적인 지도에 따라 발달한다고 생각하여 교수를 계획하고 실천할 것이다.

아동관(兒童觀)이란 아동의 본질에 대한 견해나 사고방식으로 어른이 어린이의 세계를 어떻게 보느냐 하는 견해를 이르는 말이다(표준국어대사전). 고대로부터 현대에 이르기까지 시대의 흐름에 따른 사회의 가치와 사상, 가족 및 경제구조 등과 같은 사회변화에 따라 영유아를 바라보고 이해하는 바가 달라져 왔다. 여기에서는 전통사회에서 현대에 이르기까지 아동에 대한 관점이 어떻게 변화되어 왔는지 구체적으로 살펴보고자 한다.

1) 전통사회의 아동에 대한 관점

전통사회에서는 영유아를 성인의 축소판 또는 어른이나 부모에게 예속된 존재로 간주하였다. 이 시대에 영유아는 성인의 세계로 적절하게 통합될 수 있도록 훈육하고 통제해야 하는 대상으로 여겨졌다.

(1) 우리나라

우리나라는 유학(儒學)을 근간으로 하는 교육이 일부 계층에 한정되어 이루어졌다. 국가 주도의 유학교육은 신분 상승을 가능하게 하는 수단이었으나 실질적인 공교육의 기회는 극히 제한되었다(윤재홍, 2018). 가정에서 지속적이고 반복적인 생활교육이 비형식적으로 이루어졌으며, 이를 통해 기본적인 가치관, 생활습관, 가족의 전통, 문화적 전승이 이루어졌다. 전통사회의 삶은 전적으로 가정안에 머물러 있었으며, 아동은 가계 계승자로서 발달과 성장의 가능성이 있는 존재로 보았으나 신체적 · 정신적으로 미성숙한 존재로 여겨졌다(권혜진 외, 2021).

(2) 서양

서양의 교육은 고대 그리스의 철학적 전통과 중세시대의 신(神) 중심적 전통에 뿌리를 두고 있다. 그리스의 철학적 전통은 인간을 이성적 존재로 이해하는 인간 중심적인 특징을 나타내었다. 이러한 전통은 고대 그리스-로마시대를 거쳐 르네상스시대, 현대에까지 이어지고 있다(이신동 외, 2020). 중세시대 교육의 바탕에는 원죄설이 자리 잡고 있어 타락한 존재로서의 인간을 신에게 인도하는 것을 중요하게 여겼으며, 경건한 삶을 영위하도록 도덕적으로 훈련시키는 것을 중요시 여겼다.

2) 근대의 아동에 대한 관점

(1) 우리나라

17세기 중반부터 19세기 초에 걸쳐 조선 후기사회에서는 '실학(實學)'이라는 실용적이고 진보적인 사상적 경향이 나타났다. 실학주의자들의 사상은 기존의 성리학에 대해 비판적이고 개혁적인 성격을 나타냈으며, 이후 개화사상이나 독립사상으로 연결되었다. 이들은 신분에 따른 차별 폐지, 평등한 교육 기회의 제공, 아동용 교재 사용의 주장, 8세 이상의 모든 아동에 대한 의무교육 등을 주장하였다.

개화기에 나라의 미래와 희망으로서의 아동에 대한 관심이 나타나기는 했지만 주로 청소년에 대한 관심에 국한되었다. 이 시기에는 주로 민간 주도의 교육이 주를 이루었고, 선교사들을 중심으로 한 개신교 계열의 학교들이 세워지기 시작하였으며, 독립협회 등이 주도한 계몽운동이 신식교육과 교육개혁 확산에 큰 역할을 담당하였다.

아동에 대한 관심은 1920년대에 이르러 학령기와 영유아로 확대되었고, 영유아기 교육에 대한 관심도 증가하여 유치원, 탁아소 등이 설립되기 시작하였다. 어린이에 대한 근대적 인식이 시작되기는 하였으나 어린이가 주체가 되기보다는 국가나 민족의 미래의 관점에서 활용되었다(권혜진 외, 2021). 하지만 소파 방정환 선생님은 천도교 소식지인 '개벽'에 '어린이'라는 용어를 처음 사용하면서 아이를 하나의 인격체로 인정하는 새로운 시대로의 변화에 중요한 역할을 하였다. 방정환 선생님을 중심으로 이루어진 어린이 운동은 1922년 어린이날의 제정으로 이어졌으며, 영유아를 새로운 관점으로 보게 되는 데 중요한 영향을 미쳤다.

(2) 서양

중세시대의 신 중심의 사상은 르네상스와 종교개혁을 거치면서 인간 중심의 관점으로 다시 변화하기 시작하였다. 영유아를 바라보는 관점에도 변화를 가져오면서 영유아를 위한 공교육체제가 발달하게 되면서 19세기에는 공교육체계가 확립되었다(이신동 외, 2020).

로크(Locke)의 '백지설'과 루소(Rousseau)의 '성선설'은 원죄설에 기초한 인간에 대한 이해를 거부하고 새로운 관점을 제시하였다. 계몽주의 시대의 교육은 모든 사람의 이성적인 각성을 추구하면서 보편적인 교육을 향해 나아갔다(윤재홍, 2018). 로크는 인간은 태어날 때 백지와 같은 상태이므로 어떠한 경험을 제공하느냐에 따라 어떤 존재로도 될 수 있다고 주장하면서 아동과 경험의 중요성에 대해 역설하였다. 백지처럼 깨끗한 상태로 태어나 그 백지에 부모, 교사, 환경, 사회 · 문화가 무엇인가를 채워 나가도록 도와주므로 인간의 본성보다는 환경의 영향을 강조한 그의 교육은 적극적 교육론으로 평가되었다. 루소는 인간을 태어날 때부터 선한 존재로 보았으며, 아동을 자연적 · 천부적 특성을 지닌 독특한 인격체로 보고, 교육은 영유아의 본성에 따라 구체적인 것에서 추상적인 것으로 이루어져야 한다고 믿었으며, 경험을 강조하였다(김상림 외, 2015). 영유아를 능동적인 존재로 보고, 외부의 통제보다는 내면의 자발적인 학습을 중요시하였다. 즉, 아동은 스스로 또는 성인의 도움을 받아 가면서 환경과 상호작용하는 능동적인 학습의 주체로 보았다(윤매자, 안창희, 2021).

로크와 루소의 아동에 대한 관점을 바탕으로 교육에 대한 관점이 아동중심으로 전환되었다. 이를 계승한 페스탈로찌(Pestalozzi), 프뢰벨(Fröbel) 등에 의해 구체적인 교육활동으로 실현되기 시작하였으며, 페스탈로찌는 영유아를 고유의 권리를 가진 주체적이고 능동적인 존재로 보았다. 즉, 아직 계발되지 않은 고유의 잠재능력의 가능성과 성장 가능성을 지니고 있고, 영유아의 본성 안에는 인간 창조의 무한한 지혜와 사랑, 믿음이 내재되어 있으므로 교사의 적극적인 개입을 통해 영유아가 능동적으로 성장하고 발달하도록 도와야 한다고 제안하였다. 프뢰벨은 자연주의 아동관을 가지고 있었으며, 영유아들의 내면에 무한한 잠재력과 가능성을 지니고 있어 성인이나 교사가 적절한 환경을 제공하면 자연적으로 개화(unfolding)할 수 있다고 보았다(고정곤 외, 2015). 인간을 신성한 식물로 보고, 교육자는 정원사와 같아서 빛과 영양분을 주지만 본질적인 것은 영유아의 생명력에 있다고 보았다.

3) 현대의 아동에 대한 관점

(1) 아동중심 교육사상의 확산

20세기에 들어서면서 유럽의 아동중심 교육사상이 전 세계적으로 확산되었다. 미국에서는 듀이(Dewey)의 실험학교, 영국에서는 닐(Neill)의 자유학교, 이탈리아에서는 몬테소리(Montessori)의 어린이집 등 전 세계적으로 많은 교육사상가 및 실천가들이 아동중심의 관점을 교육현장에 적용하는 교육의 개혁과 혁신이 이루어졌다. '아동으로부터의 교육'의 중요성을 강조하며 자율적이고 능동적인 행위를 통해 아동이 자발적으로 생활의 내용을 접하고 받아들이도록 해야 한다고 주장하였으며, 스스로 행하는 교육, 자발적 참여와 자유로운 표현력이 중시되는 노작교육을 강조하였다.

듀이는 아동을 풍부한 가능성을 가지고 발전해 나갈 수 있는 존재라고 보고, 선하고 순진무구하며 가소성, 즉 풍부한 발전 가능성이 있다고 보았으며, 아동은 적극적이고 발전적인 사회관계를 이루어 나갈 수 있는 존재라고 여겼다. 몬테소리는 아동이 무한한 잠재력을 지닌 능동적이고 자발적인 존재로서 아동의 성장과 발달은 내면으로부터 이루어지는 자발적인 발달이라고 보았다(고문숙 외, 2014). 아동은 계속해서 주변의 환경으로부터 정보를 수집하여 독자적으로 탐색하고 학습하며, 환경과 스스로 접촉하면서 상호작용하므로 이들의 자발적인 활동을 존중해 주어야 한다고 하였다(윤애희, 2003).

(2) 아동권리 관점의 확산

20세기 초에 이르러서야 독립된 인격을 가진 권리의 주체로서의 아동에 대한 인식이 확산되었다. 이러한 계기를 마련한 것은 1922년 영국의 국제아동기금단체연합이 발표한 '세계아동헌장'으로 이 헌장은 세계를 향한 모든 아동이 그들의 신체적 · 심리적 · 정신적 행복을 위해 필요한 요소를 보장받아야 함을 제시하였다. 이를 계승하여 1959년에는 'UN 아동권리선언'이 채택되기에 이르렀다.

또한 UN '아동권리협약'은 아동을 권리의 주체로 인정하고, 아동에 대한 보호와 보살핌을 아동이 마땅히 누려야 할 권리로 명시하고 있다(국가인권위원회, 2018). 아동은 아직 스스로 생존하고 보호할 능력이 부족하므로 보호와 양육을 받아야 하는 권리 또한 지닌다. 이를 보장하기 위해 생존권, 보호권, 발달권, 참여권의 4가지 권리의 보장을 강조하고 있다.

현대사회에서 아동은 출생과 동시에 성인과 마찬가지로 독립된 인격체이므로 성인에게 주어지는 권리가 아동에게도 동일하게 적용되어야 한다는 관점이 일반화되었다. 권리의 보유자이자 행위의 주체자로서 영유아는 다양한 사회적 맥락에서 능동적이고 영향력 있는 참여자이다. 현재 영유아교육현장에서는 2019 개정 누리과정과 2024 개정 표준보육과정을 통해 영유아 중심 · 놀이 중심 교육을 지향하고, 영유아의 의사표현 존중 및 참여권, 놀이권을 좀 더 충실히 실천하고자 노력하고 있다.

2. 철학적 기초

철학은 가치와 신념의 표현이다. 이는 영유아를 어떻게 보육할 것인지, 영유아를 어떤 존재로 보고 있는지에 따라 관점이 달라진다. 보육과정을 구성하고 운영할 때 영유아 교육에 대한 다양한 학자들의 관점을 탐구하고 논의함으로써 현 시대에 적합한 철학적 관점을 형성하는 것이 중요하다. 여기에서는 인간의 본성과 능력에 대한 보육적 신념과 가치를 형성하는 데 도움이 되는 철학적 기초에 대해 살펴보고자 한다.

1) 코메니우스

코메니우스(Comenius)는 체코의 모라비아 지방의 목사로 감각적 실학주의자, 근대 교육의 아버지로 알려져 있으며, 보육사상의 기초를 확립하는 데 선도적인 역할을 한 학자이다. 그는 교육자에게 길잡이가 될 수 있는 교육원리서 『대교수학(Didactica Magna)』(1657)을 비롯하여, 생후 6년 동안의 가정교육에 관한 책 『유아학교』를 펴냈다. 특히 세계에 있는 모든 기본적인 사물과 인간의 기본적인 활동에 관한 단어 목록을 조그마한 그림으로 나타낸 책 『세계도회(Orbis Sensualium Pictus)』(1658)는 시청각 교육의 시초로 볼 수 있다(고려대학교 교육사철학연구모임, 2009). 코메니우스는 보편적 원리에 의한 지식들을 전체적으로 통일하려고 하였으며, 이러한 교육철학은 범지학(pansophia)으로 불렸다(곽노의, 홍순정, 2011).

코메니우스
(Johann Comenius, 1592~1670)

코메니우스는 『대교수학』에서 교육적 논의의 출발점으로 인간의 일생 중 교육에 바쳐야 할 기간을 각각 6년간 4단계로 구분하고, 이에 상응하는 교육기관을 설립할 것을 주장하였다. 코메니우스가 제안한 교육의 4단계는 표 2-1과 같다.

〈표 2-1〉 교육의 단계

단계	연령	학교의 형태	주요 교육내용
1단계 유아기	0~6세	어머니 무릎학교	건강, 언어, 도덕 및 신앙의 기초, 자연계의 사실과 진리
2단계 아동기	6~12세	모국어 학교	모국어 교육, 종교, 산수, 역사, 지리, 미술, 물리
3단계 소년기	12~18세	라틴어 학교	고대부터 수집한 지식으로 훈련. 어학교육(모국어, 라틴어, 그리스어, 히브리어), 자유 7학과(문법, 수사학, 변증법, 산수, 기하, 천문학, 음악), 물리학, 지리학, 역사학, 도덕, 종교
4단계 청년기	18~24세	대학	전공분야(신학, 철학, 법학, 의학 등), 여행과 고전 중시

출처: 박찬옥 외(2014).

그의 교육이론은 전인교육, 합자연의 원리, 감각교육으로 정리될 수 있다. 전인교육은 지식, 덕성, 신앙이 조화를 이룬 교육을 말하며, 합자연의 원리는 자연의 원리를 활용한 교육을 의미한다. 또한 감각교육은 실물과 감각을 통하여 학습하는 것으로 이는 책이나 일반적인 법칙에서 얻은 것보다 효과적임을 강조한다.

코메니우스의 『유아학교』는 모두 12장으로 구성되어 있으며, 아동관, 양육의 목적 및 방법 등을 기술하고 있다. 주요 내용은 표 2-2와 같다.

〈표 2-2〉 코메니우스의 『유아학교』 내용

장	주제	내용
제1장	아동관	아동은 귀중한 존재임
제2장	교육방향	신체와 영혼의 양육
제3장	교육태도	교육을 받을 때는 훈련과 인내가 요구됨
제4장	교육내용	경건성, 도덕, 건전한 학습(사물알기, 행하기, 말하기), 건강
제5~8장	교수방법	5장: 건강과 체력(기본생활습관 형성) 6장: 학습(보고 듣는 감각교육) 7장: 행하면서 배우기 8장: 말하면서 배우기
제9장	성격형성	모방과 훈육
제10장	영혼	기도
제11~12장	공립학교로의 전이	가정교육에서 배워야 할 것 공립학교 입학 준비

출처: 박찬옥 외(2014).

2) 로크

로크는 17세기 영국의 경험주의 철학자이자 실학주의 교육사상가로 인간 발달에 영향을 미치는 환경의 중요성을 강조하였다. 계몽주의의 대표적인 교육자로 비합리적이며 비과학적인 인간관을 비판하고, 합리적인 사고로 학문, 종교, 도덕성에 접근하였다. 또한 인간은 태어날 때 그 정신이 백지와 같이 아무것도 없는 상태로 태어난다는 '백지설(Tabula rasa, Blank slate)'을 주장하였다.

로크
(John Locke, 1632~1704)

로크의 철학은 프랑스의 계몽주의 사상가들에게 영향을 주었고, 타고난 소질이나 지능보다 후천적 교육의 역할을 중시하였다. 이성적인 존재인 아동의 자연적인 자유를 침범해서는 안된다고 주장하였다. 자유와 자연을 존중하고, 체벌보다는 칭찬을 권장하며, 형식적인 교육을 반대하는 등 기존의 구시대적인 아동관에서 새로운 아동관으로 전환하는 계기가 되었다.

그는 『인간오성론』에서 인식론을 명확히 하고 있으나 그것은 현대에 이르기까지 영국 사상계의 지배적 철학으로 남아 있는 경험론이었다. 모든 지식은 감각의 지각과 지성의 지각, 즉 경험에서 온다는 것이었다. 경험의 단순한 소재가 감각에 의해서 주어진 후에는 우리의 관념이나 판단 등은 지성의 지각을 통해서 형성된다고 하였다. 이는 감각적 지각의 훈련을 통해서가 아니라 정신 능력, 즉 주로 이성의 도야를 통해서 발달될 수 있다는 것이다.

로크에 의하면 발달은 훈련을 통한 습관의 형성에 의해서만 이루어진다고 하였지만 우리의 주된 관심은 로크의 철학론이 아니라 교육설에 있다. 『오성론』에서 특히 오성작용에 관해서 그는 어떻게 이러한 오성작용들이 정신을 발달시킬 수 있을 것인가에 대해 단초를 제시하였고, 정신의 모든 능력을 강화시키는 훈련 내지는 도야에 관해서 논하는 것을 볼 수 있다.

3) 루소

루소
(Jean Jacques Rousseau, 1712~1778)

스위스 제네바에서 태어난 루소는 18세기 프랑스의 철학자이며, 그의 교육사상은 자연주의, 합리주의, 자유주의에 입각하고 있다. 자연주의에 입각한 교육이란 자연에 일치하는 교육, 즉 자연에 따라서 교육하는 것, 자연법칙을 발견하여 교육의 과정에 적용시키는 일을 의미한다. 이러한 사상을 적용하여 영유아에게 서둘러 인위적인 방법을 쓰지 않아도 나이가 들면서 자연스럽게 자라나는 과정에서 변화를 나타낸다는 것을 강조하였다.

루소는 소극적 교육을 주장하였는데 이는 교사가 교육에 대해 적극적으로 개입하지 말고, 최소한의 개입으로 영유아가 가지고 있는 잠재능력을 최대한 계발하여 발휘할 수 있도록 성인중심의 교육을 해서는 안된다는 것을 의미한다. 즉, 영유아들은 능동적인 존재이며, 자연으로 돌아가 자연적인 성장이나 발달을 할 수 있기 때문에 현재의 환경을 원래대로 돌리는 것이 중요하다고 주장하였다. 교육은 가르치기 위한 것이 아니라 안내하기 위한 것으로 사용되어야 하며, 외부적인 간섭을 하지 않는 소극적 교육을 통해 영유아가 스스로 성장하고 발달하도록 지원해야 한다고 보았다.

또한 그는 아동중심 교육을 강조하였는데, 이는 교사가 직접 가르치는 교육방법이 아니라 아동 자신이 흥미를 인식하도록 안내자로서의 역할을 하고, 정해진 교육과정보다는 흥미와 관심을 가질 수 있도록 해야 한다고 주장하였다. 영유아들이 가지고 있는 내적 잠재력을 스스로 자연적인 발달 순서에 따라 계발할 수 있도록 영유아가 주체가 되어 능동적인 학습이 이루어지도록 도와야 함을 강조하였다.

『에밀』은 1762년에 발간된 자연주의 교육사상을 담은 교육소설이다. '에밀'이라는 한 소년이 사회에 공헌하도록 교육하는 내용으로 영유아기의 양육과 교육의 방향성을 제시하고 있다. 이 책에 나타난 루소의 교육사상은 다음과 같다(박찬옥 외, 2016).

① 영유아는 타고난 학습능력이 있으므로 자기 경험에 의해 자유롭게 배우도록 한다.
② 학습은 자연의 발달순서에 따라 행한다.
③ 언어보다는 실물과 사실을 통한 학습을 하도록 한다.
④ 감각은 일찍 발생하여 지식을 육성하는 힘이 되므로 감각적 연습에 충분히

힘쓴다.

⑤ 영유아의 천성은 선이므로 선행능력을 양성한다.

⑥ 영유아의 현재 생활을 경시하고 장래 생활만 중시하지 말아야 한다.

⑦ 영유아에게 고통, 복종, 명령을 주지 말고 자연의 제한에 따르게 한다.

⑧ 자연의 힘을 느끼도록 한다.

4) 페스탈로찌

페스탈로찌
(Johann Heinrich Pestalozzi, 1746~1827)

스위스 취리히에서 태어난 페스탈로찌는 인간애가 넘치는 교육사상가이자 실천가이다. 교육의 목적을 인간개혁과 사회개혁에 두고, 교육의 본질적인 수단으로 인간을 도야하고 도야된 인간을 통하여 인간을 개혁하며, 개혁된 인간에 의해 곧 사회개혁이 이루어진다고 보았다. 그는 루소와 같이 인간의 본성은 선하다고 규정하였으나 루소와 달리 사회를 인정하고, 이 사회를 완성되고 조화롭게 하게 위해 인간의 세 가지 욕구 충족을 통한 전인교육으로 나가야 한다고 주장하였다.

또한 그는 노이호프 빈민학교를 열어 노작교육을 통한 인간교육에 힘썼으며, 『은둔자의 황혼』, 『게르트루트는 어떻게 그녀의 자녀를 가르치는가』 등의 저서를 통해 그의 교육적 이상을 표현하였다.

페스탈로찌는 '합자연의 원리'를 바탕으로 인간 중심, 아동 중심 교육을 실천하도록 노력하였다. 합자연의 원리에 따른 교육의 기본 원리는 다음과 같다(곽노의, 홍순정, 2011).

① **직관의 원리**: 직관은 모든 인식의 절대적인 기초이고, 외계의 인상을 결합하여 능동적인 개념을 구성하도록 작용이다. 사물을 정확하게 인식하는 수

단과 과정을 수(數), 형(形), 어(語)에 두고, 교수는 이 요소를 밝히고 분석하는 것으로부터 시작하여야 한다. 구체적인 경험이 이루어질 때 보다 명백한 직관을 발달시킬 수 있다.

② **자기활동의 원리**: 교육의 중심은 내면으로부터 발전시켜야 하므로 영유아 스스로의 교육으로 내면적인 자아의 자기발전과 자율적인 자기형성을 가져와야 한다. 교사는 자연적이고 조화로운 발달이 이루어지도록 모든 환경을 제공해 주어 영유아의 선천적 소질의 계발을 도와야 한다. 개성 존중, 개인차에 입각한 교육방법의 원리이다.

③ **조화와 균형의 원리**: 인간이 가지고 있는 선천적 기능은 지적(head), 도덕적(heart), 기능적(hand)인 것으로 이상적인 교육은 도덕적 기능을 중심으로 3H의 조화로운 발달을 도모하는 것이다.

④ **방법의 원리**: 인간 본성의 자기계발은 질서 있는 일정한 단계를 거쳐서 이루어진다. 교수는 근본적인 기초요소에서 출발하여 연속적으로 다른 요소로 넘어가며, 끝으로 종합하는 3단계의 방법으로 이루어져야 한다.

⑤ **생활공동체의 원리**: 개인교육은 사회생활을 통해서만 가능하며, 사회의 발전은 개인의 향상에 의해서만 이루어진다. 특히 가정에 있어서 어머니와 자녀의 인격관계가 중요하고, 이들 간의 애정과 신뢰감은 도덕교육, 종교교육의 기초이다. 이를 통해 시민으로서의 자질을 형성할 수 있다.

5) 프뢰벨

독일의 튜링겐의 숲속의 아름다운 작은 마을 오버바이스바흐에서 목사의 아들로 태어난 프뢰벨은 훌륭한 교육자이자 '유아교육의 아버지'로 알려져 있다. 독일의 숲에서 보낸 어린 시절은 대자연 속에서 전 우주의 법칙을 발견한 그의 사상의 토대가 되었으며, 그가 만든 교육의 장소를 '킨더가르텐(kindergarten, 녹

프뢰벨
(Friedrich Fröbel, 1782~1852)

색이 짙은 어린이 정원-지금의 유치원)'이라고 부른 계기가 되었다. 모든 식물이 건강하게 성장하듯이 인생초기에 있어서 많은 가능성을 내재하고 있는 영유아는 자연과 신과 조화하면서 경험이 풍부한 정원사인 유아교사의 돌봄을 받으며 성장해야 한다는 뜻이다(곽노의, 홍순정, 2011).

낭만주의 흐름을 바탕으로 그는 인간의 정신 영역을 식물적 생명에 비유하여 영유아는 미숙한 인간이 아니라 자신의 개별적인 성향을 내부에 지닌 존재로 인식하였으며, 영유아의 정신능력은 자신의 내부에 주어지는 법칙에 따라서 자연스럽게 형성되는 것으로 보았다. 즉, 교육을 영유아 스스로의 자연적 필요에 의해서 사고가 일어나도록 돕는 개화과정으로 인식하였다.

프뢰벨의 대표적인 저서인 『인간교육』에 나타난 교육의 원리는 다음과 같다(정금자 외, 2014).

① **통일의 원리**: '나'라는 존재는 부분이며 동시에 전체인 존재이며, '만물'은 모두 부분적 전체라는 사고는 고유의 교육사상인 통일의 법칙으로 발전하였다. 자연계는 생명의 커다란 유기체이고, 개개의 자연현상은 내적으로 결합된 하나의 유기체에 지나지 않으며, 이 유기체는 하나의 영원한 법칙이 작용하고 있다는 것이다. 통일성이란 인간을 포함하는 모든 개개의 사물들은 독자성과 다양성 및 보편성을 지니고 있어서 그것들이 영원한 전체에 각 부분으로서 조화롭게 관련되어 있다는 것이다. 영유아가 전체 우주 가운데 존재하는 다른 존재들과의 관계 속에서 자신의 실체를 자각할 수 있도록 지도함으로써 우주적 통일성을 터득하게 하는 것을 교육의 목적으로 두고 있다.

② **자기활동의 원리**: 영유아들은 자신의 내면을 밖으로 표현하려는 자기 활동

적 힘을 갖고 있다. 영유아의 자기활동은 내적인 본성으로부터 오는 것으로 방해받지 않으면서 모든 것을 스스로 극복해 나갈 수 있으므로 영유아들에게 최대한 자유를 제공해 주면 훌륭한 성인으로 발달할 수 있다.

③ **놀이 및 작업의 원리**: 놀이는 영유아들이 자기의 내적 세계를 스스로 표현하는 것이고, 인간의 가장 순수한 정신적 산물이며, 인간생활 전체의 모범이고, 모든 선의 원천은 놀이로부터 나온다고 하였다. 놀이를 자기표현의 형태로서 가장 높게 평가하였으며, 놀이의 사회적·지적 의미에 관심을 갖고, 은물과 같은 교육적인 놀잇감을 직접 제작하고 정원활동을 권장하였으며, 구멍 뚫기, 바느질하기, 그리기, 색칠하기, 찰흙놀이 등 11가지 작업을 고안하였다.

④ **연속적 발달의 원리**: 영유아의 발달을 영아기, 유아기, 소년기, 청년기, 성인기 등으로 구분하였다. 이 단계들은 연속적이어서 후기의 발달은 초기의 발달을 기초해서 이루어지며, 한 단계가 충족된 후에 다음 단계가 발달가능하다는 의미에서 연속적이라 하였다. 특히 유아기 동안에는 안정감을 갖도록 하기 위해서 행복한 환경 조성이 필수조건이며, 아동기는 가장 천부적인 자연성이 음악적 리드, 활동, 자발적인 놀이를 통해 발달한다고 보았다.

⑤ **개성의 원리**: 교육은 영유아 각자가 가진 그들의 개성을 존중해 주는 교육이어야 하며, 각자가 가장 독자적·개성적으로 자기를 형성하고 표현할 때 신 및 인류의 모든 본질은 가장 순수하며 완전하게 표현된다고 하였다.

6) 듀이

미국의 버몬트 주 벌링턴에서 태어난 듀이는 실용주의 철학을 중심에 두고, 진보주의 교육사상을 대표하는 사상가이자 철학자이며, 교육자이다. 진보주의는 전통적이고 권위적인 교육으로부터 영유아의 자유와 인권을 중요하게 여기며, 교육을 과학적 연구에 기초하여 개혁하고자 하는 교육의 생활화 운동이다.

그는 『민주주의와 교육』에서 교육이란 출생부터 전 생애를 통하여 영위되는 생활의 과정이며, 끊임없이 변화하는 새로운 사태에 대처하여 행하는 '경험의 재구성'의 과정이라고 하였다.

듀이
(John Dewey, 1859~1952)

듀이는 영유아의 성장 가능성이 주변 환경과의 상호작용을 통해 변화하면서 교육이 이루어진다고 보았다. 또한 영유아는 생활 그 자체의 과정에서 직접적인 경험과 행동을 통하여 학습한다고 하면서 스스로 학습 욕구를 가지도록 동기를 부여하면서 학습활동의 주체임을 중시하고, 항상 끊임없이 생활 경험을 재구성하도록 해야 한다고 주장하였다. 그가 제시한 영유아 중심 교육, 성장 중심 교육, 흥미 중심 교육 등은 영유아 자신의 자연적 · 자발적 충동을 지력에 의해 이끌어갈 수 있도록 하는데 목적이 있다(정금자 외, 2014).

듀이 또한 놀이를 영유아의 교육적 수단으로 보고, 영유아의 발달수준에 알맞은 구성적 놀이를 제공함으로써 문제해결능력을 길러 줄 수 있다고 보았다. 의미 있는 경험의 장은 사회적 상황이며, 사고와 감정과 행동을 통합하고, 이의 성장을 가져올 수 있는 경험을 사회 속에서 갖도록 영유아를 안내할 필요가 있기에 효과적인 교육을 위해 집단 활동을 강조하였다(곽노의, 홍순정, 2011).

듀이가 제시한 아동 중심의 교육원리는 다음과 같다(박찬옥 외, 2016).

① 교육은 경험의 계속적인 개조이다.
② 교육은 현재의 생활 그 자체이며, 생활을 위한 준비가 아니다.
③ 학습은 영유아의 흥미에 직접적으로 관련되는 것이어야 한다.
④ 지식은 능동적인 활동을 통해 얻어지며 행동으로 옮겨져야 한다.
⑤ 학교는 영유아 간에 경쟁보다는 협동을 장려하는 곳이어야 한다.

7) 몬테소리

이탈리아의 키아라발레에서 태어난 몬테소리는 이탈리아 최초의 여의사이자 철학자이며, 교육실천가이다. 어린이집(casa dei bambini)을 설립하여 자신의 교육방법을 영유아들에게 적용하였는데, '새로운 유아'의 개념을 발견하면서 영유아는 선천적으로 특유한 정신적 본성을 지니고 태어나며, 성인에 의해 배우기보다는 영유아 자신이 스스로 환경과 접하면서 경험을 통해 배운다고 주장하였다.

몬테소리
(Maria Montessori, 1870~1952)

몬테소리 교육사상의 핵심개념은 다음과 같다(정금자 외, 2014).

① **민감기**: 발달하는 유기체가 어떤 특정하고 예민한 감각의 감수성과 관계되어 과도기적 성격과 특정한 성격을 획득하는 시기로서, 자신을 세상에 적응시키는 것을 학습하는 시기이다. 민감기는 0~6세까지의 기간에 해당되며, 질서, 감각, 걷기, 작은 물건, 언어발달, 사회적 관심에 대한 민감기가 나타난다고 보았다.

② **흡수정신**: 영유아의 내부에 잠재해 있는 정신능력으로 환경을 받아들여 그것을 스스로 경험하고 자기 것으로 만들어 나가는 특성을 의미한다. 0~3세까지의 영아는 무의식적으로 흡수하지만, 3~6세의 유아는 의식적이면서 계획적으로 환경과 상호작용하며, 인간과 주변 환경, 교구와의 상호작용을 통하여 확실한 인상의 정보를 경험한다고 주장하였다.

③ **준비된 환경**: 영유아의 관심과 욕구를 충족해 줄 수 있는 교재교구를 제공하고, 영유아가 선택한 활동이 잘 이루어지도록 조성된 환경을 말한다. 교사는 영유아를 잘 관찰하여 자신의 속도에 맞게 학습을 진행할 수 있도록 단계에 맞는 교재교구를 제공해 주어야 한다고 주장하면서 자신이 고안한 몬테소리 교구를 영유아에게 제공하였다.

④ **자동교육**: 준비된 환경 속에서 영유아가 스스로 선택한 교구를 가지고 능동적으로 활동할 때 자연스럽게 학습이 이루어지는 것을 뜻한다. 교사가 영유아를 직접 가르치기보다는 교구 자체가 자기 수정적이기 때문에 영유아 스스로 자신의 실수나 오류를 발견하여 자동적으로 학습이 이루어진다고 보았다.

⑤ **정상화**: 영유아의 내면에 있는 육체적인 에너지와 정신적인 에너지가 상호작용하여 안정을 이루는 조화된 상태를 의미한다. 정상화된 영유아는 자가 학습능력을 갖고 있으며, 지적이고 창의적인 것을 지향하고 안정되고 순화되어 있다고 보았다.

몬테소리의 교육과정은 일상생활 훈련, 감각교육과 언어, 수학, 문학교육 등 5개 영역으로 구성되어 있으며, 전통적인 교사와 구별하기 위해 안내자 또는 지도자라는 용어를 사용하였으며, 관찰자, 보호자, 촉진자로서의 역할을 할 것을 강조하였다.

8) 슈타이너

슈타이너
(Rudolf Steiner, 1861~1925)

유고 연방의 크랄 맥(지금의 크로아티아)에서 태어난 슈타이너(Steiner)는 아름다운 자연환경 속에서 자연의 아름다움과 신비를 느끼며 유년시절을 보낸 경험은 훗날 자연과 인간을 연결 짓는 교육이론을 정립하는 계기가 되었다. 슈타이너의 교육은 인간을 정신적 존재이며, 동시에 영혼과 신체의 관계로 인식하는 '인지학'적 인간 이해에 기초를 두고 있다. 인지학(anthroposophy)은 'anthropas(사람)'과 'sophia(지혜)'의 합성어로 인간이 자신의 인간성을 의식하도록 인간 영혼에게 지혜를 부여하는 것을 의미한다. 인지학은 인간을 육체적 · 정신적 · 영적인 존재로 보고 교육을 통해 인간의 내적 세계를 이해하여 궁극적으로 자아인식 형성을 도와줌으로써 인간의 본질을 자유롭게 하는 것에 초점을 두고 있다. 그는 인간이란 육체를 통한 감각세계, 영혼을 통한 영혼세계, 정신을 통한 정신세계의 삼원적 구조 속에서 파악되어야 한다고 하면서 이 세 가지 구성체는 서로 상호작용한다고 주장하였다. 또한 인간 본질을 육안으로 볼 수 있고 느낄 수 있는 신체인 '물질체', 생성, 번식, 전의 등의 생명형상을 의미하는 '에테르체', 아픔, 즐거움, 슬픔, 충동, 열정, 증오 등의 감정을 나타내는 '아스트랄체', 인간의 자아 '나'에 대한 자아의식인 '자아체'의 네 가지로 구별하여 설명하였다.

슈타이너에 따르면 인간은 7년의 리듬 속에서 이루어지며, 영유아에서 청년기에 이르기까지 분명히 구별 가능한 특수한 학습과 소질의 성향들이 있다. 그의 발달단계는 표 2-3과 같다(정금자 외, 2014).

〈표 2-3〉 슈타이너의 발달단계

1단계: 출생~7세 (물질체 · 물리적 신체의 탄생)	2단계: 7~14세 (에테르체 · 생명체의 탄생)	3단계: 14~21세 (아스트랄체 · 영혼육체/감정체)
• 젖니 ~ 이갈이 • 물질체가 가장 활발히 발달 • 교육의 원리: 모방, 본보기 • 신체 전체가 거대한 하나의 감각기관 • 배우는 능력: 걷기, 말하기, 생각하기 • 성격: 에테르체 탄생, 영혼(사고) 자유롭게 됨	• 이갈이 ~ 2차 성징 • 교육의 원리: 교사의 권위와 제자로서의 자세 • 신체, 영혼, 정신의 분리 • 영혼적 특성이 현저히 발달 • 배우는 능력: 지능체계, 상상력의 단계 • 14세경: 영혼(감정) 자유롭게 됨	• 신체, 영혼, 정신의 정교한 분리 • 추상적 사고의 발달 • 21세경: 영혼(의지) 자유롭게 됨

또한 그의 기질론에서 제시한 기질의 네 가지 성향은 표 2-4와 같다(정금자 외, 2014).

〈표 2-4〉 기질의 성향

종류	성향
우울질	자신의 힘을 내적 장애를 제거하는 데 사용하려 하며, 극복되지 않는 장애는 슬픔, 고통이 되어 세상을 비관적인 시각으로 바라본다.
다혈질	자기 보존적이며, 외부세계로 향하려는 의지를 개발하기보다는 내적인 안정감을 중시한다.
점액질	끊임없이 흥미가 변하는 변덕스러운 기질을 보인다.
담즙질	공격성과 강한 의지적 특성을 보인다.

기질론을 기반으로 교사는 영유아 개개인의 기질을 잘 파악하고 다룰 수 있어야 한다고 하였다.

그가 제시한 이러한 사상들은 발도로프 프로그램으로 발전되었다. 발도로프 유치원에서는 인지학을 가르치는 것이 아니라 그것을 토대로 한 교육방법을 통해 자유롭게 생각하고 느끼고 의지력을 가진 독립적인 사람을 만드는 것이며, 인간 본성에 대한 바른 인식과 그것에 기초하여 예술로서의 교육을 실천하는 것이다.

또한 슈타이너 교육의 목적은 '자유'에 있다. 이것은 인간의 내적 활동과 관련되며, 개인이 갖고 있는 내적 능력이 크면 클수록 그 사람의 자유는 확대된다고 보았다.

3. 심리적 기초

보육과정을 구성할 때는 인간의 발달이 어떻게 이루어지고 발달에 도움을 주기 위해 어떠한 노력을 할 수 있는가를 이해하고 탐구하는 것이 매우 중요하다. 보육과정을 구성하고 운영할 때 인간발달과 학습에 대한 다양한 관점을 이해하고 비교해 봄으로써 영유아보육의 적절한 방법을 선택할 수 있다. 여기에서는 현대의 보육과정을 구성하고 운영하는 데 구체적인 목표나 교육원리를 설정하도록 영향을 준 발달이론을 살펴보고자 한다.

1) 성숙주의 이론

게젤
(Arnold Gesell,
1880~1961)

게젤(Gesell)은 미국의 아동심리학자로 예일 대학교에서 문학 및 의학 박사학위를 취득하였다. 1911년 예일대학에 아동발달 연구소를 창설하였으며, 여기에서 심리학과 의학을 합한 정신발달의 실증적 연구에 전념하였다. 영유아를 관찰하고, 그들의 부모들과 인터뷰를 통해 수집한 정보로 영유아의 운동능력, 사회적 행동, 성격특성에 대한 세부적인 규준을 만들었다. 또한 발달검사를 통해 발달에 대한 유용한 지침을 제공하고, 발달지체를 보이는 영아를 판별하기 위한 검사의 기초를 다졌으며, 대중에게 아동중심적인 과학적 육아를 소개하기도 하였다.

게젤의 주장에 의하면 영유아의 발달은 유전적으로 규정되어 있어서 성숙(maturation)이라는 특별한 프로그램에 의해 이루어지며, 영유아의 신체발달뿐만 아니라 언어발달, 인지발달이나 행동은 이미 결정된 발달시간 예정표에 따라 자발적으로 출현된다.

성숙은 환경적 요인과는 구별되는 것으로 영유아의 행동발달에 대한 다음과 같은 특성을 갖는다.

첫째, 신체발달과 행동발달이 계획된 방식으로 이루어지므로 상당히 예측가능하다고 보았다. 예를 들어, 영아는 정해진 순서에 따라 앉고, 서고, 걷고, 뛰는 것을 배워 나간다. 그 어떤 아기도 앉기 전에 서거나 걸을 수 없는데, 그 이유는 이러한 운동능력들은 이미 유전적으로 결정된 신경성숙 과정과 함께 이루어지기 때문이다.

둘째, 행동은 신체 구조와 어느 정도 함수관계를 갖는다. 즉, 영유아가 갖추고 있는 각 신체 구조는 그러한 행동에 적합하도록 만들어져 있기 때문에 아무리 같은 환경에서 자라더라도 신체 구조의 차이로 각기 다르게 행동하게 되는 것이다.

셋째, 영유아의 행동발달에 있어 가장 중요한 요인은 환경이지만 그 영향은 상당히 개별적으로 나타난다. 즉, 어떤 환경이 어떤 연령의 유아에게 가장 좋은 환경이 될 수 있지만 또 다른 연령의 유아에게는 좋지 않을 수도 있음을 뜻한다.

게젤에 따르면 발달은 자연적이고 발달단계를 거치는 과정에서 보다 성숙하고 바람직한 방향으로 바뀌어 나가기 때문에 부모나 교사 등의 성인들에게 영유아가 자연적으로 발달할 수 있도록 내버려 두라고 권장하면서 연령에 따른 세부적인 발달사항을 '표준행동목록'으로 제시하였다. 이 목록은 한때 교사나 부모들에게 절대적인 발달기준으로 여겨지고 활용되기도 하였지만 영유아의 개인차를 고려하지 않았으므로 모든 아이들에게 동일한 방식으로 적용될 수 없다는 단점이 존재한다.

게젤은 그의 저서인 『유아행동의 개체발생(The Ontogenesis of Infant Behavior)』에서 미리 계획된 유전적 기제의 기능에 따른 발달의 기본 원리를 설명하였다(정옥분, 2016). 발달의 기본 원리는 모두 4가지로 방향발달의 원리, 상호적 교류의 원리, 기능적 비대칭의 원리, 자기 규제의 원리가 있다. 각 원리의 특징은 다음과 같다.

① **방향발달의 원리**: 발달이 정해진 방식에 따라 특수한 순서로 진행된다는 것이다. 예를 들어, 머리에서 발 방향으로 체계적으로 발달이 진행되며, 다리의 협응보다 팔의 협응이 먼저 일어나는 등 상체에서 하체로 발달이 일어나는 경향이 있다. 이러한 경향을 두미(cephalocaudal) 방향의 원리라고

부른다. 또한 신경의 중심이 말초보다 먼저 발달한다. 어깨 동작은 손목과 손가락 동작보다 더 먼저 일어난다. 이것을 중심으로 향한다고 하여 근원(proximodistal) 발달의 원리라고 한다. 영아의 잡기행동에서도 나타나는데 20주경에 나타나는 잡기 행동은 아주 미숙하고 주로 상박(upper arms)의 움직임에 의존하지만 28주경이 되면 엄지손가락의 섬세한 근육 운동을 통해 잡기 행동이 나타나게 된다.

② **상호적 교류의 원리**: 영아가 먼저 한 손을 사용하고 난 다음 다른 한 손을 사용하며, 그 다음 양손을 사용하는 등 계속적인 반복과정을 통하여 능숙하게 손을 사용할 수 있게 될 때까지의 발달과정을 의미한다. 게젤은 이를 뜨개질하는 모습에 비유하여 상호적 교류(reciprocal interweaving)라는 용어를 사용하였다. 그는 상호적 교류의 원리가 성격형성 과정에서도 나타난다고 보았다. 인간은 내향적 특성과 외향적 특성을 모두 갖고 있는데, 영유아의 경우 3세에서 3세 반까지는 약간 소심하고 내향적인 특성을 나타내며, 4세에는 외향적인 특성을 보이다가 5세가 되면 이 두 가지 특성이 통합되어 균형을 이루게 된다고 보았다.

③ **기능적 비대칭의 원리**: 인간발달에 있어서 실제로 완벽한 균형이나 조화를 이루는 것은 매우 어려운 일이며, 오히려 약간의 불균형이 훨씬 더 기능적일 수 있다는 것을 의미한다. 이러한 기능적 불균형은 신생아의 경직성 목반사에서 잘 나타나는데 이 반사는 마치 펜싱을 하는 자세처럼 영아가 머리를 한쪽 방향으로 돌리고 한 팔은 머리가 돌려진 방향으로 내밀고 같은 다리는 쭉 핀 상태이며, 다른 쪽 팔은 가슴에 얹고 그와 같은 쪽 다리는 무릎이 구부러진 자세를 취하는 것을 말한다. 이 비대칭적 행동은 환경에 익숙해지고 환경을 이해하려는 영아의 노력에 있어서 중요한 단계가 된다. 게젤은 또한 이러한 비대칭의 원리가 오른손잡이와 왼손잡이를 결정하는 것뿐만 아니라 오른쪽 눈과 왼쪽 중 어느 눈을 주로 사용하는가 하는 우세안과도 관련이 있다고 보았다.

④ **자기규제의 원리:** 게젤은 관찰을 통해 부모가 수유와 수면 등의 생리적 리듬을 자신들이 정한 스케줄이 아니라 영아의 요구대로 따랐더니 유동성이 있기는 하였어도 영아 스스로 점차적으로 수유시간을 줄이고 더 오랫동안 깨어 있으려고 한다는 것을 발견하였다. 이 과정을 거치면서 영아는 점차적으로 안정적인 스케줄을 형성하게 되었다.

이러한 유기체의 자기규제(self-regulation)의 원리는 스스로 자신의 수준에 맞도록 성장을 조절하고 이끌어 가는 능력을 말한다. 영아가 걸음마를 배울 때 몇 걸음 걷다가 다시 또 기고, 또 몇 걸음 걸어 보다 다시 기는 것과 같이 발전과 퇴보의 과정을 주기적으로 거친 후 걷게 되는 것도 이러한 현상으로 볼 수 있다. 자기규제에 대한 기제는 영아가 자신의 능력에 맞지 않게 너무 일찍 많은 것을 가르치려는 시도에 대해 영아의 내부에서 스스로 저항하도록 작용하여 자신의 수준에 맞게 성장을 이끌어 갈 수 있게 한다(이영, 2017).

2) 정신분석 이론

정신분석 이론은 '인간을 어떠한 존재로 바라보는가?'에 관심이 있다. 이 관점에 의하면 인간은 무의식적인 본능의 지배를 받는 수동적 존재이며, 인간의 행동은 단지 겉으로 드러나는 특성일 뿐이다. 따라서 영유아발달에 대한 올바른 이해를 위해서는 행동의 상징적인 의미와 내적인 정신세계를 이해해야 한다고 주장하였다. 또한 부모와의 초기 경험이 발달에 지대한 영향을 미친다고 가정한다.

대표적인 이론으로는 프로이트(Freud)의 심리성적 이론과 에릭슨(Erikson)의 심리사회적 이론이 있다.

(1) 프로이트의 심리성적 이론

프로이트는 오스트리아의 신경학자, 정신의학자로 정신분석학의 창시자이다. 빈 의과대학에서 학위를 받고, 파리에서 샤르코(Charcot)의 지도하에 히스테리 환자를 관찰하면서 연구하였다. 이후 최면술, 카타르시스 및 자유연상법 등에 관한 연구과정을 거치면서 정신분석 이론을 체계화하였다.

프로이트
(Sigmund Freud, 1856~1939)

20세기 이후의 가장 영향력 있는 학자이자 사상가로서 심리학 및 정신의학뿐만 아니라 인류학, 교육학 등 다양한 분야에 지대한 영향을 미쳤다.

그의 이론은 인생 초기 경험의 중요성, 특히 부모와 자녀의 관계를 중시하여 부모의 역할과 자녀양육에 대한 관심을 불러일으켰다. 또한 부모와 자녀 간의 애착, 형제관계, 공격성, 도덕성, 성역할 등의 발달에 관한 연구를 촉진시키는 데도 큰 역할을 하였다.

프로이트의 정신분석 이론의 핵심은 '무의식(unconsciousness)' 개념이다. 그는 정서적 측면을 강조하여 모든 행동에는 원인이 있으며, 그 원인은 무의식에서 찾을 수 있다고 주장하였다.

그는 인간의 정신세계를 빙산에 비유하여 의식과 무의식, 그리고 전의식으로 나누었다. 즉, 물의 표면에 떠 있는 빙산의 작은 부분을 의식, 물속에 잠겨 있는 거대한 부분을 무의식, 그리고 파도에 의해서 물 표면으로 나타났다 잠겼다 하는 부분을 전의식으로 설명하였다.

인간의 정신세계를 나누어 살펴보면 다음과 같다.

- 의식(consciousness): 개인이 주의를 기울이는 순간에 곧 인식할 수 있는 감각, 지각, 경험, 기억 등의 정신작용의 부분을 말한다. 프로이트는 의식을

빙산의 일각처럼 각 개인이 인식할 수 있는 정신세계의 극히 작은 부분에 지나지 않는다고 보았다.

- **전의식**(preconsciousness): 즉시 인식되지 못하지만 주의를 기울이고 집중하고 회상하려고 조금만 노력하면 의식으로 전환될 수 있는 정신작용의 부분이다. 이는 의식과 무의식 사이에 존재하여 이 둘을 연결해 주는 통로 역할을 한다.
- **무의식**(unconsciousness): 의식 밖에 존재하는 정신세계이기 때문에 자기도 알지 못하는 신비스러운 부분이다. 따라서 무의식이란 인간이 감각기관을 통해 알아차릴 수 없는 마음 깊은 곳에 감추어져 있어서 기억하지 못하는 정신작용의 부분으로 성욕과 같은 본능, 충동, 억압된 관념이나 감정 등이 잠재되어 있어 직접 확인할 수도 없고 접근 불가능한 창고와 같은 곳이다. 무의식은 인간의 사고와 행동을 통제하는 힘으로 프로이트 이론의 핵심을 이룬다.

프로이트의 정신분석 이론은 인간의 성격발달에 일차적 관심을 두고 있다. 삶의 본능 가운데 성격발달에 가장 큰 영향력을 미치는 것은 '성 본능'으로, 이 성 본능에 내재하고 있는 정신적 에너지를 리비도(libido)라고 불렀다. 리비도는 프로이트가 '심리적 에너지(psychic energy)'라는 용어로 설명하고 있는데, 어떤 일을 하고자 하는 마음이 생기도록 촉진하는 능력을 의미한다.

그는 인간의 성격을 원초아, 자아, 초자아로 분류하였다. 인간 행동은 이 세 체계 간의 상호작용에 의해 나타난다.

- **원초아**(id): 성격의 가장 원초적인 부분으로서 생물학적 본능으로 이루어졌고 출생 시부터 존재하는 개인의 정신적 에너지의 원천적 저장고이다. 이 본능은 주로 식욕이나 배설욕, 성욕, 공격욕 등 본능적 욕구나 충동으로 구성되어 있다. 원초아는 전적으로 무의식의 세계에 존재하며, 현실세계와 연

결되어 있지 않다. 원초아는 쾌락의 원리(pleasure principle)에 의해 지배되는데, 이 원리는 쾌(快)를 최대로 하고 고통을 최소화한다. 여기서 쾌는 긴장감소를 의미한다.

- 자아(ego): 즉흥적인 충동을 억제케 하고 현실을 고려하도록 하는 것이 바로 자아이다. 생후 2년경 원초아에서 분화하여 자아가 발달하기 시작한다. 자아는 현실을 고려하므로 현실원리(reality principle)를 따른다. 자아는 원초아에서 분화되어 나왔기 때문에 원초아와 완전히 독립적으로 존재할 수 없으며, 원초아가 갖는 욕구를 충족시키기 위해 직·간접적으로 현실세계와 교섭하게 되므로 때로는 무의식에 때로는 의식에 속하게 되는 특성을 지닌다.
- 초자아(super-ego): 옳고 그름에 대한 판단역할을 하는 것이 초자아이다. 초자아는 양심과 자아이상의 두 가지 하위체계로 구성된다. 원초아의 쾌락추구에 반대하는 힘으로 작용하는 정신에너지로서 생후 3~4년경 발달하기 시작한다. 자신의 잘못한 행동에 대해 죄책감을 느끼는 것이 양심이고, 자신의 잘한 행동에 대해 자부심을 느끼는 것이 자아이상이다. 초자아도 의식세계와 무의식 세계에 걸쳐서 존재한다. 일반적으로 자아와 초자아는 서로 상반된 목적을 추구하기 때문에 본능적 원초아와 이를 억제하려는 초자아 간에 긴장이 발생한다. 이때 자아의 중재역할이 제대로 발휘되지 못하면 갈등을 느끼는데 이것이 바로 불안이다. 이 불안은 매우 고통스럽기 때문에 그것을 방어하는 기술을 발달시키게 되는데 이것이 방어기제이다.

인간의 성격특성은 이 세 가지 성격 구조 중 어느 것이 우세하냐에 따라 결정된다. 원초아가 지배적이면 본능적 욕구를 조절하지 못하고, 사회적 윤리에 대한 관심도가 낮으며, 자아가 우세하면 현실에 충실한 사람이 되고, 초자아가 강하면 도덕적 사람이 된다. 자아가 성격의 형성을 주도하는 집행자로서 원초아와 초자아를 적절히 중재하여 세 가지 성격 구조가 조화를 이룰 때 건강한 성격을 지닌 사람으로 자라날 수 있다.

프로이트에 의하면 심리성적 발달은 생물학적으로 이미 예정된 것이고, 어떤 영유아에게나 보편적으로 일어난다. 각 단계는 대부분의 영유아에게 비슷한 시기에 같은 순서로 일어난다. 한 단계에서 다음 단계로의 정상적인 진행이 이루어지지 못할 때 특정단계에 고착될 수도 있다. 그는 이러한 고착이 이후 성인기 성격형성에 직접적인 영향을 미친다고 말한다.

- **1단계:** 구강기(oral stage; 출생 ~ 약 1세)는 성적 에너지인 리비도(libido)가 입, 혀, 입술 등 구강으로 집중하는 시기로서 모든 만족의 근원은 먹는 것이다. 아기는 구강을 통해 엄마의 젖을 빨고 음식을 씹는 것으로 성적인 욕구를 충족시키므로 자신의 욕구를 충족시켜 주는 어머니에게 애착을 형성하게 된다. 구강기의 욕구가 만족되지 못하면 다음 발달 단계로 이행하지 못하고, 이 시기에 고착(fixation)되어 후에 손가락 빨기, 과식, 수다 떨기, 손톱 깨물기 등의 구강기적 성격이 나타날 수 있다.
- **2단계:** 항문기(anal stage, 약 1세 ~ 3세)는 배설물을 보유하거나 방출함으로써 쾌감을 얻기 때문에 항문기라고 한다. 영아가 처음으로 사회의 기대에 순응하도록 요구되는 단계이며, 자신의 본능적인 충동인 배설에 의해 외부로부터 통제를 받게 된다. 따라서 배변 훈련과정에서 어머니의 훈련방법과 태도가 아이의 성격형성에 많은 영향을 준다.
- **3단계:** 남근기(phallic stage, 약 3세 ~ 5, 6세)는 리비도가 항문에서 성기로 이동하는 시기이다. 이 시기의 유아는 자신의 몸에 성기가 있다는 사실을 지각하게 되고, 성기에 자극을 가함으로써 느끼게 되는 쾌감을 경험한다. 프로이트에 의하면, 이 시기의 남아는 오이디푸스 콤플렉스(Oedipus complex)를 경험하게 되고, 여아는 엘렉트라 콤플렉스(Electra complex)를 경험하게 된다고 하였다. 남아와 여아는 이 콤플렉스를 통해 심리적인 위기를 맞게 되는데 결국 동일시라는 개념을 통해 위기를 극복하고 남아는 남성성을, 여아는 여성성을 습득하는 성격형성이 이루어진다.

- 4단계: 잠복기(latent stage, 약 6세 ~ 12세)부터 아동의 성적 욕구는 철저히 억압되어 외형상 평온한 시기로서 부모와의 동일시가 강력해지고, 그로 인해 초자아가 발달한다. 이 시기의 아동은 지적인 탐구가 활발해져 학습하고, 사회생활에 필요한 여러 가지 기술을 습득하며, 동성친구와 강한 사회적 유대를 형성한다.
- 5단계: 생식기(genital stage, 약 12, 13세 이후 ~)는 전 단계에서 철저히 잠복되었던 성 에너지가 무의식에서 의식의 세계로 나와 다시 왕성한 활동을 시작하는 단계이다. 전반기에는 동성과의 우정, 후반기에는 이성과의 상호성에 바탕을 둔 친밀한 관계를 만들어 나갈 때 비로소 성욕의 건설적인 충족이 가능해진다. 청소년의 이성에 대한 욕구는 독서, 운동, 봉사활동 등을 통해 승화시킬 수 있지만, 만일 이 시기의 청소년들이 그들의 성적 에너지를 잘 처리하지 못하면 비행으로 표출되기도 한다.

〈표 2-5〉 프로이트의 심리성적 발달단계

연령	단계	내용
출생 ~1세	구강기 (oral stage)	엄마의 젖이나 우유병을 빠는 데, 구강적 욕구가 적절히 충족되지 않으면 아동기에는 손가락 빨기, 손톱 물어뜯기, 연필 씹기 등의 습관, 그리고 그 이후에는 과식과 과도한 흡연 등의 습관이 나타난다.
1~3세	항문기 (anal stage)	대소변을 방출하면서 쾌감을 느끼며, 배변훈련이 부모-자녀 간의 주요 이슈로 등장한다. 영아가 준비되기 전에 배변훈련을 시키거나 지나치게 허용적으로 훈련을 하면 극단적인 질서와 청결이 아니면 극단적인 지저분과 무질서가 나타난다.
3~6세	남근기 (phallic stage)	성기를 자극하면서 쾌감을 느끼며, 남아는 오이디푸스 콤플렉스, 여아는 엘렉트라 콤플렉스가 발생한다.
6~11세	잠복기 (latent stage)	성적 본능이 수그러들고 초자아가 더욱 발달한다. 가족 밖의 성인과 동성의 또래로부터 새로운 사회적 가치를 습득한다.
사춘기	생식기 (genital stage)	사춘기가 되면 남근기 때의 성적 충동이 다시 등장한다. 이전 단계에서 발달이 성공적이었다면 결혼과 성숙한 성, 자녀의 출산과 양육 등을 하게 된다. 이 단계는 성인기로 확장된다.

(2) 에릭슨의 심리사회적 이론

에릭슨
(Erik Erikson, 1902~1994)

에릭슨은 독일 프랑크푸르트 출신의 미국 심리학자로 인간이 영유아에서 성인으로 성장해 가면서 자신의 정체성을 어떻게 발전시키는지에 관심을 가졌다. 프로이트의 영향을 받은 그는 심리성적 발달의 기본 개념을 받아들이면서 발달과정을 몇 가지 차원에서 확대시켰다.

에릭슨은 무의식적 욕구나 충동을 강조하는 프로이트와는 대조적으로 자아, 즉 의식적 자아의 성장에 관심을 가졌다.

에릭슨은 프로이트의 정신분석학적 개념에 기초해 자신만의 독특한 발달이론을 제시하였다. 프로이트가 성적 본능을 강조한 것과는 달리 사회문화적 맥락을 중시하여 인간의 성장을 개인적 욕구 및 능력, 사회적 기대 및 요구 간의 상호작용의 소산물로 보았다. 특히 에릭슨은 사회적 힘이 성격발달에 미치는 영향을 강조하였기 때문에 프로이트의 심리성적 이론(psychosexual theory)과 비교하여 심리사회적 이론(psychosocial theory)이라고 부른다.

에릭슨에 의하면 각 단계에서 인간은 개인적인 욕구나 사회적 욕구의 통합을 필요로 하는 특별한 문제에 직면하게 되는 심리사회적 위기(psychosocial crisis)를 설명하고 있다. 그러한 위기는 새로운 경험을 위한 기회를 제공해 주고, 자기자신과 세계에 대한 관점의 변화를 요구함으로써 성격은 계속해서 새롭게 성장하거나 방해를 받게 된다. 에릭슨의 각 발달단계에서 위기를 해결해 나가는 방법은 사회나 문화에 따라 다르고, 위기를 어떻게 해결했는가 하는 것은 성격의 차이를 가져온다(이영, 2017).

요람에서 무덤까지 인간은 생의 8단계로 이루어진 발달과정에서 발생하는 심리사회적 위기를 만족스럽게 해결하면 긍정적 자아특질이 강화되고, 건전한 발달을 이룬다. 실제로 에릭슨은 건강한 균형이 극단적인 두 개념 사이에 위치하지만, 결과가 긍정적인 쪽이 더 우세해야 한다고 보았다. 한 단계의 해결은 다음 단계의 과제를 처리하는 기초가 된다. 에릭슨이 제시하는 성격발달의 8단계는 표 2-6과 같다.

〈표 2-6〉 성격발달의 8단계

연령	단계명	발달과업
영아기 (0~1세)	기본적 신뢰감 대 기본적 불신감	이 세상은 안전하고 행복한 곳이라는 느낌을 갖는 것
걸음마기 (1~3세)	자율성 대 수치심	스스로 할 수 있는 독립성과 자율성을 기르는 것
유아기 (3~6세)	주도성 대 죄책감	새로운 것을 시도하고 주도하는 능력을 개발하는 것
학동기 (6~12세)	근면성 대 열등감	학습과 또래관계의 경험을 통해 근면성과 성취감을 배우는 것
청소년기 (13~19세)	자아정체감 대 정체감 혼미	자신에 대한 이해와 통합된 자아감을 개발하는 것
성인초기 (20~24세)	친밀성 대 고립감	타인과 가깝고 따뜻하며, 친밀한 관계를 공유하는 것
중년기 (25~65세)	생산성 대 침체감	자녀출산, 양육, 그리고 직장에서의 성취 등을 통해 가정과 사회에 기여하는 것
노년기 (65세 이후)	통합감 대 절망감	지금까지 살아 온 인생에 대한 긍정적 통찰 및 관조

출처: 김미영(2010).

- 1단계: 기본적 신뢰감 대 기본적 불신감(basic trust vs. basic mistrust, 출생 ~ 약 1세)은 프로이트의 구강기에 속한다. 영아들은 자신을 돌보아 주는 주요 양육자(어머니)와 사회적 관계를 맺게 되는데 그들의 양육방식이나 태도에 의해 아기의 신뢰감이나 불신감 발달이 결정된다. 신뢰감이란 자기 자신을 신뢰할 가치가 있는 존재로 인식함은 물론 다른 사람에 대해서도 본질적으로 신뢰감을 형성하는 것이다. 어머니는 영아가 세상에 태어나 처음 만나는 가장 중요한 존재로서 음식이나 애정을 통해 영아의 기본적인 욕구를 만

족시켜 준다. 만일 어머니가 일관성 없이 양육하거나 거부적인 태도를 보인다면 영아에게는 좌절의 근원이 되어 불신감을 형성하게 된다.

- 2단계: 자율성 대 수치심(autonomy vs. shame, 약 1세 ~ 3세)은 프로이트의 항문기에 해당하는 시기이다. 이 시기의 영아들은 모든 것을 혼자 힘으로 해결하려고 애쓰는 독립성과 자율성을 나타내면서 더 이상 부모에게 전적으로 의존하려 들지 않는다. 즉, 영아는 괄약근의 통제가 가능해지기 시작하고 근육발달을 통하여 혼자 걷고 먹고 옷을 입고 배설하며 자신의 행동영역을 확장하게 된다. 이러한 독립심과 힘에 대한 욕구로 종종 어른들과 부딪히게 된다. 이때, 부모가 인내심 없이 영아 대신 일을 처리해 버리거나 할 수 없는 것을 스스로 해야 한다고 지나치게 요구하는 등의 엄격하고 무서운 양육태도는 영아로 하여금 무능력과 무력감을 형성하게 하여 이로 인해 자신의 능력에 대해 수치심과 의심을 발달시키게 되는 결과를 가져온다.
- 3단계: 주도성 대 죄책감(initiative vs. guilt, 약 3세 ~ 6세)은 프로이트의 남근기에 해당하는 시기로 유아는 새로운 기술이나 능력이 시작되며, 스스로 어떤 목표나 계획을 세워 그 일을 성공적으로 완수하려고 열중하며 노력하고자 한다. 감각기관을 통해 주도적으로 사회적 · 물리적 환경을 탐색하고, 다양한 신체활동과 언어활동을 즐기며, 상상력과 창의력을 동원하여 주변 환경을 알아 가고 적극적인 활동에 참여하게 된다. 이때, 부모가 유아 스스로 환경을 탐색하고 행동할 수 있도록 격려해 주고 인정해 주면 유아는 주도성을 형성하게 되지만 기회를 주지 않고 심하게 꾸짖을 경우, 이 시기뿐만 아니라 이후의 시기에도 자신의 행동에 대해 죄의식을 갖게 될 우려가 높다. 또한 이 시기에는 영유아에게 가족뿐만 아니라 또래와의 관계가 중요하게 되는데 이때 이들과 관계 맺는 경험을 잘하지 못하면 미래에 사회적 관계를 맺는 데 어려움을 겪게 된다.
- 4단계: 근면성 대 열등감(industry vs. inferiority, 약 6세 ~ 12세)은 프로이트의 잠복기에 해당하는 시기이다. 자아성장의 결정적 시기이므로 개인의

일에 대한 기본적인 태도가 확립되는 시기이다. 이 시기의 아동은 읽기, 쓰기, 셈하기 등의 기초적인 인지적 기술을 습득하고 가족을 벗어나 사회적 관계를 넓히면서 사회에서 생존해 나가는 데 필요한 기술을 숙달시켜 나간다. 이러한 기술을 쌓고 의미 있는 일을 성취하기 위해 다양한 활동에 열정적으로 참여하고 성공적으로 완수하면 근면성을 형성하게 되지만 실패할 경우, 부정적인 자아상과 부적절하다는 느낌을 가지게 되어 이후의 학습에 부정적인 영향을 초래하게 된다.

3) 행동주의 이론

행동주의 이론은 인간발달에 있어서 환경의 영향력이 중요함에 초점을 두고 있다. 영유아의 눈에 보이지 않는 내적 사고나 감정보다는 눈에 보이는 행동을 직접 관찰하고 측정하여 연구하는 것이 중요하며, 발달이란 환경에서의 경험에 의해 변화되는 것이라고 본다. 행동주의 이론의 대표적인 학자인 파블로브(Pavlov), 왓슨(Watson), 스키너(Skinner), 반두라(Bandura)를 중심으로 살펴보고자 한다.

(1) 파블로브의 고전적 조건형성이론

파블로브는 자극과 반응 간의 관계를 최초로 연구한 사람으로 노벨 생리의학상에 빛나는 러시아의 생리학자이다. 심리학자도 아니고 특별히 학습에 관심을 가졌던 것도 아니었으나 개의 타액 분비의 성질에 관해 우연히 발견하면서 학습에 있어서 조건형성이론의 기초가 되는 조건반사에 흥미를 갖게 되었다. 그가 주장한 고전적 조건형성이론(classical conditioning theory)을 살펴보면 다음과 같다.

파블로브
(Ivan Pavlov, 1849~1936)

파블로브는 음식에 대한 반응으로 개가 타액을 얼마나 많이 분비하는가를 측정하는 과정에서 개가 음식을 보고 냄새를 맡기 이전에 이미 침을 흘리기 시작한다는 것을 발견하였다. 즉, 음식과 관련된 자극(예: 음식을 가져오는 주인의 발자국)이 타액을 분비하도록 유도하는 힘을 갖고 있다는 것을 발견하였다. 이러한 사실을 확인하기 위한 그의 실험(그림 2-1 참조)에서 배고픈 개에게 음식을 주면 개가 타액을 분비한다는 사실을 확인하였다. 만일 음식을 다른 사건, 즉 종을 울리는 것과 같은 사건과 함께 제공하면, 개는 종만 울려도 침을 흘리게 된다. 중립적 자극에 대한 이러한 학습된 타액 분비 반응을 조건반사(conditioned reflex)라고 부르며, 고전적 조건형성(classical conditioning)이라고 한다. 여기서 음식은 무조건 자극(unconditioned stimulus)이다. 이때 음식을 보고 나타나는 개의 타액 분비는 무조건 자극에 대한 반응으로 무조건 반응(unconditioned response)이라고 부른다. 무조건 반응인 타액 분비가 나타난 후에, 음식을 제시하면서 종을 울린다. 음식과 종소리를 몇 번 짝지어 제시한 후에는 종만 울려도 개는 타액을 분비하게 된다. 이때 종소리는 조건 자극(conditioned stimulus), 개의 타액 분비는 조건 반응(conditioned response)에 해당한다.

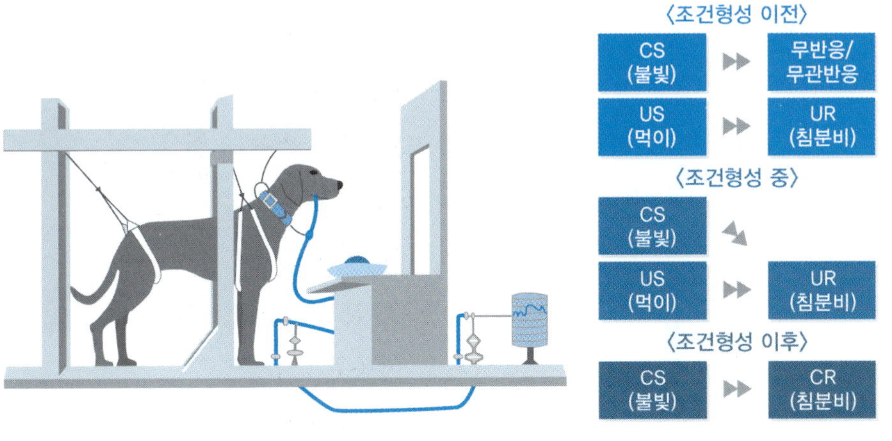

[그림 2-1] 개 타액 실험

출처: 네이버캐스트 - 생활 속 심리학.

조건반사의 강도에 영향을 주는 요인으로는 강화와 소멸, 자극 일반화와 자극 변별화가 있다. 강화(reinforcement)는 한 행동에 뒤따르는 자극 사건이 그 행동을 다시 일으킬 가능성을 증가시킨다는 것을 의미한다. 그러나 조건형성이 한 번 이루어졌다고 해서 조건 자극이 계속해서 영원히 작용하는 것은 아니다. 예를 들면, 종소리를 타액 분비를 위한 조건 자극으로 만들 수는 있으나, 만약 음식 없이 종소리만 몇 번 제시하면 종소리는 그 효과를 잃게 되는데 이것이 바로 소멸(extinction)이다.

자극 일반화는 원래의 자극과 유사한 조건 자극에 대해 조건 반응하는 것을 의미한다. 예를 들면, 어떤 음조의 종소리에 타액을 분비하도록 조건형성된 개는 유사한 다른 음조의 종소리에도 같은 반응을 하는데 이것이 자극 일반화(stimulus generalization)이다. 자극 일반화에 대한 보완적인 과정이 자극 변별화(stimulus differentiation)인데, 한 자극이 다른 것과 변별되어지는 방식을 말한다. 예를 들면, 어두운 곳에서 공포를 느끼는 영유아가 극장과 같은 어떤 특정한 어두운 장소에서는 공포를 느끼지 않는 것을 말한다.

(2) 왓슨의 학습이론

왓슨
(John B. Watson, 1878~1958)

왓슨은 파블로브의 이론을 인간에게 적용시켜 인간의 정서적인 학습에 대해 정리하였다. 그는 11개월된 알버트에게 큰 소리와 함께 흰쥐를 반복하여 보여 주는 것을 통해 중립자극이었던 흰쥐에 대해 공포심을 유발하는 무조건적인 자극으로 조건화를 시켰다. 또한 "나에게 12명의 갓 태어난 아기를 주면, 거지로도 만들 수 있고, 의사로도 만들 수 있다"라고 말하여 극단적인 행동주의자의 면모를 보여 주었다. 이는 영유아가 가지고 태어나는 기질이나 유전적 특성을 모두 무시하고, 환경과 학습에 의해 사회가 원하는 사람으로 만들 수 있음을 내포하고 있다.

(3) 스키너의 조작적 조건형성이론

스키너
(B. F. Skinner, 1905~1990)

미국의 행동주의 심리학자인 스키너는 자극과 반응이 연결되는 또 다른 방법으로 조작적 조건형성이론(operant conditioning theory)을 주장하였다. 영문학을 전공하였으나 하버드대학교 심리학과에 등록하여 학습에 대한 연구를 하면서 자신의 이론은 체계화하였다. 엄격한 행동주의자로 심리학이 명백한 외현적 행동의 연구에 한정되어야 한다고 여겼으며, 환경이 행동을 어떻게 통제하는지에 관심을 갖고 이를 밝히고자 노력하였다.

영유아의 어떤 행동이 강화를 받게 되면, 그 행동이 다시 발생할 확률이 낮아진다. 조작적 조건형성에서는 강화와 처벌의 역할이 중요하다. 그에 의하면 습관은 조작적 학습경험의 결과로 형성되는 것이다. 예를 들어, 한 소년의 공격적인 행동은 친구에게 공격적인 행동을 했을 때, 친구들이 그의 힘에 굴복하면서 강화된다. 또 다른 소년의 경우, 그보다 더 힘센 친구가 역공을 하게 되면 더 이상 공격적인 행동을 하지 않는다. 이때 두 소년은 강화와 처벌이라는 두 요인에 기초해서 전혀 다른 방향으로 공격적 성향이 발달하게 된다.

따라서 스키너의 조작적 조건형성 이론에서는 영유아발달이 본능, 욕구, 또는 생물학적 성숙과 같은 내적요인보다는 강화인 또는 처벌인이라는 외부자극에 달려 있다고 본다.

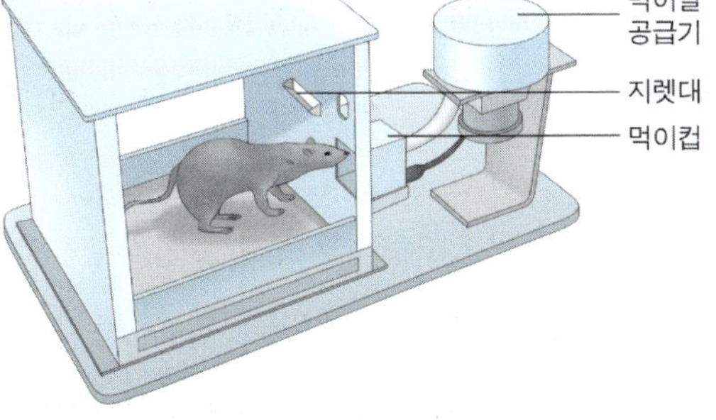

[그림 2-2] 스키너 상자

출처: 네이버캐스트 - 생활 속 심리학.

스키너는 인간의 모든 행동을 반응적 행동과 조작적 행동의 두 가지 범주로 나누었다. 우선 반응적 행동(respondent behaviors)이란 모든 유기체가 보이는 단순한 반사를 포함하는 것으로 파블로프의 실험에서 개가 음식을 보고서 침을 흘리는 반응을 예로 들 수 있다. 이 행동의 특징은 반응을 유발하는 자극에 의해 전적으로 통제된다는 것으로, 자극이 있으면 반응하고 없으면 반응하지 않는 매우 단순한 행동을 말한다.

또 다른 유형으로는 조작적 행동(operant behaviors)을 들 수 있는데, 인간행동의 대부분은 이 조작적 행동에 속한다. 이 행동은 어떤 행동이 유발하는 결과에 의해서 통제된다. 일반적으로 긍정적인 결과는 그 행동이 다시 발생할 가능성을 높이고 부정적인 결과는 반대결과를 초래한다.

조작적 조건형성을 연구하기 위해 스키너는 '스키너 상자(Skinner box)'(그림 2-2)를 고안했다. 이 장치는 쥐가 마음대로 드나들 수 있으며, 한쪽 구석에 지렛대를 두어 그 지렛대를 누르면 먹이가 자동으로 나오게 설계되어 있다. 쥐가 먹이를 찾아 이리저리 움직이다 보면 우연한 기회에 지렛대를 누르게 되고, 그 결과, 먹이를 먹게 되는 것이다. 이렇게 먹이를 받아먹는 긍정적인 경험을 반복하면서 쥐는 점차 지렛대 누르기와 먹이와의 관계를 학습하게 된다. 이때 지렛대를 누르는 행동이 바로 조작적 행동이다.

파블로프의 이론을 수용하면서도 스키너의 이론에는 명백한 차이점이 존재한다. 파블로프의 고전적 조건화에서는 음식물의 타액 분비나 큰 소리에 놀라는 반응과 같은 수동적이고 기계적인 반응 행동에 초점을 두었지만 스키너의 이론에서는 능동적인 유기체가 자발적으로 행동을 일으키는 조작 행동도 포함된다는 것이다. 즉, 파블로프는 반응적 행동에, 스키너는 조작적 행동에 초점을 두고 이론을 펼쳐 나갔다.

강화에는 긍정적인(positive) 강화와 부정적(negative) 강화가 있다. 긍정적인 강화는 그것의 제시가 행동이 다시 발생할 확률을 증가시키는 자극이다. 예를 들어, 자기 방 청소를 한 아이에게 용돈을 주거나 칭찬을 하는 것은 그 행동을 유지하도록 하는 매우 효과적인 방법이 될 수 있다. 벌과 같이 바람직하지 않은 행동을 했을 때 이를 감소시키는 것을 부정적 강화라고 한다.

(4) 반두라의 사회학습이론

캐나다의 심리학자인 반두라는 스키너의 조작적 조건형성이론의 영향을 받았으나 모델링 현상의 이론화에 관심을 기울이게 되었다. 그의 사회학습이론(social learning theory)에서는 행동과 환경뿐만 아니라 인지도 발달에 있어서 중요한 요인으로 다루어진다. 또한 사회적 환경과 영유아의 인지능력이 학습과 발달에 미치는 중요성을 강조하고 있다.

반두라
(Albert Bandura, 1925~)

이 이론은 영유아 행동이 갑작스럽게 변하는 것은 고전적 조건형성 또는 조작적 조건형성을 통해서가 아니라, 다른 사람의 행동을 관찰함으로써 학습되어 나타난다고 주장한다. 유아가 어머니의 자녀 양육행동을 관찰하고 인형놀이를 할 때 그 행동을 그대로 모방하거나 형이 어른에게 공손히 인사하여 칭찬받는 모습을 보고 동생도 인사를 잘하게 되는 경우 등을 예로 들 수 있다. 사회학습이론은 관찰학습(observational learning), 즉 다른 사람의 행동을 관찰함으로써 발생하는 학습에 초점을 맞추는데, 이것을 모방(imitation) 또는 모델링(modeling)이라고 부른다.

전통적으로 심리학 이론들은 직접 경험에서 얻은 학습을 강조해 왔으나, 직접적으로 탐색하는 활동의 종류나 탐색 장소는 매우 제한적이므로 직접 경험을 통한 시행착오만을 강조했다면 인간발달은 지금보다 훨씬 늦춰졌을 것이다. 다행히도 인간은 모델을 관찰하는 것을 통해서도 자신의 삶을 구조화하는 관찰학습이 가능할 만큼 인지적 수용능력이 진화되어 있다.

반두라에 의하면 관찰학습에는 주의, 기억, 운동재생, 동기유발의 네 가지 과정이 필요하다고 한다. 이 중 한 과정이라도 제외되면 사회학습이론의 모형은 불완전한 것이 되며, 성공적인 모방이 이루어지지 않는다.

관찰학습의 네 가지 과정은 다음과 같다.

첫째, 모델의 행동에 '주의(attention)' 또는 집중해야 한다. 주의가 산만한 영유아의 경우, 자극에 주의를 집중시키기에 필요한 충분한 시간 동안 가만히 앉아 있지 못한다.

둘째, 한 사건의 중요한 형상을 '기억(memory)'하는 능력이다. 이들 형상은 필요에 따라 회상될 수 있고 유용하게 이용될 수 있다.

셋째, 모방하고자 하는 행동의 '운동재생(motoric reproduction)'이다. 여기서는 행동의 신체적 수행능력이 학습자에게 필요하다. 예를 들면, 야구공치기 학습은 공을 보기와 공의 정확한 각도와 시간에 맞추어 방망이 휘두르기로 구성된다.

마지막으로 '동기유발(motivation)'이 포함된다. 동기유발은 직접강화 또는 대리강화의 형태를 취한다. 직접강화의 동기유발은 전통적 자극-반응(S-R) 모형이나 관찰학습에서 제시하는 강화와 같은 형태이다. 대리강화는 잠재적인 학습자가 다른 사람이 강화받는 행동을 관찰하고 자신도 그러한 행동을 하는 현상을 말한다.

4) 인지발달 이론

인지는 지식, 의식, 사고, 상상, 추론, 문제해결, 개념화, 분류, 상징, 지각, 학습 등의 정신적인 과정을 포괄하므로 인간의 심리적 발달과정을 이해하는 데 있어서 매우 중요하다(이영, 2017). 정신분석 이론이 영유아의 무의식적인 사고의 중요성을 강조하는 것이라면, 의식적인 사고발달 과정에 초점을 두는 것이 바로 인지발달 이론이다. 이 관점에서 바라보는 인간은 유전적인 요인에 의해 결정되는 존재가 아니라 환경에 영향을 받기는 하지만 이러한 환경적 자극을 능동적으로 중재하고 구성할 수 있고 이를 통해 지속적으로 성장하고 발달해 나갈 수 있는 잠재력을 갖고 태어나는 존재로 본다.

여기서는 인지발달론적 관점의 대표적 이론인 피아제(Piaget)의 인지발달 이론과 비고츠키(Vygotsky)의 사회문화적 인지이론에 대해 살펴보고자 한다.

(1) 피아제의 인지발달 이론

스위스의 심리학자인 피아제는 인지발달 이론의 대표적인 학자이다. 그는 영유아를 타고난 과학자로 보고 스스로의 경험이나 환경과의 상호작용을 통한 지식 구성을 강조하였다.

피아제
(Jean Piaget, 1896~1980)

그에 의하면 인지발달(cognitive development)은 유기체와 환경과의 상호작용으로 이루어지는 적응과정이다. 피아제의 주요개념과 질적으로 다른 네 개의 인지발달단계는 다음과 같다.

그의 이론에서 중요한 개념으로는 도식, 적응, 동화, 조절, 평형화의 개념 등이 있다. 도식(schema)은 피아제 이론의 기본적 정신구조로서 사고하는 방식이나 체계적 행동패턴을 의미한다. 도식은 기존의 이해 방식의 틀에 따라 경험을 해석하는 '동화'의 과정과 과거의 이해방식이나 도식과는 맞지 않아 기존의 행동이나 사고를 변경하는 '조절'의 과정을 통해 발달한다.

적응(adaptation)은 환경과의 직접적인 상호작용을 통해 도식이 변화하는 과정이다. 예를 들어, 홍관조의 수컷은 선명한 붉은색인 반면 암컷은 눈에 잘 띄지 않도록 엷은 갈색을 띠어 종의 생존에 대한 위협을 줄인다. 적응은 동화와 조절이라는 두 가지 수단을 통해 진행된다.

동화(assimilation)는 새로운 환경자극에 반응함으로써 기존의 도식을 사용해 새로운 자극을 이해하는 것을 말한다. 조절(accommodation)은 기존의 도식으로는 새로운 사물을 이해할 수 없을 때, 기존의 도식을 변경하는 것을 말한다. 영유아가 조절을 할 때에는 도식의 형태에 질적인 변화가 일어난다.

마지막으로 평형화(equilibration)는 동화와 조절이 균형을 이룬 상태를 의미한다. 예를 들어, 5세 된 아이가 하늘에 날아다니는 물체는 새라고 배웠다고 가정해 보자. 하늘을 날아다니는 물체를 볼 때마다 아이는 그 사물이 자기가 갖고 있는 기존체계, 즉 새라는 것에 자신의 생각을 동화시킨다. 그런데 어느 날 아이는 하늘을 날아가는 비행기를 보게 되고, 이 새로운 사물을 본 아이는 그가 갖고 있는 기존 개념인 '새'에 적용시키려고 하나, 모양과 크기 등이 너무 다르므로 혼란을 느낀다. 이때 아이는 기존의 체계를 변경하지 않으면 안 되는데 이 과정이 조절이다. 아이는 이제 불평형 상태에 놓이게 되고, 어머니에게 저 물체가 무엇인지 물어본 결과 그것은 새가 아니라 비행기라는 대답을 듣게 된다. 결국 아이는 새와 비행기의 차이를 알게 되는데 이것이 바로 평형의 상태인 것이다.

피아제는 인지발달에는 네 단계가 있으며, 질적으로 다른 이 단계들은 정해진 순서대로 진행되고, 단계가 높아질수록 복잡성이 증가한다고 주장한다. 피아제의 인지발달의 단계는 감각운동기, 전조작기, 구체적 조작기, 형식적 조작기 순으로 발달한다.

〈표 2-7〉 피아제의 인지발달단계

단계	특징
감각운동기 (sensorimotor stage: 출생~2세)	신생아의 단순한 반사들이 나타나는 출생에서 시작해서 초기의 유아적 단어가 나타나는 상징적 사고가 시작되는 2세경에 끝난다. 영아의 행동은 자극에 대한 반응으로서, 이때 자극은 감각이고 반응은 운동이다.
전조작기 (preoperational stage: 2~7세)	언어가 급격히 발달하고 상징적으로 사고하는 능력도 증가한다. '조작'이란 과거에 일어났던 사건들을 내면화시켜 서로 관련지을 수 있는, 즉 논리적인 관계를 지을 수 있는 것을 뜻한다. 상징놀이, 자기중심적 사고, 물활론적 사고, 직관적 사고 등의 특징이 나타난다.
구체적 조작기 (concrete operational stage: 7~12세)	전조작기에서 갖지 못한 가역성이라는 특성을 갖는다. 보존개념의 획득, 유목포함, 분류, 서열화를 할 수 있다.
형식적 조작기 (formal operational stage: 12세~)	새로운 상황을 직면했을 때 현재의 경험뿐만 아니라 과거와 미래의 경험을 이용한다. 또한 체계적인 과학적 사고, 추상적 사고, 이상주의적 사고가 가능하다.

(2) 비고츠키의 인지발달 이론(사회문화적 이론)

비고츠키
(Lev Vygotsky, 1896~1934)

러시아의 심리학자인 비고츠키는 38세의 나이로 짧은 생애를 마쳤음에도 180편이 넘는 논문과 저서를 집필하는 등 놀라운 업적을 남긴 학자이다. 문학, 철학, 예술, 심리학 등 다방면의 학문에 관심을 쏟았으며, 영유아발달에서 사회문화와 역사적 맥락을 강조하였기 때문에 그의 이론은 사회문화적 인지이론으로 불린다.

비고츠키의 사회문화적 인지이론은 특정 문화의 가치, 신념, 관습, 기술이 어떻게 다음 세대로 전수되는지에 초점이 맞춰졌다. 그에 의하면 사회적 상호작용, 특히 영유아와 성인 간의 유의미한 대화는 그들이 특정 문화에 적절하게 사고하고 행동하는 법을 습득하는 데 필수적이라고 한다. 영유아가 성장하고 있는 그 문화적 배경을 고려하지 않고서는 영유아발달을 제대로 이해할 수 없다는 것이다.

비고츠키는 피아제가 간과했던 사회문화적 요인의 중요성을 강조함으로써 영유아의 인지발달을 이해하는 새로운 견해를 제시하였다. 피아제가 인지발달의 문화적 보편성을 강조한 것과는 달리 비고츠키는 인지발달의 문화적 특수성을 강조한다.

피아제에 의하면 모든 영유아의 인지발달은 매우 유사한 단계를 거친다. 그리고 인지발달에 있어서 영유아의 능동적이고 자발적인 노력을 강조하였기 때문에 성인의 직접적인 가르침은 중요하지 않다고 보았다. 이와는 대조적으로 비고츠키는 모든 영유아가 똑같은 인지발달단계를 거친다고 보지 않았으며, 영유아의 인지발달을 사회가 중재하는 과정으로 보기 때문에 영유아발달의 결정요인으로서 문화를 강조한다. 영유아는 지식의 대부분을 문화로부터 습득하고 영유아는 문화로부터 사고과정이나 사고수단을 습득하게 되는 것이다.

영유아발달에 대한 그의 견해는 다음과 같이 요약될 수 있다.

첫째, 영유아의 인지기능을 이해하기 위해서는 인지기능의 기원과 초기 형태에서 나중 형태로의 전환을 연구해야 한다. 혼잣말 같은 정신활동은 독자적으로는 정확하게 이해될 수 없고, 오로지 발달과정에서의 한 단계로 이해되어야 한다. 즉, 영유아의 인지기술은 발달의 차원에서 분석되고 해석될 때만 이해가 가능하다는 것이다.

둘째, 인지기능을 이해하기 위해서는 그것을 중재하는 도구를 연구하는 것이 필요한데 언어가 가장 중요한 도구이다. 영유아 초기에 문제해결을 돕는 도구로서 언어가 사용되기 시작한다고 주장한다.

셋째, 인지기능은 사회적 관계와 문화에 그 기초를 둔다. 비고츠키는 영유아 발달은 사회문화적 활동과 불가분의 관계가 있다고 주장한다. 기억, 주의집중, 추론 등의 발달은 사회가 고안해 낸 언어나 수리체계, 기억전략을 사용하는 학습을 포함한다는 것이다.

비고츠키는 사회적인 상호작용이 학습자 개인에게 내면화되는 과정에서 두 가지 발달수준, 즉 영유아가 성인의 도움 없이 스스로 문제를 해결할 수 있는 현재의 발달수준과 도움을 받아서 문제를 해결할 수 있는 잠재적 발달수준을 구분하였다.

근접발달영역(ZPD: Zone of Proximal Development)은 이러한 영유아가 스스로의 힘으로 문제를 해결할 수 있는 수준인 실제적 발달수준과 성인이나 유능한 또래로부터 도움을 받아 문제를 해결할 수 있는 수준인 잠재적 발달수준 간의 간격을 의미한다. 비고츠키의 근접발달영역은 비록 두 영유아가 도움 없이 혼자 힘으로 문제를 해결할 수 있는 수준이 비슷하다 할지라도, 도움을 받고 문제를 해결할 수 있는 수준은 크게 다를 수 있음을 강조한다.

비계설정(scaffolding)은 영유아가 스스로의 힘으로 문제를 해결할 수 있도록 성인이나 유능한 또래가 도움을 제공하는 것을 의미한다. 비고츠키는 영유아의 인지발달은 자신이 속한 문화에서 보다 성숙한 구성원과의 상호작용을 통해서 이루어진다고 보았다. 교사는 영유아를 가르치는 동안 그들의 현재 수준에 알맞도록 가르침의 양을 조절한다. 영유아가 학습하는 내용이 새로운 것이라면 직접적인 지시를 하고, 그들이 따라오게 되면 직접적인 제시 대신 힌트를 주게 된다.

비계는 건축학에서 빌려 온 용어로서 건물을 지을 때 발판으로 사용하다가 건물이 완성되면 제거해 버리는 것을 말한다. 마찬가지로 영유아가 과제를 수행하는 데 도움을 주다가 일단 영유아가 혼자서 문제를 해결할 수 있게 되면 비계는 더 이상 필요 없게 된다.

비고츠키는 언어가 영유아의 사고발달에 필수요건이라고 주장한다. 그에 의하면, 영유아는 문제를 해결하거나 중요한 목표를 달성하고자 할 때 혼잣말(private speech)을 하는 경향이 있다고 한다. 영유아는 혼잣말을 주로 마음속으로 하는 성인과는 달리 밖으로 소리를 내어 한다. 시간이 지나면서 큰 소리로 하던 혼잣말은 속삭임으로 변하고 다시 내부 언어(inner speech)로 변한다(정옥분, 2016).

피아제에게 있어서 혼잣말은 자기중심적이고 미성숙한 것이지만, 비고츠키에게는 혼잣말이 영유아의 사고발달에서 중요한 도구가 된다. 그는 혼잣말을 많이 하는 영유아가 그렇지 않은 영유아보다 사회적 능력이 더 뛰어나다고 주장한다.

비고츠키는 혼잣말을 인지발달에서 자기조절로 향하는 중간 단계로 보았다. 처음에 영유아의 행동은 다른 사람의 지시에 의해 조절된다. 영유아가 다른 사람의 도움 없이 새로운 과제를 해결하고자 할 때, 큰 소리로 혼잣말을 함으로써 자기 스스로에게 지시를 내린다. 따라서 혼잣말은 문제해결에서 자신이 올바르게 하고 있다는 확신을 주는 자기 나름의 길잡이 역할을 한다.

어려운 과제에서 더 많은 도움이 필요하기 때문에 영유아는 쉬운 과제보다 어려운 과제에서 혼잣말을 더 많이 사용한다. 또한 문제를 제대로 풀었을 때보다 실수를 한 후에 혼잣말을 더 많이 사용하는 것으로 보인다.

4. 사회변화와 보육과정

시대적 · 사회적 요구에 따라 보육은 변화해 왔으며, 보육과정의 내용에도 사회변화에 따른 시대적 요구들이 수용되어 왔다. 가속화되는 사회변화는 영유아들의 놀이와 발달, 인간관계를 통하여 영유아의 발달에 영향을 미치므로 보육은 사회가 요구하는 바람직한 인간을 양성하기 위한 지식, 기능, 가치를 기르기 위해 사회의 변화에 민감해야 한다. 여기에서는 보육과정에 영향을 미칠 수 있는 현재 우리나라의 주요 사회적 이슈에 대해 알아보고자 한다.

1) 4차 산업혁명 시대의 도래로 인한 인재상의 변화

'4차 산업혁명의 이해(Mastering the Fourth Industrial Revolution)'란 주제로 2016년 1월 스위스 다보스포럼(세계경제포럼)이 개최되면서 4차 산업혁명은 전 세계의 주목을 받게 되었다. 역사적으로 1차 산업혁명은 18세기 증기기관의 발명에 힘입어 기계에 의한 생산을 이끌고, 19세기 말에서 20세기 초까지 이어진 2차 산업혁명은 전기에 의한 대량생산을 촉진했으며, 1960년대 시작된 3차 산업

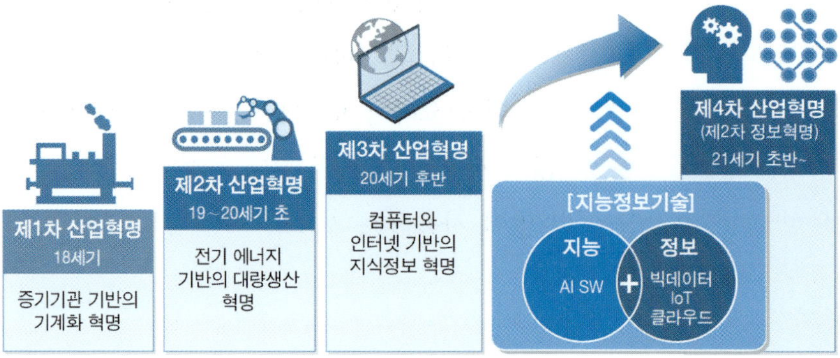

[그림 2-3] **4차 산업혁명**

출처: 미래창조과학부.

혁명은 반도체와 컴퓨터에 의한 디지털 혁명을 이끌었지만, 4차 산업혁명은 모든 기술이 끊임없이 융합하면서 '모든 것을 완전히 바꿀 것'이라는 전망이 확산되고 있다(Schwab, 2016).

4차 산업혁명은 인공지능, 빅데이터, 사물인터넷(IoT), 클라우드, 3D 프린팅, 자율주행 자동차 등과 같이 소프트웨어와 데이터 기반의 지능 디지털 기술변환에 의한 혁명을 의미한다(Schwab, 2016). 4차 산업혁명 시대의 새로운 발명과 발견은 학문 간 접경인 융복합 영역에서 도출된 것이므로 전문지식보다는 융합적 사고, 복합적 문제해결력이 요구된다. 이 외에도 로봇으로 대체불가능한 감성적 지능이 요구된다. 고도의 기술발달은 빠른 속도로 광범위한 생활영역에 영향을 미치며, 초지능적·초연결적인 사회에 대한 기대와 위기를 고조시켰다. 미래고용보고서에 따르면 향후 5년 동안 4차 산업혁명으로 선진국 및 신흥시장 15개국에서 710만 개의 일자리가 사라지게 될 것이며, 반복적 업무를 수행하는 사무직 475만 개가 없어질 것이며, 산업혁명에 의해 만들어지는 일자리는 210만 개에 불과할 것으로 전망했다(한동승, 2016). 예측 불가능한 사회에서 새로운 인재양성을 위한 교육에 대한 기대와 요구, 그에 따른 대책이 간구되어야 할 것이며, 미래사회에 살아갈 영유아들을 어떤 인재로 키워 나가야 할지, 어떤 역량을 길러 주어야 할지 부모, 교사들이 관심을 갖고 도움을 주어야 하는 대목이다.

교육부에서 제안한 앞으로 도래할 미래사회에 적합한 인재상은 그림 2-4와 같다.

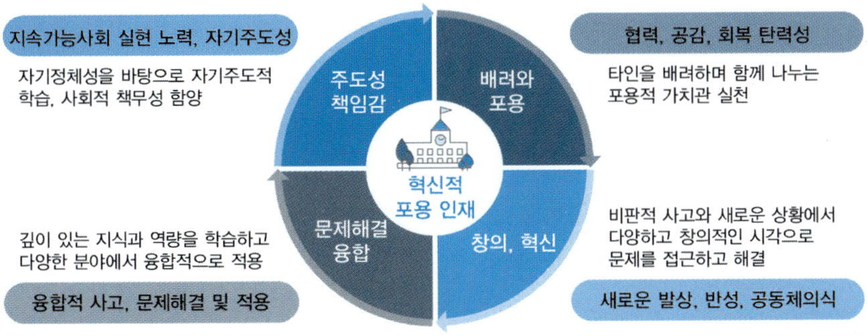

[그림 2-4] 미래형 인재상(안)

출처: 교육부(2021). 국민과 함께하는 미래형 교육과정 추진 계획(안).

앞에서 제시된 미래의 인간상이 보육과정에 주는 시사점을 정리하면 다음과 같다.

첫째, 미래의 인간상으로 인간 고유의 본질인 인간다움과 인성 및 감성을 갖춘 사람이 강조되었다. 이는 누리과정과 초·중등학교 교육과정에서 추구하는 인간상인 감성이 풍부한 사람, 배려와 나눔, 협력을 실천하는 더불어 사는 사람과 맥을 같이한다. 현재 교육과정에서도 중요하지만 미래형 보육과정에서도 인성과 감성, 인간다움은 강조될 필요가 있다.

둘째, 기술의 발전과 디지털 전환의 속도가 빨라진 만큼 변화에 적응하면서 능동적으로 대응할 수 있는 창의적이고 융합적인 전문가가 미래의 인간상으로 주목받고 있다. 미래사회에는 어떤 환경에도 유연하게 적응하는 사람, 다양한 지적 욕구를 토대로 탐구역량을 개발하고 향상시켜 새로운 시스템을 만들 수 있는 사람이 요구된다. 이러한 미래의 인간상을 고려하여 미래형 보육과정에는 적응유연성, 주도성, 창의성, 융·복합성 등의 요소가 포함될 필요가 있다.

셋째, 지구촌 전체의 상호의존성이 높아 가는 미래사회의 인간상으로 글로벌 감수성을 지닌 세계시민이 제시되었다. 개별 국가의 국민을 넘어 지구촌 전체에서 살아가는 인간으로서의 공동체성이 미래형 보육과정에서도 중시될 필요가 있다.

넷째, 미래 생태·환경 변화와 관련된 기후 위기는 인류의 지속가능성을 위협하기에 미래의 인간상에서 기후시민이 강조될 필요가 있다. 기후시민으로서 기후소양(생태 및 기후 감수성과 시민성)을 갖추는 토대가 미래형 보육과정에 포함될 필요가 있다.

다섯째, 미래형 교육과정에서는 미래를 이끌어 갈 혁신적 포용 인재가 중시되고 있다. 미래형 교육과정 인재상은 우리나라 교육에서 추구하는 자기주도적인 사람, 창의적인 사람, 감성과 교양을 갖춘 사람, 더불어 사는 사람의 인간상과도 맥을 같이한다고 볼 수 있다.

더 알아보기

4차 산업시대의 인간상과 핵심능력

성태제(2017)는 '목적 지향적이고 능동적이며 상호 협력하는 탐구적 자율인'을 4차 산업시대에 필요한 인간상으로 제시한 바 있습니다. 그는 4차 산업혁명 시대의 바람직한 인간상이 21세기를 살아가기 위한 기본능력과 중복되나 더욱 전문적인 능력과 정의적 행동 특성 및 세계시민으로의 특성이 요구된다고 강조하면서 아래 그림과 같은 능력이 필요하다고 하였습니다.

여러분이 생각하는 4차 산업시대에 요구되는 인간상과 핵심능력은 무엇인가요? 함께 생각해 볼까요?

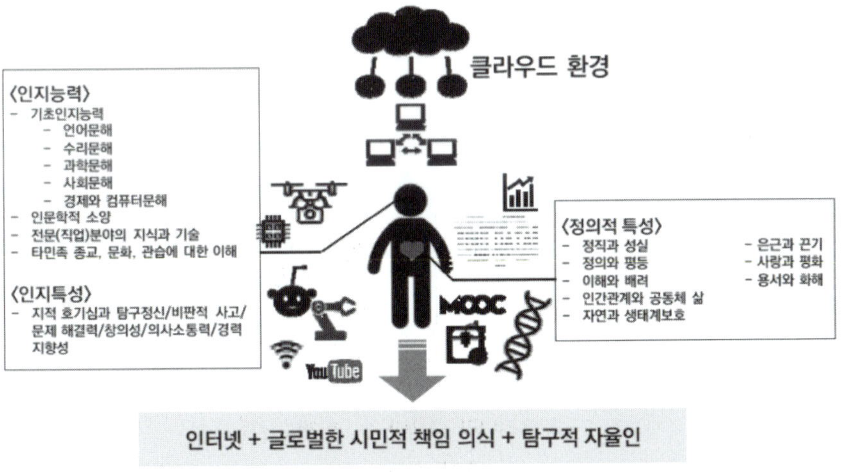

출처: 성태제(2017). 제4차 산업혁명시대의 인간상과 교육의 방향 및 제언.

2) 저출산 현상과 가족유형의 변화

소득과 고용의 불안정, 일과 가정의 양립이 어려운 환경, 취업모에 대한 직장 및 사회의 배려 부족, 부모됨의 포기, 미래세대의 건강한 출산과 양육을 통한 사회의 지속 가능성에 대한 위험, 자녀양육 부담의 증가 등은 저출산 현상의 주요 원인이 되고 있다. 저출산은 결국 국가의 노동력 및 국방자원의 감소, 사회적 활력의 감소, 국민연금의 재정부족 및 재정부담 증가, 일자리 감소와 국가 저생산 등 심각한 사회문제를 야기한다(박찬옥 외, 2016). 이러한 문제를 해결하기 위해서는 자녀 출산 및 양육이 개인과 가족 차원의 문제가 아니라 가족과 사회 및 국가가 함께하는 공동의 책임으로 인식이 변화되고, 국가의 종합적이고 장기적인 대책 마련이 이루어져야 한다.

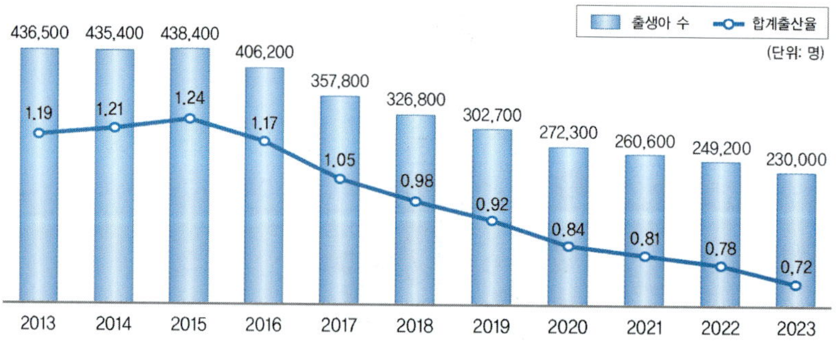

[그림 2-5] 우리나라 출생아 수 · 합계출산율 추이

출처: 통계청.

저출산과 더불어 우리 사회가 직면하고 있는 또 하나의 사회문화적 특징은 가족규모가 축소되고 가족의 유형이 다양화되었다는 것이다. 농경사회의 대가족 형태에서 산업화 사회에는 핵가족 형태로 변화되었고, 현대사회에는 한부모, 재혼, 조손, 다문화 가족 등 다양한 형태의 가족이 공존하고 있다.

가족의 개념이 변화되었다 하더라도 가족은 가정이라는 울타리 안에서 서로의 생각과 감정을 공유하고, 서로 의지하며, 함께 살아가는 사람들이라는 점에서 영유아에게는 가장 중요한 타인들이다. 그러나 사회의 변화에 따른 별거, 이혼 등으로 인한 가족 해체현상, 다양한 가족 구성 형태는 영유아에게 부정적인 영향을 미치고, 사회부적응을 야기하는 원인이 되고 있다. 또한 각 가족의 형태에서는 다양한 어려움들이 존재한다.

한부모 가족은 경제적 어려움과 이로 인한 자녀교육의 문제, 부모역할의 재조정과 수행에 대한 어려움, 자녀들의 정서적인 어려움, 아동의 문제행동, 주양육자의 양육행동, 아동의 자아존중감에 영향을 주고 있다. 조손 가족은 손자녀를 돌보는 노인들의 건강문제, 경제적 지원의 어려움, 조부모들의 양육스트레스가 문제가 된다. 다문화 가족은 자녀양육에 있어서의 의사소통의 문제, 한국문화 및 교육에 대한 이해의 어려움, 경제적 지원 문제 등 다양한 문제와 직면하고 있다.

따라서 저출산과 다양한 가족 형태의 출현에 따른 문제점을 파악하여 각 가정에 필요한 정책적인 지원과 사회적 지지를 제공하고, 건강한 가정을 유지하기 위한 사회적인 노력이 필요하며, 영유아 교육기관에서도 지원할 수 있는 다양한 방법에 대한 논의가 요구된다.

우선 행복한 가족과 역할에 대한 주제를 교육내용으로 선정하여 실행할 필요가 있다. 부모와 자녀 간의 안정적이고 긍정적인 애착을 형성할 수 있는 부모교육을 지원해야 하며, 저출산으로 인해 줄어든 형제, 자매의 수로 인해 갈등해결, 양보와 배려의 경험이 적어짐으로 인한 문제를 해결하기 위해 다양한 연령의 영유아들이 함께 만나서 놀이할 수 있는 환경 조성도 필요할 것이다. 또한 가족유형의 다양성 이해를 돕는 다문화교육과 다양한 가족 유형별 부모와 영유아의 요구가 유아교육 및 보육과정에 반영되어야 할 것이다. 효과적인 자녀양육을 지원하기 위해 부모와의 지속적인 연계를 도모하고 부모역할에 대한 지원도 고려해야 할 것이다(서영숙 외, 2019).

더 알아보기

영유아발달 지원을 위한 교사의 노력

코로나19는 영유아들의 삶에 어떤 영향을 주었을까요?

미국 질병 관리본부(CDC, Centers for Disease Control and Prevention)에서는 코로나19가 만 0세에서 만 5세 영유아의 삶에 직·간접적으로 영향을 미칠 수 있는데, 직접적인 감염 외에도 영유아의 사회, 정서, 정신 건강을 비롯한 아동 삶의 전반에 걸쳐 영향을 줄 수 있기에 더욱 큰 관심이 필요하다고(CDC, 2020) 지적한 바 있습니다.

코로나19 전후 영아의 발달 변화를 조사한 우리나라의 연구(박영심 외, 2021)결과에서도 비대면 접촉, 마스크 착용, 외출자제 등은 영아와 환경의 상호작용을 방해하여 모방과 학습 등을 통한 영아 발달을 저해하는 요인으로 작용하였음을 보고하고 있습니다. 교육·보육·돌봄 기관의 휴원과 휴업, 교육체계의 붕괴(학교 휴교 및 폐쇄 조치)는 교육·보육·돌봄의 영역과 성과에 국한되지 않고, 영유아와 지역사회 전반의 건강한 성장과 유지에 필요한 필수적인 서비스와 운용에도 연쇄적으로 영향을 미치고 있습니다.

이와 같은 걱정과 우려에도 불구하고 영유아의 뇌는 가변적이고 대처능력이 뛰어나 발달이 늦어졌더라도 이후 극복할 수 있다는 연구결과(Zeanah et al., 2009)를 통해 2년 이상 지속된 범세계적 팬데믹 현상이 영유아의 신경 발달에 얼마나 지속적인 영향을 미칠지 아직 예단할 수 없는 상황입니다. 이러한 상황에서 보육현장에서 영유아들의 발달을 지원하기 위해 교사들은 어떤 역할을 해야 할지 생각해 봅시다.

3) 유보통합 추진으로 인한 영유아교육 패러다임 변화

유보통합은 지난 30년간 꾸준히 노력해 온 국가적 숙원 과제이다. 2012년 3월 5일, 국가수준 유치원 교육과정과 어린이집의 표준보육과정을 누리과정으로 통합하였다. 2014년 2월, 국무조정실에 '영유아교육 · 보육통합 추진단'을 설치하고 단계적, 체계적으로 유보통합의 과제들을 추진하고자 하였으나 3단계에 추진하려고 계획했던 교사 자격 · 양성 체계 개편과 관리부처 · 재원 통합은 이루어지지 못하였다. 2017년 5월, '국정기획자문위원회'에서 '어린이집 누리과정 전액 국고 지원'을 결정해 누리과정 예산편성에 대한 논쟁을 종결하고, 유치원과 어린이집의 격차해소를 위한 노력은 했으나, 추가적인 진전 없이 유보통합은 답보상태로 머무르게 되었다(이상진, 2023).

2023년 1월, 교육부, 보건복지부, 국무조정실 등 관계부처와 함께 "출생부터 국민안심 책임교육 · 돌봄" 실현을 위한 「유보통합 추진방안」을 발표하고, 그 방안에 따라 영유아교육 · 보육통합 추진단, 영유아교육 · 보육통합 추진위원회, 아이행복 연구자문단을 조직하여 업무체계를 구축하고, 통합모델 시안을 마련하여 시범운영 중에 있다.

교육부는 6월 27일부터 영유아교육 · 보육 전담 부처가 됨에 따라, 유보통합의 추진 과제 및 일정을 제시하기 위한 「유보통합 실행계획(안)」을 마련하였다. 실행계획(안)의 내용은 다음과 같다(교육부, 2024).

- 5대 상향 평준화 과제 추진: 2024년 하반기부터 가칭 영 · 유아학교 시범사업을 통해 확산

첫째, 희망하는 영유아 누구에게나 1일 12시간의 이용시간을 보장한다. 기본 운영시간(8시간)과 수요에 기반한 아침 · 저녁돌봄(4시간)을 운영하고, 연장과정 및 아침 · 저녁돌봄이 내실 있게 운영될 수 있도록 전담 인력 등을 지원한다.

둘째, 교사 대 영유아 비율을 개선하기 위해 0세반의 경우 현행 1:3에서 1:2를 목표로, 3~5세반의 경우 현행 평균 1:12에서 1:8을 목표로 비율을 개선해 나간다.

셋째, 학부모의 경제적 부담을 해소할 수 있도록 2025년 5세를 시작으로 2027년까지 단계적으로 3~5세 무상교육 · 보육을 실현한다.

넷째, 교사 연수 시간을 연 13시간(現 최저 기준)에서 연 60시간으로 단계적으로 확대하고, 교육과정 운영 역량 및 모든 영유아에 대한 이해 등 맞춤형 연수를 제공하여 교육 · 보육 전문가로서의 역량을 함양할 수 있도록 한다.

다섯째, 영유아가 연령별 특성에 맞는 교육적 지원을 받을 수 있도록 2세와 5세를 이음연령으로 지정하고, 2세는 놀이 중심 교육 · 체험을 통해 즐겁게 배울 수 있도록 하고, 3~5세 누리과정과의 연계성도 강화한다.

- 5대 유치원-어린이집 통합과제 추진: 의견수렴 후 2024년 말 확정, 2025년부터 통합법 제정 추진

명칭은 영유아학교, 유아학교 등에 대한 의견수렴을 거쳐 조속히 결정하고, 통합기관의 명칭은 통합법 시행과 동시에 기존 유치원 및 어린이집에도 일괄 적용할 예정이다.

첫째, 통합기관에 적용될 입학 방식은 공론화를 거쳐 학부모의 편의성을 제고하고 입학의 공정성을 확보할 수 있는 합리적인 방안으로 마련할 계획이다.

둘째, 통합교원자격은 '영유아정교사(0~5세)'의 단일 자격과 '영아정교사(0~2세), 유아정교사(3~5세)'로 구분하는 두 가지 안을 시안으로 제시하고, 이와 연동하여 영유아 교사로서 전문성을 갖출 수 있도록 양성체계도 개편한다. 학사학위 과정 및 대면 중심의 학과 · 전공제를 통해 신규 교사를 양성하고, 현직 교사는 특별교원양성과정 또는 대학(원) 신편입학을 통해 본인의 선택에 따라 통합교원자격을 취득할 수 있도록 하되, 통

합교원자격으로 개편되더라도 기존에 취득한 보육교사 및 유치원교사 자격은 인정할 방침이다.

셋째, 사립유치원 교사의 처우를 지속적으로 개선해 나가는 가운데, 보육교사-사립유치원 교사 간 처우 개선비 격차를 단계적으로 해소하고, 교사들이 휴가 · 질병 등에 따른 공백부담을 덜 수 있도록 대체교사 지원('24. 1인 7일 → '27. 1인 10일)도 확대한다.

넷째, 영유아 특성과 연속성을 고려한 0~5세 영유아교육과정을 국가교육위원회와 함께 2027년까지 마련한다. 영아-유아-초등교육과정 간의 연계를 강화하고 국가 및 교육청 수준의 지원을 신설하여 교육과정의 질을 제고할 계획이다.

다섯째, 현재 유치원과 어린이집 설립 · 운영과 관련하여 각각 상이한 법령과 제도가 적용되고 있는 바, 유치원과 어린이집을 상향 평준화하면서도 기관의 다양성과 자율성을 보장하는 방향으로 통합기관 설립 · 운영 기준을 마련하여 시행한다.

발표되는 유치원-어린이집 통합 과제들은 올해 말까지 의견수렴을 거쳐 보완 · 확정하고, 이를 바탕으로 2025년부터 통합법률 제정을 추진할 계획이다.

- 3대 관리체계 개선 과제: 2024년 말 관련 법률 일괄 개정 추진을 통한 교육청으로의 관리체계 일원화 등

2023년「정부조직법」개정을 통해 중앙정부에서 영유아보육 업무가 교육부로 일원화된 데 이어, 2024년 하반기까지 관련 법률을 개정하여 시도 · 시군구청이 담당하던 영유아보육 업무의 교육청 이관을 확정하며, 경과 기간을 두어 안정적인 이관을 추진한다.

앞서 다루었던 저출생의 심화와 맞벌이 가정의 증가로 생애 초기인 영유아 단계부터 질 높은 교육과 돌봄 서비스를 제공하는 것은 매우 중요한 시대적 과제

가 되었으며, 효과적인 시행으로 이어지도록 정부, 교육계, 학부모, 지역사회 등 다양한 주체들의 노력이 요구되는 시점에 있다.

4) 다문화 사회로의 전환

우리가 사는 21세기는 다양한 문화적 배경을 가진 사람들이 하나의 지구촌을 이루며 더불어 사는 세상이 되었다. 다양한 민족과 인종이 함께 어울려 살아가다 보면 서로 간의 갈등과 적응문제가 야기될 수밖에 없으므로 다문화 사회로의 효과적인 전환을 위해서는 소수집단을 주류문화에 흡수하거나 혼합하는 방식의 전통적인 교육에 대한 인식에서 벗어나 공존하는 문화집단들이 상호존중하고 평등한 사회적 조건을 형성하며, 문화적 다양성을 가치 있는 자원으로 지원하고 확장하고자 하는 새로운 교육의 실천이 요구된다. 또한 서로 다른 인종과 문화를 이해하고 존중하며 함께 공존할 수 있는 새로운 가치관과 태도, 행동양식과 생활방식이 고려될 필요가 있다(박찬옥 외, 2016).

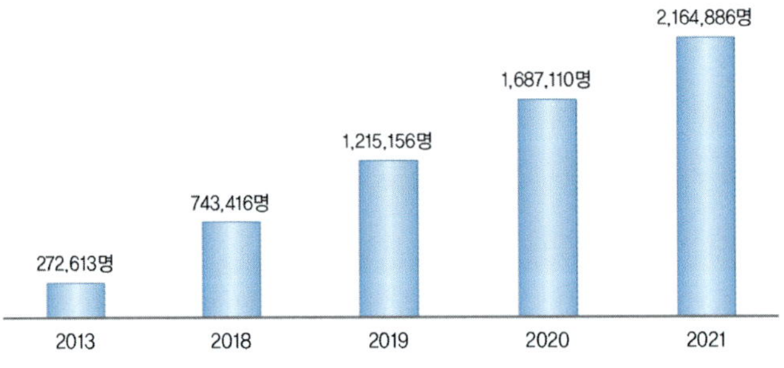

[그림 2-6] 다문화가족 인구 추정치

출처: 한국보건사회연구원.

영유아기는 특히 사람들 간의 차이점을 인식하며, 문화에 대한 이해와 수용이 시작되는 중요한 시기로 다문화 교육의 필요성이 매우 강조되는 시기이다. 만

3세경의 유아도 성이나 인종, 장애에 대한 초보적인 선입견을 보일 수 있으며, 만 5~6세에 이르면 사회계층, 장애, 하위문화의 다양성을 인식하고 내면화할 수 있다. 따라서 자신과 다른 사람들의 차이점을 이해하고, 존중하며, 문화와 가치관의 다양성을 이해하도록 돕는 영유아 다문화 교육의 적용은 무엇보다 중요하다고 볼 수 있다. 국가수준 유아교육과정인 2019 개정 누리과정에서도 영유아로 하여금 우리가 사는 사회와 다양한 문화에 관심을 갖도록 서로 다른 감정과 생각, 행동을 존중하고, 다양한 문화에 관심을 갖고 문화의 다양성을 존중하는 내용을 강조하고 있다(육아정책연구소, 2019).

이러한 영유아 다문화교육이 효과적으로 이루어지기 위해서는 우선 영유아 학습자들이 다양한 문화를 이해하고 다양성을 존중하도록 도와주며, 문화적 다양성과 차이를 이해하고 다양한 문화적 가치를 인식하고 수용할 수 있도록 지원해야 한다. 또한 다양한 문화에 대한 이해와 열린 태도를 통해 타인을 배려하고 존중하며, 새로운 문화를 재창조할 수 있도록 해 주어야 한다. 영유아 개개인이 자국 문화에 대한 정체성을 확립하도록 도와주며, 다양한 문화적 배경을 가진 사람들과 관계를 하나의 공동체로 인식하고, 민주시민의 자질과 능력을 기를 수 있도록 도와야 한다. 그리고 문화적 갈등과 충돌을 평화적으로 해결하고 협력하는 태도를 함양시켜 주어야 한다.

다문화 교육을 위한 영유아프로그램은 다문화 가정의 영유아가 정체성을 갖고, 유치원과 어린이집의 생활에 잘 적응하도록 지원하며, 일반 영유아가 자유, 정의, 평등, 인간존중의 철학적 사고에 기초를 둔 다문화 교육내용을 경험하도록 하는 것에 중점을 두어야 한다. 이를 위해 다양한 성 역할, 다양한 인종과 문화적 배경을 다룬 것, 다양한 지역과 연령 및 능력을 포함하는 자료, 과거와 현재를 포함한 다양한 시간과 장소를 포함한 자료를 제시할 필요가 있다, 또한 다양한 문화적 요소가 담긴 그림이나 사진 자료, 동화, 인형, 소품, 악기, 인터넷 자료 등을 통해 직접 만져 보고 경험할 수 있는 자료를 제시하는 것이 유용하다(박찬옥 외, 2016).

PART 2

보육과정 구성

생각열기

바깥놀이 시간에 유아들이 모래놀이터에 모여 놀이를 하고 있습니다.

"여기 공사장이야! 공사해야 해."

"여기다 길 공사하자!"

선생님은 유아들이 놀이하는 모습을 관찰하고 기록하였고, 다음 날 놀이를 심화시킬 수 있는 비행기, 트럭, 모래 삽 등의 새로운 재료를 제공했습니다.

- 이 놀이를 통해 교사가 달성하고자 하는 목표는 무엇일까요?
- 모래놀이를 통해 유아들이 경험할 수 있는 보육내용에는 어떤 것들이 있을까요?
- 교사는 어떤 방식으로 유아들의 놀이를 지원할 수 있을까요?
- 교사가 유아들의 학습이나 발달상태를 평가할 때 어떤 부분을 관찰하면 좋을까요?

Chapter 03

보육과정 구성원리 및 요소

학습목표

1. 보육과정의 구성원리를 이해한다.
2. 보육과정의 구성요소 4가지를 설명할 수 있다.
3. 보육과정의 구성요소들이 상호적 · 순환적 관계임을 이해한다.

주요 용어

영유아 중심의 원리 / 놀이 중심의 원리 / 발달적 적합성의 원리 / 통합성의 원리 / 연속성과 계열성의 원리 / 보육목표 / 보육내용 / 사실 축적 / 기술 축적 / 교과 영역 / 주제 중심 / 학문적 개념중심 / 통합적 접근 / 연령적 적합성 / 개인적 적합성 / 사회 · 문화적 적합성 / 수평적 확장 조직 / 나선형 조직 / 통합적 조직 / 보육방법 / 보육평가

1. 보육과정의 구성원리

보육교사로서 보육과정을 구성하는 것은 영유아의 발달을 돕고 건강한 성장을 지원하기 위한 중요한 과정이다. 보육과정은 단순히 교실에서 무엇을 가르칠 것인가를 계획하는 것을 넘어서 영유아의 발달특성과 요구를 바탕으로 보육경험을 설계하는 것이다. 여기에서는 보육과정을 구성할 때 고려해야 할 중요한 원리에 대해 알아보고자 한다.

1) 영유아 중심의 원리

영유아 중심의 원리는 영유아가 무슨 놀이를 좋아하고, 무엇에 관심이 있는지를 먼저 생각하며, 보육과정을 구성하는 것이다. 영유아들은 저마다 좋아하는 놀이가 다르고 배우고 싶어 하는 것도 다를 수 있다. 따라서 교사는 보육과정을 구성할 때 영유아의 개별적인 흥미와 관심사에 따라 스스로 선택해서 할 수 있는 놀이를 지원하는 것이 중요하다. 예를 들어, 자유놀이 시간에 영유아들이 각자 원하는 놀이를 선택하고, 교사는 영유아들이 더 흥미를 가질 수 있도록 다양한 놀이 도구와 환경을 제공하는 방식으로 보육과정을 구성할 수 있다.

2) 놀이 중심의 원리

놀이 중심의 원리는 영유아들이 놀이를 통해 세상을 배우고 이해한다는 것을 고려하여 보육과정을 구성하는 것이다. 영유아들에게 놀이란 단순한 재미 이상의 의미를 가지고 있다. 놀이를 통해 사회성, 창의성, 인지 능력 등 다양한 능력을 자연스럽게 발달시킬 수 있다. 예를 들어, 영유아들은 가상의 상황에서 역할을 맡아 보는 상상 놀이를 하며 사회성과 언어 능력을 기를 수 있고, 달리기나 점프하기 등의 신체 놀이를 하면서 대근육 발달과 협응력을 기를 수 있다. 따라서 교사는 영유아가 놀이를 통해 새로운 개념을 배우고, 다른 사람들과 상호작용하는 방법을 배우도록 지원하는 방식으로 보육과정을 구성할 수 있다.

3) 발달 적합성의 원리

발달 적합성의 원리는 영유아의 발달수준에 맞는 적절한 학습경험을 제공하며 보육과정을 구성하는 것이다. 영유아는 발달 단계마다 서로 다른 학습 요구를 가지며, 이에 따라 교사는 영유아의 연령과 발달수준에 맞는 보육계획을 세워야 한다. 예를 들어, 2세 영아들에게는 감각놀이와 같은 단순하고 직접 체험하는 활동을 계획한다면 5세 유아들에게는 퍼즐 맞추기나 과학 실험 등 논리적으로 사고하고 문제 해결 능력을 기르는 활동을 계획해 볼 수 있다.

4) 통합성의 원리

통합성의 원리는 보육과정에서 서로 다른 학습 영역들이 유기적으로 연결되도록 하는 것이다. 영유아들은 학습을 통해 단편적인 지식을 얻는 것이 아니라, 다양한 영역에서의 경험이 통합적으로 작용하여 전인발달을 이룰 수 있어야 한다. 예를 들어, 동화책을 읽고 나서 등장인물의 역할을 맡아 놀이하는 경험은 이야기를 기억하고 친구들과 어떻게 대화하고 함께 놀이할 수 있는지 등을 배우는 기회가 된다. 따라서 교사는 여러 가지 놀이나 활동이 자연스럽게 연결되도록 보육과정을 구성해야 한다.

5) 연속성과 계열성의 원리

연속성과 계열성의 원리는 영유아들의 학습 경험이 논리적이고 일관성 있게 이어지도록 보육과정을 구성해야 한다는 원리이다. 영유아가 새로운 개념을 배우기 위해서는 이전에 배운 내용을 바탕으로 더 복잡한 개념을 점진적으로 이해할 수 있어야 한다. 예를 들어, 2세 영아들은 간단한 단어를 통해 기본적인 의사소통과 놀이를 경험한다면, 4세 유아들에게는 간단한 문장을 구성하는 놀이를 통해 언어 발달을 지원할 수 있다. 교사는 오늘의 놀이와 내일의 놀이가 자연스럽게 이어지며 놀이 경험이 확장될 수 있도록 보육과정을 구성해야 한다.

2. 보육과정의 구성요소

보육교사는 영유아의 전인발달을 위해 영유아가 안전한 환경에서 풍부한 경험을 할 수 있도록 보육과정을 구성해야 한다. 이 과정에서 보육과정을 구성하는 보육목표, 보육내용, 보육방법, 보육평가의 각 요소들이 상호적이고 순환적인 관계라는 것을 이해할 필요가 있다. 여기에서는 보육과정을 구성하는 4가지 구성 요소에 대해 상세히 살펴보고자 한다.

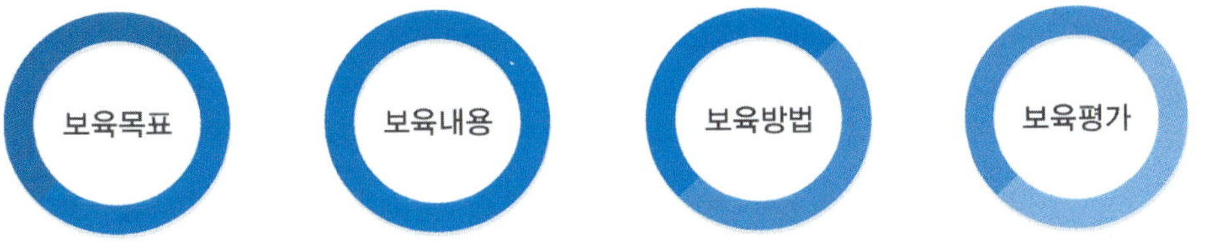

[그림 3-1] 보육과정의 4가지 구성요소

타일러(Tyler, 1949)는 「교육과정과 학습지도의 기본원리(Basic Principles of Curriculum and Instruction)」를 통해 교육과정 구성을 위한 중요한 질문을 제시하였다. 즉, 교육의 방향이 무엇인가, 그 목표를 달성하기 위해 무엇을 선정하고 어떻게 조직할 것인가, 과정과 결과를 평가하기 위해 어떤 방법을 이용할 것인가를 고려하면서 계획하는 것이 교육과정을 구성하는 것이라고 하였는데, 그 구성요소를 교육목표의 선정, 학습경험의 선정, 학습방법의 조직, 교육평가로 제시하였다.

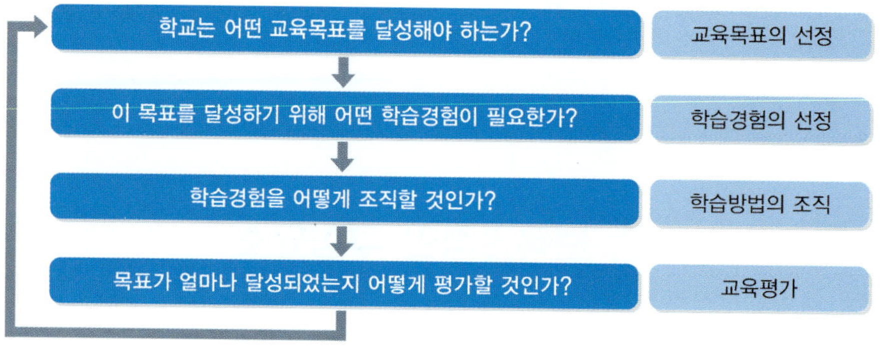

[그림 3-2] 타일러의 교육과정 4가지 기본 질문과 교육과정 구성요소

보육과정 역시 이러한 보육목표, 보육내용, 보육방법, 보육평가의 네 요소를 중심으로 구성할 수 있다.

그러나 이 요소들은 항상 목표에서 평가의 일방향으로 구성해야 하는 것은 아니다. 또한 보육과정의 요소들은 개별적으로 독립되어 있기보다는 상호 영향을 줄 수 있는 순환적인 관계를 이루고 있다. 따라서 보육과정을 구성할 때 보육목표를 설정하고, 설정된 보육목표를 달성하기 위한 보육내용을 선정·조직하고, 최적의 보육방법을 모색하며 보육과정을 평가한 후 그 결과는 다음 보육목표 설정 시 반영하여 보육과정을 상호적·순환적 관계로 제시하여야 한다.

타일러의 교육과정 구성체계가 목표 지향적 성격을 가지고 있다면 영유아를 대상으로 한 보육과정은 과정 지향적 성격을 가지고 있다. 특히 영유아 중심·

놀이 중심의 성격을 가진 보육과정은 실제 보육과정이 실행되는 중에도 영유아가 발현적으로 경험하는 바를 반영하여 새롭게 보육내용으로 선정하거나 영유아의 놀이에서 발현되는 아이디어가 수용되어 새로운 보육목표가 선정될 수도 있다. 따라서 교사가 미리 목표를 정하고 이 목표에 도달하기 위해 미리 계획한 내용을 그대로 실행하는 것이 아니라 영유아의 놀이를 관찰하여 의미 있는 놀이 경험을 평가하고 다음의 놀이지원을 위한 보육내용과 방법 등에 대한 계획을 수립할 수 있는 것이다.

한편, 교사의 철학적 태도는 보육과정 계획과 운영에 큰 영향을 미친다. 앞서 살펴보았듯이 보육이란 무엇이고 영유아는 어떠한 존재인지, 영유아의 행복을 위해 어떻게 보육하는 것이 의미 있는 것인지 등에 대한 신념과 가치 선택에 따라 보육의 목표와 운영방법은 달라진다.

따라서 보육과정을 구성할 때는 보육철학에 기초하여 영유아들에게 최선의 보육목표를 설정하고, 이를 가능하게 하는 내용과 방법을 선정하여 운영하며 그 과정과 결과가 영유아에게 의미 있는 배움이 일어났는지를 평가하는 보육과정의 구성 요소들이 상호적이고 순환적인 관계를 이루도록 해야 한다.

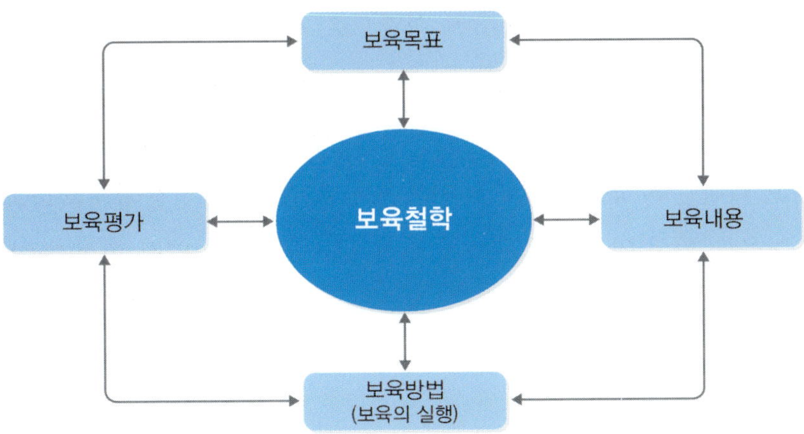

[그림 3-3] 보육철학을 기반으로 한 보육과정의 상호적 · 순환적 구성요소

1) 보육목표

보육목표는 앞으로 보육과정에서 이루어질 보육적 성과를 구체적으로 제시하는 것이다. 보육목표는 보육과정의 방향을 잡아 주는 나침반과도 같은데, 일반적으로 보육목표에서 앞으로 나아가야 할 방향을 설정하면, 설정된 목표에 따라 보육내용, 교수·학습 방법, 보육환경 구성 및 평가에 이르기까지 전체적인 보육과정의 틀이 잡히게 된다.

보육과정에서 명확하게 목표를 설정하는 것은 영유아들의 전인 발달을 돕고 교사가 보육과정을 체계적으로 운영할 수 있도록 한다. 보육목표가 명확하다면 이를 위한 보육내용 선정과 조직, 교사의 놀이지원 방법, 평가의 방향을 구체화할 수 있다. 교사는 분명한 보육목표를 가지고 어린이집에서의 하루일과에서부터 한 달, 일 년의 보육과정을 운영할 필요가 있다.

보육의 목표를 설정하기 위해서는 보육철학, 학습자인 영유아, 사회문화적 요구, 보육내용 등을 고려하여야 한다(박찬옥 외, 2020).

(1) 보육철학을 고려한 목표 설정

보육기관의 철학은 영유아가 어떤 사람으로 자라기를 기대하는가에 대한 관점으로 보육철학에 따라 기대하는 인간상은 달라질 수 있다.

낭만주의 보육철학은 인간의 본성이 선하다는 성선설을 기초로 영유아가 본래 지니고 태어난 본성을 그대로 유지하면서 자연스럽게 성장해야 한다고 본다. 따라서 보육을 통해 영유아의 행복과 건전하고 바람직한 인격 형성이 이루어져야 한다고 보고 이를 실천할 수 있는 보육목표를 설정한다. 낭만주의 관점에서 보육목표는 단기적이고 세분화된 목표보다는 장기적이고 통합적인 관점에서 목표를 설정하는 경향이 있다.

문화전달주의 보육철학은 객관적인 절대 지식이 존재한다는 믿음을 가지고 교육을 통해 객관적 지식이 전달되어야 한다는 관점이다. 따라서 문화적으로 형성되고 축적된 지식을 직접 가르침으로써 영유아의 발달을 지원할 수 있다고 본다. 문화전달주의 관점에서 보육목표는 학교에서의 성공, 그리고 사회적 적응을 위해 필요한 학습 기술과 바람직한 태도 형성으로 설정하는 경향이 있다. 또한 겉으로 드러나는 행동의 변화에 관심을 보이며 목표 설정 시 외현적 행동을 세분화하여 제시하고 과정보다는 결과와 성취를 중요시한다.

진보주의 보육철학은 영유아는 주변 환경과 상호작용하면서 주도적으로 학습하고 성장할 수 있는 존재이며, 보육은 영유아의 삶과 직접적으로 연결되어야 한다는 관점이다. 따라서 영유아의 자율적 학습을 중요하게 생각하며 놀이와 경험을 통해 자연스럽게 학습하도록 돕는 것이 중요하다고 본다. 진보주의 관점에서 보육목표는 환경과의 상호작용을 통한 영유아의 자율성 발달과 자발적인 탐구과정, 문제해결능력 발달 등으로 설정하는 경향이 있다. 진보주의 보육철학은 이러한 목표들을 통해 영유아가 주도적이고 전인적으로 성장할 수 있는 토대를 형성할 수 있다고 본다.

〈표 3-1〉 **보육철학에 따른 보육목표 설정**

보육철학		이론적 관점	강조점	보육목표
낭만주의	⇨	• 성숙주의 • 루소, 프뢰벨, 게젤	• 영유아의 선천적이고 내적인 힘	• 건전하고 바람직한 인성 함양
문화전달주의	⇨	• 행동주의 • 로크, 손다이크, 스키너	• 객관적 · 문화적 지식 • 단기적이고 세분화된 목표	• 학교와 사회에서의 성공
진보주의	⇨	• 상호작용주의 • 듀이, 피아제	• 환경과 상호작용을 통해 영유아 스스로 지식 구성	• 전인적 발달

(2) 학습자인 영유아를 고려한 목표 설정

보육은 영유아에게 의미 있는 경험을 제공할 때 그 가치가 실현될 수 있다. 영유아에게 의미 있는 경험이란 영유아가 흥미와 관심을 가지고 자발적으로 참여하는 경험이다. 따라서 영유아를 최우선으로 고려하고 영유아가 보육과정의 주체자로 참여할 수 있는 보육목표를 설정해야 한다. 즉, 영유아의 필요와 요구, 흥미와 관심, 발달특성 등을 반영한 보육목표 설정이 중요하다.

보육과정 목표를 설정할 때 영유아에 대해 고려해야 할 사항을 살펴보면 다음과 같다(이기숙 외, 2019).

첫째, 학습자로서 영유아의 권리와 감정을 인격적으로 배려하고 있는가?

둘째, 영유아의 흥미와 요구가 충족되고 있는가?

셋째, 영유아의 발달 단계를 확인하고 고려하는가?

넷째, 영유아들의 서로 다른 관심과 욕구, 발달 단계, 소질과 적성, 능력을 배려하고 있는가?

다섯째, 개별 영유아가 최고의 단계까지 성장할 수 있도록 각 개인의 잠재적 능력을 고려하고 있는가?

(3) 사회 · 문화적 요구를 반영한 목표 설정

보육목표는 현대의 사회와 문화적 요구를 반영할 수 있어야 한다. 보육을 통해 사회적 가치와 문화가 전수되기도 하며 영유아가 현재뿐 아니라 미래사회에 잘 적응할 수 있도록 지원할 수 있다.

우리의 아름다운 전통과 문화를 이해하고 새로운 가치와 문화를 창조해 나가는 것, 지속 가능한 사회를 만들어 가는 것, 기술 환경의 발달과 급속한 변화에 적응해 나가는 것, 자연과 생명을 존중하며 더불어 살아가는 것 등은 보육과정에 포함되어야 하는 내용이며, 이를 반영한 보육목표를 분명히 수립해야 한다.

이러한 맥락에서 표준보육과정에서는 현대의 사회 · 문화적 요구를 반영하여 추구하는 인간상을 제시하고 있으며 영유아가 추구하는 인간상으로 성장하기 위해 필요한 사항을 중심으로 목표를 제시하고 있다.

추구하는 인간상	0~2세 보육과정 목표	3~5세 보육과정(누리과정) 목표
건강한 사람	• 자신의 소중함을 알고 건강하고 안전한 환경에서 즐겁게 생활한다.	• 자신의 소중함을 알고 건강하고 안전한 생활 습관을 기른다.
자주적인 사람	• 자신의 일을 스스로 하고자 한다.	• 자신의 일을 스스로 해결하는 기초 능력을 기른다.
창의적인 사람	• 호기심을 가지고 탐색하며 상상력을 기른다.	• 호기심과 탐구심을 가지고 상상력과 창의력을 기른다.
감성이 풍부한 사람	• 일상에서 아름다움에 관심을 가지고 감성을 기른다.	• 일상에서 아름다움을 느끼고 문화적 감수성을 기른다.
더불어 사는 사람	• 사람과 자연을 존중하고 소통하는 데 관심을 가진다.	• 사람과 자연을 존중하고 배려하며 소통하는 태도를 기른다.

[그림 3-4] 2024 개정 표준보육과정의 추구하는 인간상과 목표

(4) 보육내용을 고려한 목표 설정

보육목표는 보육과정의 보육내용이 의미하는 바를 반영할 수 있어야 한다. 보육목표가 구체적으로 설정되었다고 하더라도 이를 달성하기 위한 보육내용의 선정과 조직이 구현되지 않는다면 보육과정을 구성하기 어려울 것이다. 보육목표가 영유아의 연령과 발달에 적합하면서 동시에 가르칠 만한 가치가 있는 보육내용을 포함하고 있는가를 고민하면서 보육목표와 보육내용의 연계성을 고려해야 한다.

표준보육과정의 3~5세(누리과정)를 예로 들면, '유아가 놀이를 통해 심신의 건강과 조화로운 발달을 이루고 바른 인성과 민주시민의 기초를 형성'하는 것을 목적으로 설정하고 이를 위한 5가지 목표와 이 목표를 달성할 수 있는 5개 영역의 내용을 제시하고 있다. 즉, 보육목표는 영유아가 경험하는 보육내용과 연계되어 설정되었음을 확인해 볼 수 있다.

목적	유아가 놀이를 통해 심신의 건강과 조화로운 발달을 이루고 바른 인성과 민주 시민의 기초를 형성하는 데에 있다.				
목표	자신의 소중함을 알고, 건강하고 안전한 생활습관을 기른다.	자신의 일을 스스로 해결하는 기초능력을 기른다.	호기심과 탐구심을 가지고 상상력과 창의력을 기른다.	일상에서 아름다움을 느끼고 문화적 감수성을 기른다.	사람과 자연을 존중하고 배려하며 소통하는 태도를 기른다.
영역	신체운동 · 건강	의사소통	사회관계	예술경험	자연탐구
내용범주	• 신체활동 즐기기 • 건강하게 생활하기 • 안전하게 생활하기	• 듣기와 말하기 • 읽기와 쓰기에 관심 가지기 • 책과 이야기 즐기기	• 나를 알고 존중하기 • 더불어 생활하기 • 사회에 관심 가지기	• 아름다움 찾아보기 • 창의적으로 표현하기 • 예술 감상하기	• 탐구과정 즐기기 • 생활 속에서 탐구하기 • 자연과 더불어 살기

[그림 3-5] 누리과정의 목적과 목표, 영역 및 내용범주

더 알아보기

보육목적과 보육목표

보육목적은 보육에 대하여 가지고 있는 가치관을 표현한 것으로 보육의 방향 또는 중점을 추상적이고 포괄적으로 진술한 것입니다. 반면 보육목표는 보육목적으로부터 세분화되며 구체적인 행동지침을 제시합니다. 보육현장에서는 보육목적과 혼용하여 사용하는 경우가 많은데, 일반적으로 보육목적은 가치규범적인 경향이 있으며 보육목표는 구체적이며 실제적인 경향이 있습니다.

목적	영유아가 놀이를 통해 심신의 건강과 조화로운 발달을 이루고, 바른 인성과 민주 시민의 기초를 형성한다.
↓	
목표	1) 자신의 소중함을 알고, 건강하고 안전한 환경에서 즐겁게 생활한다. 2) 자신의 일을 스스로 하고자 한다. 3) 호기심을 가지고 탐색하며 상상력을 기른다. 4) 일상에서 아름다움에 관심을 가지고 감성을 기른다. 5) 사람과 자연을 존중하고 소통하는 데 관심을 가진다.

[그림 3-6] 2024 개정 표준보육과정 0~2세 보육과정 목적과 목표 수준 비교

2) 보육내용

보육목적과 목표를 설정하였다면 이를 달성하기 위해 무엇을 어떤 순서로 가르칠 것인지를 검토해 보아야 한다. 보육내용은 시대적 흐름이나 보육을 보는 관점에 따라 강조되는 점이 달라질 수 있으며 그 내용은 사회·문화적 요구를 반영하면서도 영유아에게 적절한 것으로 선정하여야 한다. 보육내용이 선정된 후 이것을 어떤 순서로 경험하도록 제시하는 것이 영유아에게 의미 있는 경험이 될 것인지를 고민하는 과정 또한 보육과정 구성에서 중요한 일이다.

(1) 보육철학에 따른 보육내용 선정

보육과정에서 강조하는 보육내용은 보육철학에 따라 달라질 수 있다.

낭만주의 보육철학 관점에서는 건전하고 바람직한 인성 함양을 목표로 설정하고 이를 달성하기 위해 자연과의 상호작용과 자유로운 놀이를 경험하는 것이 중요하다고 본다. 따라서 영유아 주변의 모든 환경과 생활경험 그 자체가 보육내용으로 선정될 수 있다. 문화전달주의 보육철학 관점에서는 학교와 사회에서의 성공을 보육목표로 설정하고 이를 달성하기 위해 전통적 지식과 문화를 영유아에게 가르치는 것이 중요하다고 본다. 따라서 보육내용은 읽기, 쓰기, 셈하기의 3R's가 중심이 되고, 사회의 일원으로서 갖추어야 할 지식과 기술의 내용을 포함한다. 진보주의 보육철학 관점에서는 영유아 중심의 경험과 학습을 강조하며 주변 환경과의 상호작용을 통한 전인 발달을 보육목표로 설정한다. 따라서 이러한 보육목표에 도달하기 위해 영유아들이 스스로 탐구하고 문제를 해결할 수 있는 학습 환경을 조성하는 데 중점을 두고 보육내용에서도 영유아가 상호작용하는 주변의 인적·물적 환경을 강조한다.

(2) 보육내용 유형에 따른 선정

보육내용은 영유아의 성장과 발달을 지원하는 중요한 학습 경험이 된다.

브레드캠프(Bredekamp, 1997)는 영유아발달을 위한 보육과정이 지식과 기술 습득뿐 아니라 영유아의 사회적 상호작용, 감정발달, 창의적 표현 또한 중요함을 주장한다. NAEYC(1997)에서는 '유아 발달에 적합한 실제'에서 영유아들이 경험해야 하는 다양한 발달 영역을 명확하게 제시하고 있다. 즉, 신체 발달, 사회적 발달, 정서적 발달, 인지 발달, 언어 및 의사소통 발달, 창의적 표현 등 이들 발달 영역이 영유아들의 전인적 발달에 매우 중요함을 강조하고 다양한 영역을 고려한 보육과정 내용이 영유아의 균형 잡힌 발달을 지원할 수 있다고 본다. 이러한 측면에서 슈바르츠와 로빈슨(Schwartz & Robinson, 1982)은 보육과정에서 영유아가 경험해야 할 주요 내용의 유형을 사실 축적, 기술 축적, 교과영역, 주제 중심, 학문적 개념중심, 통합적 접근의 6가지 유형으로 제시하며 영유아가 전인적으로 성장할 수 있도록 다양한 경험을 제공하는 것이 중요함을 강조하였다(박찬옥 외, 2020).

■ 사실 축적

사실 축적은 영유아가 세상에 대한 기초적인 정보와 개념을 이해하도록 돕는 내용 유형이다. 이 유형에서는 영유아가 자연, 사회, 과학, 수학 등에 대한 기초 개념과 역사적인 사건, 사실 등을 중요한 보육내용으로 본다. 예를 들어, 식물과 동물의 이름과 특징 등에 대한 자연에 대한 지식, 숫자와 도형을 비롯한 일상 속에서 쉽게 접할 수 있는 수학 개념, 색깔이나 질감, 다양한 사물에 대한 명칭 등이 주요 내용이다. 이 유형은 영유아가 사실을 축적하고 이를 통해 또 다른 보육내용을 새롭게 구성할 때 유용하다.

■ 기술 축적

기술 축적은 영유아가 일상생활에서 필요로 하는 다양한 능력을 배우고 연습하며 기술이 축적되도록 돕는 내용을 의미한다. 여기에는 대소근육 운동 기술,

의사소통 기술, 사회적 기술, 문제해결 기술, 언어 기술, 셈하기 기술 등이 주요 보육내용이 된다. 이 유형에서는 영유아가 글자를 쓰거나 퍼즐을 맞추면서 손의 움직임과 협응력을 기르거나, 혼자 신발 신기, 옷 입기 등을 연습할 수 있는 활동을 선정하여 지도할 수 있다. 또한 사회 적응을 돕기 위해 또래 사귀기, 협력하기 등의 내용을 보육내용으로 선정할 수 있다.

■ 교과 영역

교과 영역은 학습자가 배워야 할 중요한 지식과 기술, 태도를 유사한 것끼리 범주화하여 하나로 묶어서 제시한 교과를 교육내용으로 보는 것이다. 각 교과는 고유의 특성과 지식 구조를 가지기 때문에 그 특성에 맞춰 내용이 순서대로 제시되어야 체계적으로 학습할 수 있다고 본다. 그러나 영유아는 발달특성상 보육내용을 교과로 분리하여 학습하기보다는 자신의 생활 경험이나 놀이 경험을 통해 통합적으로 학습한다. 따라서 영유아보육에서는 교과에 의한 보육내용 편성은 하지 않으나, 놀이와 활동을 경험하는 이면에 교과 영역이 포함된다고 볼 수 있다. 예를 들어, 영유아들은 여름철 물놀이 하기, 부채 만들기, 비에 젖은 땅에 남은 발자국들 비교하기 등의 놀이와 활동을 통해 과학(물에 뜨고 가라앉는 것), 미술(부채 꾸미기), 수학(발자국 크기 비교) 등의 교과 영역과 교과 지식을 자연스럽게 경험하고 있는 것이다.

■ 주제 중심

주제 중심은 영유아의 발달에 적합한 생활 경험과 지역사회의 여건, 계절적 특성, 영유아 주변의 흥미로운 사건과 정보들을 통합적으로 구성한 주제들을 보육내용으로 보는 유형이다.

주제 중심의 보육내용 유형은 영유아가 특정 주제를 다각도로 이해하고, 다양한 관점에서 학습내용을 연결하도록 도와 종합적 사고와 창의적 사고를 기르는 데 도움을 준다. 예를 들어, '계절'을 주제로 놀이와 활동을 경험할 때, 계절별 날씨 변화, 계절에 따른 옷차림, 계절별 놀이 등 영유아들이 경험할 수 있는 주요 내용을 보육내용으로 구성하여 영유아들은 계절과 관련된 다양한 정보를 통합적으로 경험하게 된다.

■ 학문적 개념중심

학문적 개념중심은 어떤 학문 분야의 개념과 지식이 중심이 되어 구성된 보육내용 유형을 의미한다. 즉, 영유아가 기초 학문 영역에 대한 기본적인 개념을 익히고 탐구할 수 있는 기초를 마련해 주기 위한 보육내용 유형이라고 할 수 있다. 학문적 개념중심 내용은 주로 수학, 과학, 언어, 사회 등의 기초 학문 영역이 주를 이루며, 이러한 내용은 영유아가 기초 학문에 대한 이해를 시작하고, 나아가 더 깊은 학습으로 발전할 수 있는 기초를 마련해 준다.

영유아들이 일상생활에서 갖게 되는 다양한 물음에 대해 해답을 탐구하는 과정은 다양하고 깊이 있는 학문적 개념을 이해하는 발판이 된다. 영유아들의 호기심이 반영된 "왜?"라는 질문과 이에 대한 답을 찾아 가는 과정은 기초적인 개념 수준이지만 상위학교와 교과체제로 갈수록 고차원적 개념으로 구조화된다. 예를 들어, 인형을 세어 보거나 똑같은 모양의 옷을 찾아 입혀 보는 놀이는 이후 수와 연산, 도형, 공간 개념 등을 이해하는 데 기초가 된다. 또한 역할놀이나 그룹 게임에 참여하는 놀이 등은 이후 가족, 공동체, 사회적 규범을 이해하는 데 도움이 된다.

■ 통합적 접근

통합적 접근은 그동안 보육내용 유형으로 제시한 사실 축적, 기술 축적, 교과 영역, 주제 중심, 학문의 내용을 총체적으로 통합하는 보육내용 유형이다. 보육과정에서는 사실 축적만 하거나 기술 중심으로만 학습 경험을 제공하지는 않는다. 각각의 보육내용 유형은 상호 보완적이며 통합적으로 제공되기 때문이다. 특히 국가수준의 보육과정인 표준보육과정에서도 영유아가 자유롭게 놀이하는 가운데 배움이 일어나는 놀이 중심 보육과정을 강조하고 있다. 예를 들어, 영유아가 '팽이 돌리기'에 흥미를 보이는 경우 교사는 다양한 팽이 만들기, 팽이 경주하기, 팽이 비교하기 등의 다양한 놀이와 활동을 지원할 수 있다. 이때 영유아는 '재료나 모양에 따른 팽이 속도 비교하기', '팽이 무늬 디자인하기', '팽이 균형 잡기' 등의 과학, 수학, 미술 등의 교과에서 다루는 기초 개념을 자연스럽게 이해하고 탐구하게 된다. 또한 팽이의 균형을 유지하면서도 빠르게 회전시키는 기술이 축적될 수 있도록 교사가 충분한 놀이 시간을 지원한다면, 영유아는 반복적인 팽이 돌리기 놀이를 통해 자기조절력이나 도전정신, 자신에 대한 긍정적인 태도 등을 형성할 수 있을 것이다.

이상으로 살펴본 6가지 보육내용의 유형은 영유아가 다양한 영역에서 전인적인 성장을 이룰 수 있도록 보육과정에서 중요하게 다루어져야 한다. 각 유형은 서로 다른 발달 영역을 지원하면서 영유아가 다양한 경험을 통해 지식과 기술을 습득하고, 건강한 감정표현과 사회적 관계를 형성할 수 있도록 돕는다. 영유아의 흥미와 관심을 반영하면서 자신의 경험과 연결된 의미 있는 보육내용을 다양하게 경험할 수 있도록 영유아의 발달과 요구에 맞는 경험을 지원해야 한다.

(3) 보육내용 선정의 기준

영유아의 발달적 적합성은 보육내용을 선정할 때 가장 중요한 기준이다. 즉, 영유아의 발달 단계와 개인의 특성을 고려하여 학습내용을 계획하고 제공하는 것을 의미하며 연령적 적합성, 개인적 적합성, 사회·문화적 적합성의 세 가지 요인으로 구분된다(Bredekamp & Copple, 1997).

■ 연령적 적합성

연령적 적합성은 보육내용이 영유아의 보편적인 연령의 발달에 적합한 것인가를 고려하는 것이다. 교사는 해당 연령의 보편적인 발달특성을 고려하여 발달수준에 맞는 보육내용을 선정해야 한다.

■ 개인적 적합성

개인적 적합성은 보육내용이 영유아 개인의 특성에 적합한 것인가를 판단하여 선정하는 것이다. 모든 영유아가 동일한 속도로 발달하지 않으므로 개별적인 발달 속도와 관심사를 반영하는 것이 중요하다. 동일한 연령이라도 영유아 개인의 특성에 적합한 보육내용의 범위와 수준을 다르게 선정할 수 있다.

■ 사회 · 문화적 적합성

사회 · 문화적 적합성은 영유아가 살고 있는 사회 · 문화적 환경에서 가치 있게 여기는 보육내용을 선정하는 것이다. 사회 · 문화적 배경은 영유아가 학습하는 방식과 학습 동기를 형성하는 데 영향을 주며, 이를 반영한 보육내용은 영유아의 경험을 의미 있게 이해하도록 돕는다.

(4) 보육내용 조직의 방법

보육내용이 선정된 후 이 내용을 어떤 순서로 제시하는 것이 효과적인지를 고려하여 보육내용을 조직하여야 한다. 타일러(1949)는 보육내용을 조직할 때 영유아들의 생활경험과 가장 가까운 곳에서 시작하여 먼 곳으로, 쉬운 개념이나 기술로부터 시작하여 어려운 것으로, 단순한 것에서 시작하여 복잡한 것으로 조직하는 것이 효율적이라고 보았다. 이러한 차원에서 보육내용을 조직하는 방법으로 수평적 확장 조직, 나선형 조직, 통합적 조직의 3가지를 살펴보면 다음과 같다(박찬옥 외, 2020).

■ 수평적 확장 조직

수평적 확장 조직이란 보육내용을 조직할 때 하나의 주제나 개념을 영유아에게 가장 친숙하고 직접적이며 구체적인 경험으로부터 시작하여 점차 낯설고 간접적이며 추상적인 경험의 순서로 확장하여 조직하는 방법이다. 예를 들어, 학기 초에는 영유아에게 가장 가깝고 구체적인 보육내용으로 '나'를 선정하고 시간이 지날수록 '우리 가족', '친구', '우리 동네', '우리나라', '세계 여러 나라'의 순서로 경험의 내용을 조직할 수 있다.

수평적 확장 조직은 영유아가 하나의 주제나 개념에 대해 다양한 접근을 경험하면서 지식을 폭넓게 쌓을 수 있으며, 학습내용이 영유아의 일상 경험과 연결될 수 있으므로 의미 있는 학습이 이루어질 수 있다.

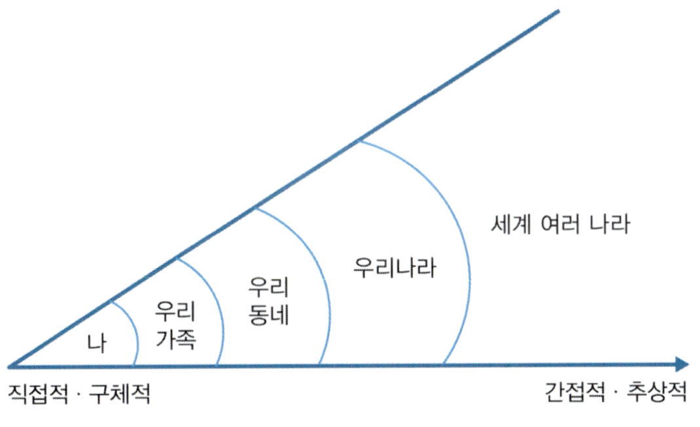

[그림 3-7] 수평적 확장 조직의 예

■ 나선형 조직

나선형 조직은 보육내용이 반복되도록 하되, 쉬운 수준에서 어려운 수준으로 계열화되도록 제시하는 조직 방법이다. 처음에는 기본 개념을 단순하게 경험하고, 이후에 같은 개념을 더 복잡하게 심화시켜 제시하거나, 영유아가 이전에 경험한 내용을 바탕으로 새로운 경험을 추가하며 학습의 심화와 확장을 돕는다.

예를 들어, '계절'이라는 주제를 나선형 조직으로 구성한다면 영아반에서 계절의 이름과 순서를 경험하고, 이후 유아반 초기에 계절별 특징이나 계절에 맞는 날씨와 활동에 대해 알아볼 수 있다. 또한 유아반 후반에는 계절의 변화와 원인과 같은 과학적 개념을 포함한 놀이와 활동을 경험하도록 보육내용을 조직할 수 있다.

나선형 조직 방법은 영유아가 반복학습을 통해 개념을 점진적으로 이해하고 체계적으로 지식을 형성할 수 있으며, 이전에 배운 내용을 기반으로 새로운 개념을 배우게 되어 복잡한 개념을 이해하는 데 자신감을 가지고 접근할 수 있다.

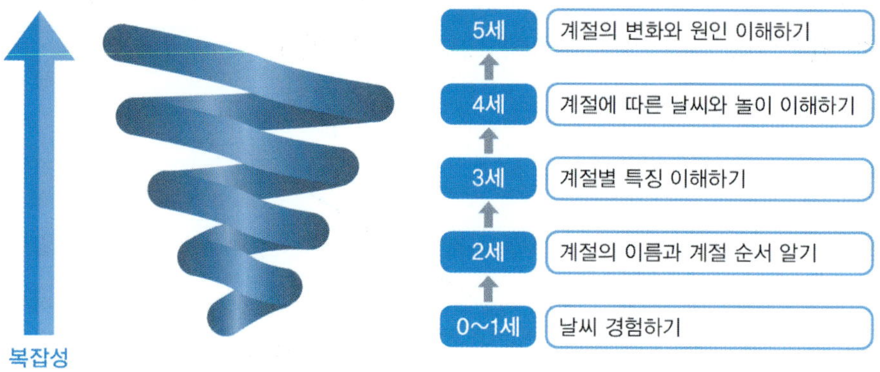

[그림 3-8] 나선형 조직의 예

■ 통합적 조직

통합적 조직은 여러 학습 영역이나 발달 영역을 결합하여 영유아가 흥미를 보이는 주제를 중심으로 보육내용을 조직하는 방법이다. 통합적 조직은 특히 영유아교육에서 학습을 영유아의 놀이 및 생활 경험과 밀접하게 연결하여 흥미를 높이는 데 효과적이다.

수평적 조직과 나선형 조직에서 보육내용의 순서와 계열성을 강조한다면 통합적 접근에서는 영유아들의 흥미와 관심, 생활과 연계된 학습 경험에 따라 서로 다른 주제와 보육내용들이 상호 연계성을 가지고 통합되도록 한다(박찬옥 외, 2020). 예를 들어, '동물원 놀이'에서 발현된 영유아들의 관심은 어미 동물과 새끼 동물뿐만 아니라 나와 가족이라는 보육내용과 통합될 수 있다. 또한 동물들의 특징과 성장과정은 지리적 위치와 기후, 생명존중, 환경교육의 내용과도 통합될 수 있다.

[그림 3-9] 통합적 조직의 예

3) 보육방법

보육목표와 보육내용이 선정되었다면 이것을 어떤 방법으로 가르치고 배우게 할 것인가를 고려해야 한다. 보육방법 또한 영유아에 대한 관점, 지식 및 학습에 대한 패러다임, 사회·문화적 요구 등이 반영되며 이를 영유아 학습의 기본 전제, 영유아 교수·학습의 원리, 영유아 중심 교수·학습방법에 대한 이해로 구분하여 살펴보기로 한다.

(1) 영유아 학습의 기본 전제

표준보육과정은 '영유아 · 놀이 중심'을 추구하는 보육과정이다. 즉, 영유아가 주도하는 놀이를 통해 보육과정을 구성하고 운영하여 배움으로 연계되도록 하는 가치를 존중하는 보육과정이다. 영유아는 놀이하면서 세상을 탐색하고 자신을 표현하며 다른 사람과 교류한다. 또한 자신의 흥미와 관심에 따라 즐겁게 놀이하는 과정에서 자연스럽게 배운다. 영유아는 어디서나 자유롭게 놀이하며 배울 수 있지만, 특히 어린이집에서 이루어지는 영유아의 놀이는 교사의 지원을 통해 더욱 유의미한 배움이 될 수 있다. 따라서 교사는 다양한 방식으로 영유아가 놀이를 통해 배우고 성장할 수 있도록 지원하는 역할을 해야 한다(보건복지부, 2020).

■ 놀이를 통한 배움의 이해

영유아는 놀이하면서 세상과 교감하며 성장한다. 놀이는 시작과 끝이 정해져 있는 것이 아니라 이어지고 끊어지며 새롭게 생성되어 가는 연속적인 과정이고 이는 곧 배움의 과정과 같다. 교사는 영유아의 놀이를 배움의 과정으로 이해하고 영유아의 놀이를 지원해야 한다.

영유아가 놀이를 통해 경험하는 배움은 표준보육과정의 각 영역과 연결 지어 이해할 수 있다. 표준보육과정 각 영역의 내용은 어린이집에서 경험해야 할 의미 있고 가치 있는 배움의 내용인데, 이것은 교사가 가르쳐야 할 내용이 아닌 영유아가 즐겁게 놀이하면서 배우는 내용이다. 교사는 영유아의 놀이에서 나타나는 통합적 경험을 영역별 내용과 연결해 보면서 영유아의 놀이를 통한 배움을 이해할 수 있다.

■ 놀이와 연계한 활동을 통한 영유아의 배움 지원

교사는 일상생활 경험과 활동에도 영유아의 흥미와 관심을 반영하여 영유아가 즐겁게 경험하며 배우도록 지원한다. 활동을 운영할 때 교사는 영유아가 주도하는 놀이의 내용과 활동이 연계되도록 지원하여 영유아가 즐겁게 배우도록 한다. 예를 들어, 현재 영유아가 하고 있는 놀이에 부합하면서 영유아의 흥미나 관심과 관련된 동화 듣기, 노래 부르기, 요리하기, 게임 등을 제안하여 즐겁게 놀이하는 방식으로 활동을 할 수 있다. 또한 영유아가 자신이 하고 있는 놀이를 친구들에게 소개하기, 놀이 규칙 정하기, 특정 관심사에 대해 함께 알아보기 등 상황에 따라 이야기를 나누는 것도 가능하다. 만일 교사가 영유아의 놀이를 지원하기 위해 다양한 활동을 계획했더라도 이는 영유아의 관심과 흥미에 따라 얼마든지 수정할 수 있다. 영유아의 흥미나 관심 등을 고려하지 않고 미리 정해진 생활주제에 따라 활동을 진행하기보다는 영유아가 주도해 가는 놀이와 연계하여 활동을 진행하는 것이 바람직하다.

교사는 영유아의 건강과 안전을 위해 필수적으로 요구되는 일상생활습관지도나 안전 교육을 계획하여 운영할 수 있다. 영유아는 실제 생활 속 경험을 통해 의미 있게 배우므로 교사는 일과 중 적절한 개입을 통해 영유아를 지원할 수 있다. 어린이집에서는 영유아가 놀이 안전과 생활 안전을 지키고 위험한 일이 발생하였을 때 도움을 받아 대처할 수 있는 능력을 기를 수 있도록 안전 교육을 실시해야 한다. 화재안전, 교통안전, 약물안전, 유괴에 대처하는 방법 등, 안전 교육 관련 법령 및 지침 등에서 제안하는 내용을 바탕으로 영유아들이 이해하기 쉬운 방식으로 지도한다. 영아의 경우 대집단 형태의 교육이 아니라 놀이와 연계하거나 전이시간을 이용하여 자연스럽게 안전교육이 이루어지도록 한다.

■ 자율성을 바탕으로 유아의 놀이 배움 지원

영유아는 자신에게 가장 적합한 방식으로 놀이하기 때문에 영유아의 놀이는 예측하기 어렵다. 교사는 영유아의 특성, 안전, 놀이 환경, 자료, 날씨, 기관의 상황 등을 고려하여 놀이를 지원해야 한다. 교사는 영유아가 놀이하며 배울 수 있도록 상황에 따라 필요한 교육적 판단을 자율적으로 할 수 있어야 한다. 예를 들어, 교사는 영유아의 놀이가 자신이 계획한 주제나 활동과 다르게 이루어지더라도 영유아의 놀이를 존중하여 계획된 활동을 변경할 수 있다.

교사가 영유아의 놀이를 존중한다는 것은 영유아의 놀이를 바라만 보거나 방관하는 것이 아니라, 영유아의 배움에 필요한 지원 내용을 생각하고, 준비하고, 지원하는 과정을 모두 포함한다. 예를 들어, 교사는 영유아가 놀이하며 경험한 내용을 관찰하고, 놀이에서 나타나는 배움에 주목하여 이를 기록할 수 있다. 이러한 기록은 영유아의 놀이 지원을 위한 교사의 자율적 판단의 근거가 된다. 교사는 계획안을 활용하여 영유아가 실제 놀이한 내용을 적합한 방식으로 기록하고, 그에 따른 교사의 지원 내용도 함께 작성할 수 있다. 계획안은 영유아가 놀이하며 배우는 과정을 이해하는 자료가 되며, 이를 작성하면서 영유아에게 필요한 놀이 지원도 함께 계획할 수 있다.

(2) 영유아 교수 · 학습 원리

영유아가 주도하는 놀이를 통해 배움으로 연계하는 보육과정을 계획하고 운영하기 위한 교수 · 학습의 원리를 살펴보면 다음과 같다(교육과학기술부, 2008; 박찬옥 외, 2020; 이원영, 이영자, 주영희, 1991).

■ 놀이 중심의 원리

놀이 중심의 원리는 보육활동이 놀이를 통해 이루어지도록 하는 원리이다. 교사는 영유아가 놀이를 하면서 주변 환경을 탐색하고 사물과 상황을 이해하는 지식과 기술, 태도를 배우도록 도와야 한다. 영유아들의 흥미를 반영한 풍부한 보육환경을 준비하고 영유아가 스스로 놀이를 계획하고 참여할 수 있도록 안내하는 교사의 역할이 중요하다. 이를 위해 어린이집의 실내외에서 쌓기, 역할, 언어, 과학 등 영유아가 자신의 흥미에 따라 선택하고 참여할 수 있는 놀이 공간과 자료 등을 지원해 주어야 한다.

■ 개별화의 원리

개별화의 원리는 개별 영유아의 흥미, 발달수준, 이해 정도, 요구에 맞춰 학습 경험을 제공하는 원리이다. 영유아는 개별적인 발달 속도와 독특한 학습 방식을 가지고 있기 때문에 개별화된 접근을 통해 모든 영유아가 자신의 잠재력을 최대한 발휘할 수 있도록 보육활동이나 교수학습 방법을 다르게 선정하여 제공하는 것이 중요하다.

예를 들어, '동물'에 흥미를 보이고 있는 영유아 중 어떤 영유아에게는 동물 퍼즐 맞추기, 동물 모양 패턴 끈 끼우기 등의 활동을 통해 소근육 발달을 지원하는 것이 적합할 수 있지만, 다른 영유아에게는 캥거루처럼 점프하기나 사자처럼 달리기 활동을 통해 대근육 발달을 지원하는 것이 더 적합할 수 있을 것이다.

■ 생활 중심의 원리

생활 중심의 원리는 영유아의 일상생활과 밀접한 관련이 있는 주제나 경험을 통해 학습이 이루어지도록 하는 원리이다. 영유아는 자신이 경험하는 생활 속에서 배우는 과정에서 친근감과 의미를 느끼며 실생활에서 필요한 지식과 기술, 태도를 자연스럽게 습득할 수 있다. 영유아의 일상생활과 관련하여 가정 및 어린이집에서의 경험, 지역사회 내의 여러 직업과 기관들, 계절, 풍습 등 모든 내용이 교육적 요소가 될 수 있다. 따라서 교사는 영유아의 생활 경험들을 민감하게 관찰하여 이를 학습 상황으로 연결할 수 있어야 한다.

■ 탐구학습의 원리

탐구학습의 원리는 영유아가 호기심을 가지고 스스로 질문을 던지고, 문제를 해결하며 학습하는 과정을 강조하는 원리이다. 영유아는 자신의 감각을 통해 스스로 탐구하고 사물의 현상을 직접 경험함으로써 주변 세상에 대한 지식을 습득하고 문제해결능력을 기를 수 있다.

교사는 다양한 탐구활동이 가능한 학습경험을 계획하여 영유아가 관찰하고, 실험하고, 문제해결과정에 참여할 수 있도록 지원해야 한다.

■ 통합의 원리

통합의 원리는 학습내용을 여러 발달 영역과 학습 분야에 걸쳐 연계하여 다루는 것을 강조하는 원리이다. 영유아의 학습 경험을 다양한 관점에서 통합함으로써, 영유아가 특정 주제를 더 폭넓고 깊이 있게 이해하도록 지원할 수 있다. 즉, 영유아의 실생활과 학습 경험을 연결하여 영유아가 배운 내용을 일상생활에서 활용할 수 있도록 하거나, 신체적 · 사회적 · 정서적 · 인지적 발달을 함께 고려하여 영유아가 균형 있게 성장하도록 도울 수 있다. 또한 언어 · 과학 · 수 · 사회 · 예술 등의 여러 학습 영역들이 연결되어 하나의 주제를 다룰 수 있는데, 이를 통해 주제를 다양한 관점에서 탐구하게 된다.

■ 자발성의 원리

자발성의 원리는 영유아가 스스로 학습에 참여하고, 학습활동을 선택하도록 돕는 원리이다. 영유아는 자발적으로 흥미와 호기심을 느낄 때 학습에 더 깊이 몰입하고 적극적으로 학습에 참여하게 된다. 따라서 영유아가 하고 싶은 놀이와 활동을 선택하고, 자발적으로 학습 과정에 참여하는 것을 중시한다. 이러한 과정은 학습에 대한 동기와 자신감을 높여 학습을 즐거운 경험으로 만들어 준다. 자유놀이 시간에 영유아 각자가 자신의 흥미에 따라 놀이를 선택하고 참여하거나, 영유아가 흥미를 느끼는 주제를 교사와 함께 정한 후 스스로 계획을 세워 관련 활동을 진행해 볼 수 있다.

(3) 영유아 중심 교수 · 학습 방법

영유아 중심 교수 · 학습 방법은 영유아의 발달특성과 흥미, 학습 속도에 맞춘 교육 방식을 통해 영유아가 스스로 학습에 참여하고 주도적으로 탐구하도록 돕는 교수 · 학습 접근법이다. 영유아가 능동적이고 자발적인 학습자로서 자신의 경험과 흥미를 바탕으로 학습할 수 있도록 지원하는 방법에 대해 구체적으로 살펴보면 다음과 같다.

■ 자기 표현

자기 표현은 영유아가 자신의 생각, 감정, 느낌을 언어적 또는 비언어적으로 자유롭게 표현하는 방법이다. 이는 영유아가 자신의 독특성과 감정을 이해하고 다른 사람들과 공유하도록 하는 학습방법이다. 교사는 영유아가 행동적 표현(역할놀이, 구성놀이, 신체 표현 등), 조형적 표현(그리기, 만들기, 꾸미기, 전시하기 등), 언어적 표현(감정을 말로 표현하기, 문제 해결방안 표현하기, 지식과 경험 나누기 등) 등의 다양한 방법으로 자기 표현의 기회를 지원할 수 있다.

■ 토의하기

토의하기는 영유아가 특정 주제에 대해 다른 사람과 생각을 나누고, 의견을 공유하는 방법을 말한다. 이를 통해 영유아는 타인의 의견을 존중하고, 자신의 생각을 표현하는 방법을 익힐 수 있다. 예를 들어, 동화를 감상한 후 느낀 점을 이야기하거나 특정 주제나 갈등 상황에 대해 생각을 나누는 방법이 있다. 토의하기를 통해 영유아의 의사소통 능력과 사회적 기술이 발달되고, 자신의 의견을 논리적으로 전달하는 능력을 기를 수 있다.

■ 문제해결

문제해결은 영유아가 직면한 문제에 대해 그 원인과 해결책을 스스로 모색해 보는 방법이다. 이 방법은 영유아의 창의적 사고와 논리적 사고력을 발달시키는 중요한 학습방법이다. 예를 들어, 무너지지 않고 블록을 쌓는 방법 찾기, 놀잇감을 정리하는 방법 찾기, 우리 반의 놀잇감을 공평하게 사용하기 등 영유아가 부딪치는 문제에 대해 상황에 맞는 해결 방법을 스스로 찾는 과정을 경험하도록 하는 것이다.

■ 추론하기

추론하기는 영유아가 관찰한 것들을 바탕으로 논리적 결론을 내리는 과정을 의미한다. 영유아들은 원인과 결과를 파악하고, 사건이나 현상의 이유를 생각해 보는 연습을 할 수 있다. 예를 들어, 가설적 딜레마 상황 속의 주인공이 어떻게 해야 할지와 왜 그렇게 해야 하는지를 이야기해 보거나 동화 속 인물이 왜 그런 행동을 하였는지 이유를 추측해 볼 수 있다.

■ 발견학습

발견학습은 영유아가 스스로 실험하고 관찰하면서 새로운 개념이나 원리를 발견하는 학습방법이다. 영유아는 자발적으로 탐구 활동에 참여하며, 학습 과정에서 스스로 발견한 지식을 축적한다. 발견학습은 영유아가 탐색하고, 실험하고, 질문을 하는 과정에 활동자료에 내포된 의미를 발견하도록 돕는 과정이 중요하다. 예를 들어, 식물의 성장과정을 관찰하거나, 물과 모래로 놀이하면서 물의 성질을 알아보는 등의 활동을 통해 영유아가 호기심과 탐구심을 가지고 주도적으로 참여하면서 교사가 계획했던 의미(지식, 기능, 태도 등)를 발견하도록 도울 수 있다.

■ 모델링

모델링은 교사나 또래의 행동을 모방하는 과정을 통해 학습이 이루어지는 방법이다. 영유아는 직접 경험하지 않고도 관찰을 통해 많은 것을 학습할 수 있다. 부모, 교사, 친구, 매체 속 등장인물의 행동을 관찰하면서 성격, 사회적 행동, 특정 상황에서의 반응이나 세상에 대한 개념 등을 형성하게 된다. 예를 들어, 교사가 문제해결 과정을 보여 준다거나 친구와 협력하는 모습을 시범 보인다면 영유아들은 관찰을 통해 행동을 익히고 이를 실생활에 적용할 수 있다. 이때 모델링이 교사의 기계적인 시범이나 영유아의 단순한 모방으로 그치지 않고 어떤 개념이나 지식, 태도, 기능을 익히고자 하는 동기 유발 체제로 사용될 때 그 효과가 크다.

〈표 3-2〉 **영유아 중심 교수·학습 방법**

교수·학습 방법	특징	예시	장점
자기표현	자신의 생각과 감정을 언어적·비언어적으로 표현	그림 그리기, 역할놀이, 경험 이야기하기	정서적 안정감과 자신감, 창의성 발달
토의하기	주제에 대해 다른 사람과 생각을 나누고 의견을 공유	책 읽은 후 이야기 나누기, 특정 주제나 갈등 상황에 대해 이야기 나누기	의사소통 능력과 사회적 기술 발달
문제해결	문제를 스스로 해결해 보는 과정	퍼즐 맞추기, 블록 놀이, 우리 반의 문제상황 해결 방법 찾기	창의적 사고와 논리적 사고 발달, 자립심 증진
추론하기	관찰을 통해 원인과 결과를 생각하고 논리적 결론 도출	물건이 뜨고 가라앉는 이유 예측하기, 주인공의 행동 이유 생각하기	논리적 사고력과 문제 분석 능력 향상
발견학습	스스로 탐구하고 관찰하며 새로운 개념을 발견	자연관찰, 물과 모래 탐색	호기심과 탐구심 자극, 주도적 학습 경험
모델링	교사나 또래의 행동을 관찰하고 모방	문제해결 시범, 감정 표현 따라하기	관찰을 통해 사회적 기술과 감정 조절 학습

더 알아보기

교사의 교수 행동

브레드캠프와 로즈그란트(Bredekamp & Rosegrant, 1992, 1995)는 교수 행동의 유형을 교사의 교수 행동 연속체 차원에서 영유아의 발달과 학습 요구에 맞춰 다양한 교수 방식을 적용하도록 돕는 개념으로 설명하였습니다.

교사는 영유아의 학습 단계와 상황에 따라 비지시적 행동에서 지시적 행동으로 유연하게 이동하면서 영유아가 최상의 학습 경험을 누릴 수 있도록 지원할 수 있습니다. 예를 들어, 영유아가 새로운 활동을 시작할 때는 지시적 행동이 필요할 수 있지만, 영유아가 활동에 익숙해지고 스스로 탐구를 시작하면 촉진이나 협력 같은 비지시적 행동이 더 적합할 수 있습니다.

비지시적	관찰하기	관찰하기는 교사가 영유아의 행동을 적극적으로 관찰하여 영유아의 발달 상태, 흥미, 학습 요구를 파악하는 방법입니다. 교사는 영유아가 자유롭게 놀이하는 동안 영유아의 행동을 관찰하면서 개별적인 요구를 이해하여 적절한 방식으로 지원할 수 있습니다.
↕	촉진하기	촉진하기는 교사가 영유아의 자발적인 탐구와 학습을 돕기 위해 질문을 던지거나 자료를 제공하는 등 일시적인 도움을 제공하는 것입니다. 교사는 영유아가 놀이를 통해 스스로 탐구할 수 있도록 도와주고 학습을 유도하는 역할을 합니다.
중재적	함께 구성하기	함께 구성하기는 교사와 영유아가 공동으로 학습활동을 계획하고 실행하는 방법입니다. 영유아는 교사와 함께 놀이나 활동에 대한 주도성과 책임감을 갖고 개념, 태도와 가치관, 기능 등을 익히게 됩니다.
↕	시범 보이기	시범 보이기는 교사가 구체적인 행동을 지도하고자 할 때 영유아가 교사의 행동을 관찰하도록 하는 것입니다. 새로운 행동을 지도할 때, 잘못 형성된 행동을 수정하고자 할 때도 적용할 수 있습니다.
지시적	지도하기	지도하기는 교사가 학습과정을 주도하며 활동의 목표와 절차를 명확하게 안내하는 교수행동입니다. 교사는 영유아에게 필요한 정보를 직접 제공하고 활동을 이끌어 나가며, 새로운 개념을 학습하거나 구체적인 기술을 익히는 상황에서 적용할 수 있습니다.

4) 보육평가

보육평가는 보육과정 계획 및 실행에 대해 실제 그러한 변화가 일어났는가를 확인하는 과정이다. 보육평가는 궁극적으로 영유아의 전인발달을 지원하기 위해 보육의 질을 향상시키기 위함이다. 따라서 보육과정이 어떻게 운영되었는지, 영유아의 특성 및 변화 정도가 어떠한지를 중심으로 보육평가를 실시해야 한다. 또한 보육평가의 결과는 다음 계획에 반영되어 보육과정의 순환이 이루어지도록 해야 한다.

표준보육과정에서 평가는 어린이집에서 영유아가 중심이 되고 놀이가 살아나는 표준보육과정의 운영을 되돌아보고 개선해 가는 과정으로 명시한다. 표준보육과정은 어린이집에서 영유아 중심 · 놀이 중심 보육과정을 운영하는 데 도움이 되고자 평가를 간략화하고 각 어린이집의 자율적인 평가를 강조한다. 어린이집은 평가의 목적, 대상, 방법, 결과의 활용을 바탕으로 표준보육과정 평가를 자율적으로 실시할 수 있으며 다음과 같은 중점 사항을 제시하고 있다(교육부, 2024; 보건복지부, 2020).

① 표준보육과정 운영의 질을 진단하고 개선하기 위해 평가를 계획하고 실시한다.

평가의 목적은 영유아가 중심이 되고 놀이가 살아나는 표준보육과정 운영을 자체적으로 평가하여 표준보육과정 운영의 질을 진단하고 표준보육과정 운영을 보다 나은 방향으로 개선하는 데 있다. 어린이집에서는 지역 특성, 각 어린이집 및 반의 상황과 요구를 고려하여 표준보육과정 운영을 개선할 수 있도록 자율적으로 평가 계획을 수립한다. 평가의 내용, 평가 주기 및 시기, 평가방법 등에 대한 계획은 각 어린이집 구성원들 사이의 민주적인 협의를 통해 정한다.

② 영유아의 특성 및 변화 정도와 표준보육과정의 운영을 평가한다.

평가는 영유아 평가와 표준보육과정의 운영 평가로 이루어진다. 영유아 평가는 궁극적으로 영유아의 행복과 전인적 발달을 지원하는 데 그 목적이 있다. 교사는 영유아의 놀이, 일상생활, 활동 속에서 영유아의 고유한 특성이나 의미 있는 변화를 발견하고, 그것을 바탕으로 영유아의 배움과 성장을 돕기 위하여 평가를 할 수 있다. 교사는 영유아의 배움이 나타나는 놀이, 일상생활, 활동에서 영유아가 가장 즐기고 잘하는 것, 놀이의 특성, 흥미와 관심, 친구 관계, 놀이를 이어 가기 위한 자료의 활용 등에 주목하여 영유아 놀이를 관찰하고, 이를 통해 영유아의 특성과 변화를 이해하도록 한다.

표준보육과정 운영 평가는 어린이집의 보육과정이 영유아 · 놀이 중심으로 적절하게 운영되고 있는지 평가하는 데 그 목적이 있다. 어린이집의 표준보육과정 운영 평가에서는 놀이시간을 충분히 운영하였는지, 영유아 주도적인 놀이와 배움이 이루어지고 있는지, 놀이 지원이 적절한지 등을 평가할 수 있다. 이는 놀이 속에서 나타나는 영유아의 특성 및 변화 정도와 연계하여 파악할 수 있다. 필요에 따라 부모와의 협력이나 행정적 · 재정적 지원이 적절하게 이루어지고 있는지 등을 평가할 수도 있다.

③ 평가의 목적에 따라 적합한 방법을 사용하여 평가한다.

평가방법은 평가의 목적과 대상에 따라 달라질 수 있다. 어린이집은 평가 목적에 가장 적합한 평가방법을 자율적으로 정하여 활용할 수 있다. 교사는 영유아의 특성과 변화 정도를 파악하기 위하여 영유아들의 실제 놀이 모습을 계획안에 기록할 수 있고, 놀이 결과물과 작품 등을 일상적으로 수집할 수 있다. 영유아들의 놀이를 관찰할 때에는 영유아의 말, 몸짓, 표정 등에서 드러나는 놀이의 의미와 특성에 주목하여 이 중 필요한 내용을 메모나 사진 등 교사가 할 수 있는 가장 용이한 방법으로 기록한다. 이러한 관찰기록 자료는 교실에서 자율적으로 수립한 계획안에 포함하여 영유아의 특성과 변화 정도를 파악하는 데 활용할 수 있다.

어린이집의 표준보육과정 운영에 대한 평가는 개선이 필요한 사항에 따라 자율적으로 실시할 수 있다. 기관별, 반별 상황이나 필요성에 따라 적합한 방법을 선택하여 표준보육과정 운영을 평가한다. 표준보육과정에서는 교사가 영유아의 놀이 관찰기록, 영유아 평가와 표준보육과정 운영 평가 등 평가 자료를 만들고 수집하는 데 과도한 노력을 기울이기보다는 영유아의 놀이에 더 집중하고 지원하는 것이 중요함을 강조하고 있다. 교사는 개별 영유아를 정기적으로 관찰하기보다는 배움이 나타나는 또래 사이의 놀이나 활동 등 영유아들이 일상에서 놀이하며 배우는 자연스러운 상황에서 영유아의 특성과 변화를 이해하는 평가를 하도록 한다. 또한 각 영역의 내용을 성취 기준으로 잘못 인식하여 영유아의 놀이에서 영역별 내용이 나타나는지 여부만을 체크하지 않도록 유의한다.

④ 평가의 결과는 영유아에 대한 이해와 표준보육과정 운영 개선을 위한 자료로 활용할 수 있다.

교사는 영유아의 놀이, 일상생활, 활동을 통해 수집된 자료를 평가의 목적에 맞게 종합하여 평가의 결과를 얻을 수 있다. 영유아 평가의 결과는 영유아가 행복감을 느끼고 전인적으로 발달하도록 도움을 주는 데 활용한다. 또한 표준보육과정이 추구하는 인간상과 목적 및 목표 등에 비추어 영유아의 특성과 변화 정도를 이해하고, 영유아의 배움과 성장에 도움이 되도록 지원하는 데 활용한다. 수집된 모든 자료를 바탕으로 개별 영유아의 특성과 변화 정도를 종합적으로 이해하여, 이를 부모와의 면담자료 및 영유아 생활지도 등에 활용할 수 있다. 한편, 어린이집에서 자율적인 방식을 통해 실시한 표준보육과정 운영 평가의 결과는 각 어린이집에서 보육과정의 운영을 보다 나은 방향으로 개선하는 데 활용할 수 있다.

PART 3

국가수준 표준보육과정의 이해와 적용

생각열기

보육과정은 영유아들의 전인발달을 위해 체계적으로 설계된 보육에 관한 큰 그림을 의미합니다. 정부에서는 전국적으로 동일하게 적용되는 보육의 기준과 내용을 국가수준의 보육과정으로 제시하였는데, 우리나라에서는 이를 표준보육과정이라고 부릅니다.

출처: 교육부 홈페이지 (https://www.moe.go.kr/boardCnts/viewRenew.do?boardID=340&lev=0&statusYN=W&s=moe&m=020201&opType=N&boardSeq=102080).

보육교사는 국가수준의 보육과정인 표준보육과정을 이해하고 이를 우리 지역, 우리 어린이집, 우리 반 상황에 맞게 재구성하여 보육과정을 구성해야 합니다. 표준보육과정을 구체적으로 살펴보기 전에 다음 질문에 대해 생각해 보고 의견을 나누어 볼까요?

- 표준보육과정에서 강조하는 교수 방법은 무엇인가요?
- 표준보육과정의 내용은 몇 개 영역으로 구성되어 있을까요?
- 표준보육과정에서 제시한 평가는 과정 중심인가요? 결과 중심인가요?
- 표준보육과정은 왜 필요한가요?
- 놀이 중심 보육과정의 장점은 무엇인가요?

Chapter 04

국가수준 표준보육과정의 이해

1. 국가수준 표준보육과정의 배경
2. 국가수준 표준보육과정의 변화
3. 국가수준 0~2세 보육과정, 3~5세 보육과정(누리과정), 초등학교 교육과정의 연계

학습목표

1. 보육과정 관련 국제동향을 파악한다.
2. 국가수준 보육과정의 변화를 이해한다.
3. 국가수준 보육과정의 연계 및 구성체계를 이해한다.

주요 용어

아동권리협약 / 지속가능발전목표 / 학습개념틀 / 모두를 위한 교육 / Starting Strong / 표준보육과정의 변천 / 총론 / 0~1세 영역별 목표 및 내용 / 2세 영역별 목표 및 내용 / 3~5세 영역별 목표 및 내용

1. 국가수준 표준보육과정의 배경

보육과정 관련 국제 동향을 이해하는 것은 우리나라의 보육과정을 구축하고 이해하는 데 도움이 된다. 21세기에 들어와 세계적으로 많은 나라들이 영유아가 자발적인 놀이를 통해 다양한 능력을 개발하고, 자연스럽게 배움을 경험하는 과정을 강조하고 있다. 우리나라에서도 2020 개정 어린이집 표준보육과정 및 2024 개정 표준보육과정에 영유아 중심 · 놀이 중심 보육과정을 표방하고 있다. 여기에서는 2020, 2024 개정 표준보육과정의 배경이 된 국제동향을 살펴보고자 한다(김은영, 2019; 육아정책연구소, 2019, 2024).

1) UN의 아동권리협약

UN의 아동권리협약은 아동의 기본 권리를 보호하고 증진하기 위해 1989년에 채택되었다. 아동권리협약은 영유아가 건강하고 안전하게 성장하며 자신들의 권리와 교육을 받을 수 있는 권리를 보장하는 것이 핵심이다. UN 아동권리협약에서는 영유아의 기본 권리를 생존의 권리, 발달의 권리, 보호의 권리, 참여의 권리의 차원으로 제시하고 있다.

생존권	발달권	보호권	참여권
• 기본적인 삶을 누리는 데 필요한 권리 • 적절한 생활수준을 누리고 안전한 주거지에서 살아갈 권리, 충분한 영양을 섭취하고 기본적인 보건서비스를 받을 권리	• 잠재능력을 발휘하는 데 필요한 권리 • 교육을 받을 권리, 여가를 즐기고 문화생활을 할 권리, 생각과 양심 · 종교의 자유를 누릴 권리	• 유해한 것으로부터 보호받을 권리 • 모든 형태의 학대와 방임, 차별, 폭력, 노동, 약물, 성폭력 등으로부터 보호받을 권리	• 나라와 지역사회에 참가할 수 있는 권리 • 자신의 의견을 표현하고 자신의 삶에 영향을 주는 문제들에 대한 발언권을 가지고 그 의견이 존중받을 권리

[그림 4-1] UN 아동권리협약의 기본 권리 4가지

이와 같은 기본 권리들은 영유아들이 어린이집에서 놀이하고 생활할 때 자신의 의견을 적극적으로 표현할 수 있는 분위기를 조성하고, 영유아의 의견을 존중하여 보육과정을 구성하고 운영하여야 한다는 시사점을 준다.

2) UN의 지속가능발전목표

UN의 지속가능발전목표는 2015년 UN에서 채택한 17개의 글로벌 목표로, 2030년까지 인류가 직면한 주요 문제를 해결하고 지속 가능한 발전을 이루기 위한 지침을 제공하고 있다. 보육과정과 지속가능발전목표 또한 깊은 연관이 있는데, 특히 이 중 4번 목표, 즉 '양질의 교육 보장'에 관한 내용은 보육과정과 직접적으로 관련된다. 지속가능발전목표에서는 모두를 위한 포용적이고 공평한 양질의 교육을 보장하기 위해 건강, 학습, 심리사회적 웰빙 등을 성과 지표로 제시하고 있다. 따라서 영유아의 전인발달을 지원하고, 영유아가 앞으로 지속 가능

[그림 4-2] 지속가능발전목표

(이미지 출처: https://www.index.go.kr/unity/potal/sdg/SDGMain.do?cdNo=100)

한 사회의 일원으로 성장할 수 있도록 건강과 배움뿐만 아니라 정서적 측면에서도 초점을 두어 영유아가 행복하게 생활할 수 있도록 지원하는 보육과정을 구성해야 함을 시사한다.

3) OECD의 2030 학습 개념틀

OECD에서는 급변하는 사회에 필요한 인재양성을 위해 기존의 방식에서 벗어난 새로운 학습방법을 적용해야 한다고 보고 '교육 2030 학습 틀'을 제시하였다. 여기서 강조하는 내용은 지식, 기능, 태도와 가치가 내재된 역량은 배움의 목적이 아니라 수단이며, 배움의 궁극적인 목적은 개인과 사회의 안녕이라는 것이다. 따라서 기존의 지침이나 교사의 지시에 따르기보다 학습자가 주도적으로 탐색하고 학습의 방향을 찾아 나가는 것이 중요함을 강조하고 있다.

이러한 강조점은 영유아의 주도성, 자발적인 탐색과 놀이를 기반으로 학습이 이루어지도록 보육과정을 구성하고 운영해야 함을 시사한다.

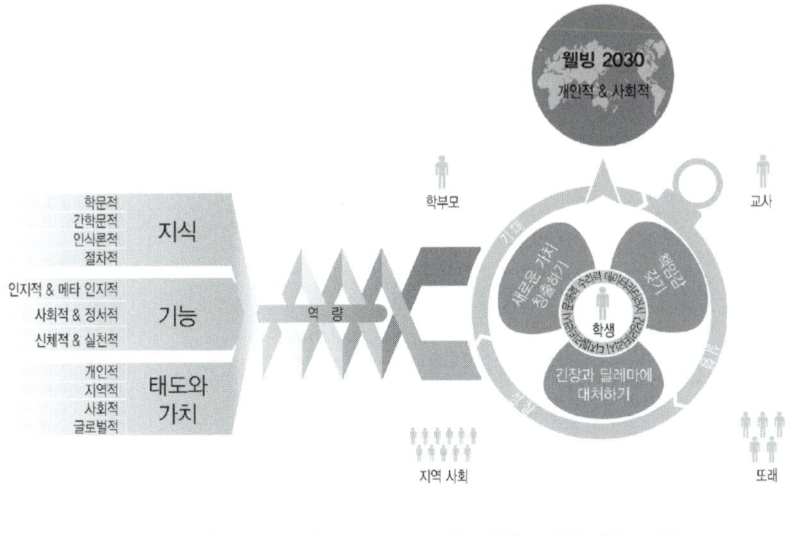

[그림 4-3] OECD 교육 2030 프로젝트에서 제시한 '학습 틀'

(이미지 출처: 한국교육개발원(2018). OECD 교육 2030 참여 연구, 88p.)

4) 유네스코의 모두를 위한 교육(Education For All)

EFA는 유네스코가 중심이 되어 추진한 국제적 캠페인으로 1990년 태국 좀티엔에서 처음 선언되었다. 이후 2000년 세네갈의 디카르 포럼에서 기초교육에 영유아를 포함하여 교육의 접근성과 평등성 보장이 목표로 설정되었다.

영유아교육(ECCE: Early Childhood Care and Education)은 EFA 목표 6가지 중 하나로, 영유아기의 돌봄과 교육을 강화하는 데 중점을 두었다.

이는 보육과정을 구성할 때 모든 영유아가 양질의 교육과 보육을 받을 권리를 강조해야 하며, 포괄적이고 통합적인 보육이 지향되어야 함을 시사한다.

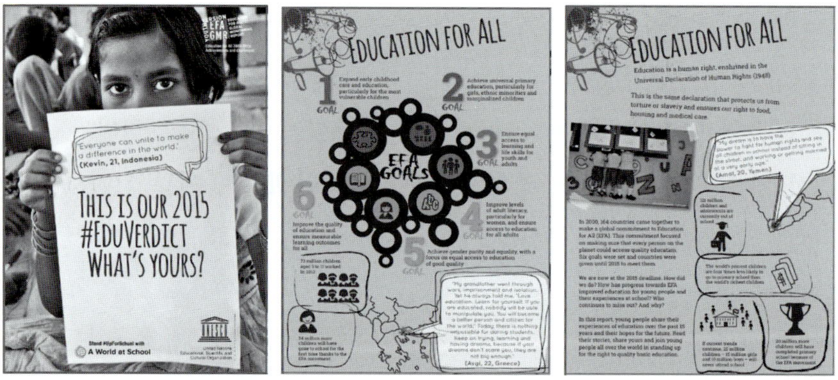

[그림 4-4] 유네스코의 모두를 위한 교육 간행물

(이미지 출처: https://unesdoc.unesco.org/ark:/48223/pf0000232581)

5) 유네스코의 국제표준교육분류 체계(International Standard Classification of Education)

ISCED는 유네스코가 교육 수준과 내용에 대한 국제적 비교를 가능하게 하기 위해 개발한 국제 교육 분류 체계이다. ISCED 2011 기준에서 영유아교육(ECCE)은 ISCED 레벨 0으로 분류되며, 영유아교육의 중요성과 표준화된 목표를 강조하고 있다.

ISCED는 영유아교육을 단순히 보육을 넘어 초기 학습의 중요한 단계로 생각하며 보육과정의 명확한 목적과 목표 설정을 강조한다. 따라서 보육과정 구성과 운영에서 연령별 발달 목표와 학습내용이 체계적으로 제시되어야 하며, 보육과정의 질 관리와 평가 체계가 강화되어야 함을 시사한다.

[그림 4-5] ISCED 2011 간행물

(이미지 출처: https://unesdoc.unesco.org/ ark:/48223/pf0000219109)

6) OECD의 Starting Strong

Starting Strong은 OECD가 2001년부터 발간한 유아교육 및 돌봄 정책 보고서로, 양질의 영유아교육과 돌봄이 경제적, 사회적 발전에 미치는 긍정적인 효과를 강조한다. 특히 영아를 교육의 범주에서 다루어야 한다는 정책을 제언(Starting Strong Ⅱ, 2006)하고 영아와 유아, 유아와 초등학교의 전이가 평생 학습의 기초가 되므로 영아와 유아의 교육과정이 연계될 필요성을 제안(Starting Strong Ⅴ, 2018)하였다.

따라서 보육과정을 구성할 때 영유아기의 학습이 놀이와 탐구를 통해 이루어져야 하며, 보육과정을 계획하고 실행하는 교사의 전문성 및 가족 및 지역사회와의 협력이 중요함을 이해하고 반영할 수 있어야 한다.

[그림 4-6] OECD에서 발간한 Starting Strong 표지
(이미지 출처: https://www.oecd.org/en/publications/starting-strong-v_9789264276253-en.html)

2. 국가수준 표준보육과정의 변화

어린이집에서 운영하는 보육과정은 국가수준의 보육목표와 영유아의 발달 및 개인차를 고려하여 이들이 경험하게 될 보편적인 보육내용을 제시한다. 2007년 어린이집의 표준보육과정이 고시된 이래 2024 개정 표준보육과정(0~2세)이 고시되기까지 국가수준 보육과정의 변천과정에 대해 살펴보면 다음과 같다(교육부, 2024; 보건복지부, 2020).

우리나라는 1991년 「영유아보육법」이 제정되면서 보육의 법적 토대가 마련되었다. 이후 2004년 「영유아보육법」 제29조에 의거하여 표준보육과정 개발 및 보급을 위한 근거를 마련하였고, 마침내 2007년에 「표준보육과정」이 최초로 고시되었다.

「표준보육과정」이 고시됨에 따라 2007년부터 2세 미만 보육과정, 2세 보육과정, 3~5세 보육과정이 보육현장에 적용되어 왔다. 이후 급변하는 사회와 보육여건의 변화에 따라 「표준보육과정」에 대한 개정 필요성이 대두되었고 이후 어린이집과 유치원의 공통과정인 「5세 누리과정」 제정에 따라 0~4세 영유아를 대상으로 「제2차 표준보육과정」이 2012년 2월에 고시되었다.

「5세 누리과정」 제정에 이어, 2012년 7월에 「3~4세 연령별 누리과정」이 개발되어 고시되었다. 어린이집 0~5세 영유아의 연속적 경험과 연령 간 발달적 연계를 위해 「제2차 표준보육과정」 중 「3~5세 연령별 누리과정」의 목표와 내용을 고려하여 0~1세 보육과정, 2세 보육과정을 개정하였다. 이에 2013년 1월에 누리과정을 포함하여 「제3차 어린이집 표준보육과정」을 고시하였다.

보건복지부의 제3차 중장기 보육 기본계획(2018~2022)에서 국정과제인 '보육 · 양육에 대한 사회적 책임 강화'를 실현하기 위한 4개 분야, 즉 보육의 공공성 강화, 보육체계 개편, 보육서비스의 품질 향상, 부모 양육지원 확대를 제시하였다. 영유아의 교육수요 변화 등을 고려한 누리과정의 개편 계획에 따라 0~2세 표준보육과정도 영아의 놀 권리 및 균형적 발달을 고려하여 개정을 추진한다고 발표하였다. 이에 0~2세 보육과정과 3~5세 보육과정(누리과정)을 포괄하는 총론의 일부를 개정하여, 2020년 4월 「제4차 어린이집 표준보육과정」을 고시하였다.

한편 정부에서는 국정과제에 유보통합을 명시하고 이를 실현하기 위해 영유아 교육 · 보육 통합 추진단을 구성하여 영유아 중심의 질 높은 새로운 교육 · 돌봄 체계 마련을 위한 유보통합을 추진하였다. 「정부조직법」 개정(2023.12.26.)에 따라 보건복지부의 보육 업무는 교육부로 이관되었으며 영유아의 교육적 성장과 배움을 체계적으로 지원하고, 과정 간 연계성 · 연속성을 고려한 「0~5세 영유아교육과정」 마련을 위해 3~5세 누리과정 연계 강화를 위한 0~2세 표준보육과정 개정안이 2024년 12월에 고시되었다.

〈표 4-1〉 표준보육과정의 변천

고시명칭(법령)	고시년도	주요내용
표준보육과정 (여성가족부 고시 제2007-1호)	2007년 1월	구성: 보육과정의 영역 및 연령별 구체적 보육내용, 교사지침 • 기본생활, 신체운동, 사회관계, 의사소통, 자연탐구, 예술경험의 6개 영역 • 만 2세 미만(3수준), 만 2세(2수준), 만 3~5세(4수준)
제2차 표준보육과정 (보건복지부 고시 제2012-28호)	2012년 2월	구성: 총론, 영역별 내용 • 기본생활, 신체운동, 사회관계, 의사소통, 자연탐구, 예술경험 • 만 2세 미만(4수준), 만 2세(2수준), 만 3~4세(2수준), • 5세 누리과정 별도 고시
제3차 어린이집 표준보육과정 (보건복지부 고시 제2013-8호)	2013년 1월	구성: 총론, 0~1세 보육과정, 2세 보육과정, 3~5세 보육과정(누리과정) • 0~1세 보육과정(4수준): 기본생활, 신체운동, 의사소통, 사회관계, 예술경험, 자연탐구 • 2세 보육과정(2수준): 기본생활, 신체운동, 의사소통, 사회관계, 예술경험, 자연탐구 • 3~5세 보육과정: 신체운동 · 건강, 의사소통, 사회관계, 예술경험, 자연탐구
제4차 어린이집 표준보육과정 (보건복지부 고시 제2020-75호)	2020년 4월	구성: 총론, 0~1세 보육과정, 2세 보육과정, 3~5세 보육과정 • 0~1세 보육과정, 2세 보육과정: 기본생활, 신체운동, 의사소통, 사회관계, 예술경험, 자연탐구 • 3~5세 누리과정: 신체운동 · 건강, 의사소통, 사회관계, 예술경험, 자연탐구
2024 개정 표준보육과정	2024년 12월	구성: 총론, 0~1세 보육과정, 2세 보육과정, 3~5세 보육과정 • 신체운동 · 건강, 의사소통, 사회관계, 예술경험, 자연탐구(연령 구분 없이 5개 영역 기술)

더 알아보기

누리과정의 변천과정

유치원의 교육과정은 1969년 유치원 교육과정이 고시된 이후 1998년 6차 유치원 교육과정에 이르기까지 수차례에 걸쳐 제정 · 고시되었습니다. 이후 급속한 사회 및 정책 변화와 함께 2007년, 2011년, 2012년 유치원 교육과정이 수시 개정의 형태로 고시되었으며 이를 통해 유치원과 어린이집의 공통 교육과정인 누리과정의 변천과정 또한 이해해 볼 수 있습니다.

〈표 4-2〉 누리과정의 변천과정

고시명칭(법령)	고시년도	주요내용
제1차 유치원교육과정 (문교부령 제207호)	1969년 2월	• 생활 · 경험 중심 • 생활영역(건강, 사회, 자연, 언어, 예능)
제2차 유치원교육과정 (문교부 고시 제424호)	1979년 3월	• 생활 · 경험 · 놀이 중심 • 인지 발달 교육 강조 • 발달영역(사회 · 정서 발달, 인지발달, 언어발달, 신체 발달 및 건강 영역)
제3차 유치원교육과정 (문교부 고시 제442호)	1981년 12월	• 활동 중심, 놀이 중심의 개별화 교육 • 유아 발달영역(신체발달, 정서발달, 언어발달, 인지발달, 사회성 발달 영역)
제4차 유치원교육과정 (문교부 고시 제87-9호)	1987년 6월	• 흥미 · 경험 · 놀이 중심 • 유아 발달영역(신체발달, 정서발달, 언어발달, 인지발달, 사회성 발달 영역)
제5차 유치원교육과정 (교육부 고시 제 1992-15호)	1992년 9월	• 기본생활습관 형성의 강조 • 수준별 교육과정 도입 • 발달영역과 생활영역의 통합(건강생활, 사회생활, 표현생활, 언어생활, 탐구생활)
제6차 유치원교육과정 (교육부 고시 제1998호)	1998년 6월	• 유아 중심 통합 교육과정 • 생활주제 중심의 통합적 운영 강조 • 발달영역과 생활영역 통합(건강생활, 사회생활, 표현생활, 언어생활, 탐구생활)

고시명칭(법령)	고시년도	주요내용
2007 개정 유치원교육과정 (교육인적자원부 고시 제2007-153호)	2007년 12월	• 전인적 성장 발달에 행복 추구 포함 강조 • 일상생활과 놀이 속에서 통합교육 강조 • 건강생활, 사회생활, 표현생활, 언어생활, 탐구생활
5세 누리과정 (교육과학기술부 고시 제2011-30호)	2011년 9월	• 기본생활습관과 창의·인성교육을 전 영역에서 강조 • 기존 교육과정과 어린이집 표준보육과정 중 5세 유아에게 필요한 공통의 교육과정인 누리과정 고시 • 5세 누리과정: 신체운동·건강, 의사소통, 사회관계, 예술경험, 자연탐구 • 3~4세 유치원교육과정: 건강생활, 사회생활, 표현생활, 언어생활, 탐구생활
3~5세 연령별 누리과정 (교육과학기술부 고시 제2012-16호)	2012년 7월	• 유치원과 어린이집으로 이원화되어 있는 교육·보육과정 통합 • 3~5세 유아의 발달특성을 고려하여 연령별 구성 • 신체운동·건강, 의사소통, 사회관계, 예술경험, 자연탐구
2019개정 누리과정 (교육부 고시 제2019-289호)	2019년 7월	• 3~5세 유아를 위한 국가 수준의 공통 교육과정 • 유아 중심·놀이 중심 교육과정 강조 • 신체운동·건강, 의사소통, 사회관계, 예술경험, 자연탐구

출처: https://www.archives.go.kr/next/newsearch/listSubjectDescription.do?id=003245&sitePage=

3. 국가수준 0~2세 보육과정, 3~5세 보육과정(누리과정), 초등학교 교육과정의 연계

국가수준의 교육과정은 영유아부터 성인까지 전 생애에 걸친 교육의 체계를 구성한다. 특히 국가수준 0~2세 보육과정, 3~5세 보육과정(누리과정), 초등학교 교육과정은 영유아기와 아동기의 교육적 기반을 형성하는 핵심 과정으로, 각 단계 간 연계성이 교육의 효과를 높이는 데 중요한 역할을 한다.

국가수준 교육과정의 연계는 발달 단계별 학습의 연속성을 유지하며 중복되거나 단절된 교육 경험을 최소화할 수 있다. 또한 영유아의 발달 및 학습 속도에 따른 유연한 교육의 기회를 제공해 줄 수 있다.

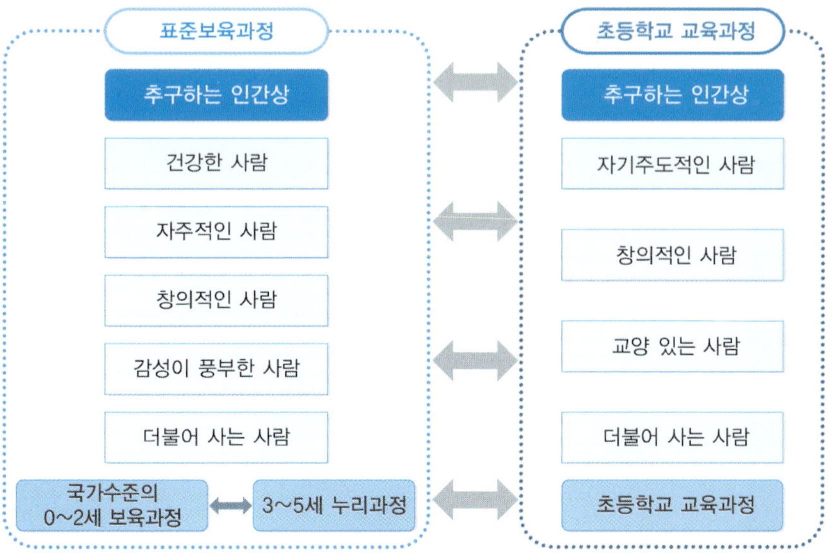

[그림 4-7] 표준보육과정과 초등학교 교육과정과의 연계

표준보육과정은 초등학교 교육과정과의 연계성을 강조하였다. 표준보육과정 내에서는 0~2세 보육과정 내용과 3~5세 유아의 경험이 분절되지 않고 자연스럽게 연계되도록 구성되었다. 또한 초등학교 교육과정과의 연계를 위하여 교육내용의 계열성을 포함하여 체계와 형식을 통일하여 구성하였다. 특히 추구하는 인간상, 목적과 목표 등에서는 초등학교 교육과정과 형식은 통일하되, 영유아기의 고유한 특성이 드러나도록 구성되었다. 3~5세 보육과정(누리과정) 5개 영역의 내용은 초등학교 교육내용을 상회하지 않도록 유의하여 구성하되, 3~5세의 경험과 초등학교 1학년에서의 경험이 단절되지 않고, 유아들이 순조롭게 전이하도록 하였다.

0~2세 보육과정, 3~5세 보육과정(누리과정), 초등학교 교육과정은 각각 고유한 목표와 특징을 가지고 있지만, 발달 단계에 따른 교육의 연속성을 유지하고 영유아의 학습 경험을 확장하기 위해 상호 연계되는 것이 중요하다. 특히 놀이 중심 학습과 발달 영역 간의 통합은 모든 단계에서 지속적으로 강조되어야 하며, 이를 통해 영유아부터 초등학생까지 전인 발달을 지원할 수 있을 것이다.

표준보육과정은 성격, 총론, 영역별 목표 및 내용으로 구성체계를 갖추고 있다. 이와 관련된 구체적인 내용은 다음 장에서 살펴보기로 한다.

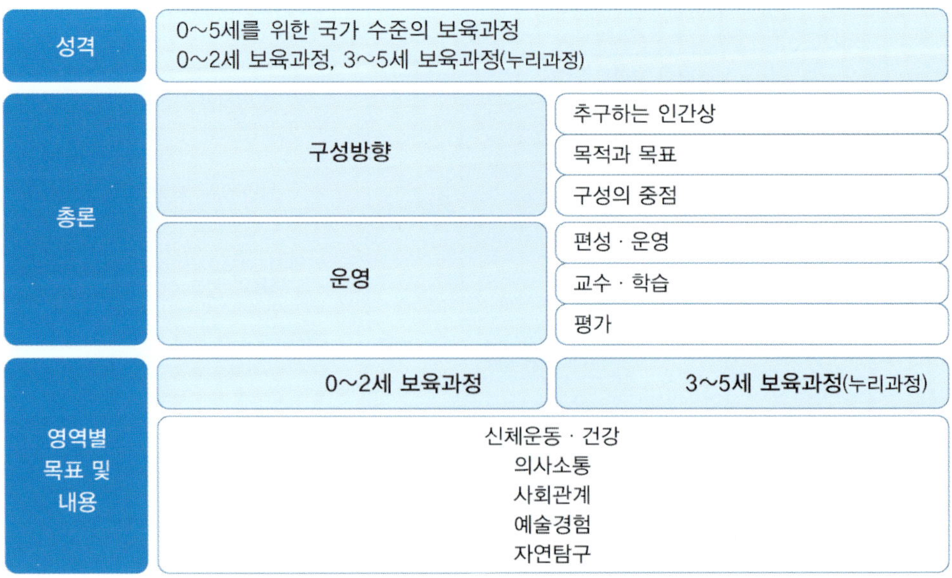

[그림 4-8] 표준보육과정의 구성 체계

Chapter 05

2024 개정 표준보육과정 총론

1. 표준보육과정의 성격
2. 표준보육과정의 구성 방향
3. 표준보육과정의 운영

학습목표

1. 표준보육과정의 성격을 설명할 수 있다.
2. 표준보육과정의 구성 방향을 탐구한다.
3. 표준보육과정의 편성 · 운영, 교수 · 학습, 평가를 이해한다.

주요 용어

총론 / 표준보육과정의 성격 / 추구하는 인간상 / 목적과 목표 / 구성의 중점 / 편성 · 운영 / 교수 · 학습 / 평가

1. 표준보육과정의 성격

표준보육과정은 총론에 앞서 표준보육과정의 성격을 제시하고 있다. 표준보육과정에서 제시되는 성격은 국가수준 보육과정의 구성체계 확립의 시작점이 된다. 여기에서는 2024 개정 표준보육과정 고시문을 중심으로 표준보육과정의 성격에 명시된 내용을 살펴보기로 한다.

표준보육과정의 성격

표준보육과정은 0~5세 영유아를 위한 국가수준의 보육과정이며, 0~1세 보육과정, 2세 보육과정, 3~5세 보육과정(누리과정)으로 구성한다.

가. 국가 수준의 공통성과 지역, 기관 및 개인 수준의 다양성을 동시에 추구한다.
나. 영유아의 전인적 발달과 행복을 추구한다.
다. 영유아 중심과 놀이 중심을 추구한다.
라. 영유아의 자율성과 창의성 신장을 추구한다.
마. 영유아, 교사, 원장, 부모 및 지역사회가 함께 실현해 가는 것을 추구한다.

Tip!!

2020년 제4차 어린이집 표준보육과정 이후 2024년 12월 0~2세의 보육과정이 일부 개정된 '2024 개정 표준보육과정'이 고시되었어요.
표준보육과정이 어떻게 달라졌는지, 개정 방향을 4가지 측면에서 알아보기로 해요.

첫째, 연령 체계 유지
현장의 혼란을 최소화하기 위해 연령 체계는 기존대로 0~1세와 2세로 구분한 것을 유지하였어요.

둘째, 영역 조정
2019 개정 누리과정과의 연계를 위해 기본생활, 신체운동 영역을 신체운동 · 건강 영역으로 통합하여 총 5개 영역으로 조정하였어요.

셋째, 영역별 목표 통합
교육과정 대강화 추세와 표준보육과정 목표에서 0~2세의 목표가 통합하여 제시되어 있는 것을 감안하여 영역별 목표는 0~1세와 2세를 통합하여 제시하였어요.

넷째, 내용 수정 최소화
교사가 이해하기 쉬운 용어로 수정하였어요. 발달적 구분이 모호한 부분은 교사가 실행하기 쉽도록 포괄적으로 기술하고, 현장의 혼란을 줄이기 위해 내용 수정을 최소화하였어요.

2. 표준보육과정의 구성 방향

표준보육과정의 총론은 표준보육과정의 구성 방향과 운영으로 구분하여 명시되어 있다. 여기에서는 표준보육과정의 구성 방향을 중심으로 세부 내용인 추구하는 인간상, 목적과 목표, 구성의 중점에 대해 알아보기로 하자.

1) 추구하는 인간상

표준보육과정이 추구하는 인간상은 다음과 같다.

추구하는 인간상

가. 건강한 사람
나. 자주적인 사람
다. 창의적인 사람
라. 감성이 풍부한 사람
마. 더불어 사는 사람

2) 목적과 목표

표준보육과정의 목적은 영유아가 놀이를 통해 심신의 건강과 조화로운 발달을 이루고 바른 인성과 민주 시민의 기초를 형성하는 데에 있다.

이를 실현하기 위한 목표는 다음과 같다.

0~2세 보육과정 목표	3~5세 보육과정 목표
1) 자신의 소중함을 알고 건강하고 안전한 환경에서 즐겁게 생활한다. 2) 자신의 일을 스스로 하고자 한다. 3) 호기심을 가지고 탐색하며 상상력을 기른다. 4) 일상에서 아름다움에 관심을 가지고 감성을 기른다. 5) 사람과 자연을 존중하고 소통하는 데 관심을 가진다.	1) 자신의 소중함을 알고 건강하고 안전한 생활 습관을 기른다. 2) 자신의 일을 스스로 해결하는 기초능력을 기른다. 3) 호기심과 탐구심을 가지고 상상력과 창의력을 기른다. 4) 일상에서 아름다움을 느끼고 문화적 감수성을 기른다. 5) 사람과 자연을 존중하고 배려하며 소통하는 태도를 기른다.

3) 구성의 중점

표준보육과정은 영유아가 개별적인 특성을 지닌 고유한 존재임을 전제로 다음 사항에 중점을 두고 구성한다.

가. 0~5세 모든 영유아에게 적용할 수 있도록 구성한다.
나. 추구하는 인간상 구현을 위한 지식, 기능, 태도 및 가치를 반영하여 구성한다.
다. 신체운동 · 건강, 의사소통, 사회관계, 예술경험, 자연탐구의 5개 영역을 중심으로 구성한다.
라. 0~5세 영유아가 경험해야 할 내용으로 구성한다.
마. 초등학교 교육과정과의 연계성을 고려하여 구성한다.

3. 표준보육과정의 운영

앞서 총론에서 제시된 표준보육과정의 구성 방향을 살펴보았다. 여기에서는 총론에 제시된 표준보육과정의 운영을 중심으로 세부 내용인 편성 · 운영, 교수 · 학습, 평가를 살펴보기로 한다.

1) 편성 · 운영

다음의 사항에 따라 표준보육과정을 편성 · 운영한다.

가. 각 기관의 운영 시간에 맞추어 편성한다.
나. 표준보육과정을 바탕으로 각 기관의 실정에 적합한 계획을 수립하여 운영한다.
다. 하루일과에서 바깥놀이를 포함하여 영유아의 놀이가 충분히 이루어지도록 편성하여 운영한다.
라. 성, 신체적 특성, 장애, 종교, 가족 및 문화적 배경 등에 차별이 없도록 편성하여 운영한다.
마. 영유아의 발달과 장애 정도에 따라 조정하여 운영한다.
바. 가정과 지역사회와의 협력과 참여에 기반하여 운영한다.
사. 교사 연수를 통해 표준보육과정의 운영을 개선할 수 있도록 한다.

2) 교수 · 학습

교사는 다음 사항에 따라 영유아를 지원한다.

가. 영유아가 흥미와 관심에 따라 놀이에 자유롭게 참여하고 즐기도록 한다.
나. 영유아가 놀이를 통해 배우도록 한다.
다. 영유아가 다양한 놀이와 활동을 경험할 수 있도록 실내외 환경을 구성한다.
라. 영유아와 영유아, 영유아와 교사, 영유아와 환경 사이에 능동적인 상호작용이 이루어지도록 한다.
마. 5개 영역의 내용이 통합적으로 영유아의 경험과 연계되도록 한다.
바. 개별 영유아의 요구에 따라 휴식과 일상생활이 원활히 이루어지도록 한다.
사. 영유아의 연령, 발달, 장애, 배경 등을 고려하여 개별 특성에 적합한 방식으로 배우도록 한다.

3) 평가

평가는 다음 사항에 중점을 두고 실시한다.

가. 표준보육과정 운영의 질을 진단하고 개선하기 위해 평가를 계획하고 실시한다.
나. 영유아의 특성 및 변화 정도와 표준보육과정의 운영을 평가한다.
다. 평가의 목적에 따라 적합한 방법을 사용하여 평가한다.
라. 평가의 결과는 영유아에 대한 이해와 표준보육과정 운영 개선을 위한 자료로 활용할 수 있다.

Chapter 06

국가수준 0~2세 보육과정(0~1세 편)

1. 영역별 목표와 내용
2. 5개 영역의 통합적 배움

학습목표

1. 표준보육과정의 0~1세 영역별 목표 및 내용을 탐구한다.
2. 5개 영역의 영아의 경험을 이해하고 통합적 배움을 위한 교사 지원방법을 모색한다.

주요 용어

신체운동 · 건강 / 의사소통 / 사회관계 / 예술경험 / 자연탐구 / 통합적 배움

1. 영역별 목표와 내용

국가수준 0~2세 보육과정은 신체운동·건강, 의사소통, 사회관계, 예술경험, 자연탐구의 5개 영역으로 구성되어 있다. 여기에서는 0~2세 보육과정 중 0~1세 편을 중심으로 5개 영역의 목표와 내용을 살펴보기로 한다.

1) 신체운동 · 건강

(1) 목표

실내외에서 신체활동을 즐기고, 건강하고 안전한 일상생활을 경험한다.

1) 감각 경험과 신체활동을 즐긴다.
2) 건강한 일상생활을 경험한다.
3) 안전한 일상생활을 경험한다.

(2) 내용

내용범주	내용
신체활동 즐기기	• 다양한 감각을 경험한다. • 신체와 주변을 탐색한다. • 대소근육을 조절한다. • 기본 운동을 시도한다. • 실내외 신체활동을 즐긴다.
건강하게 생활하기	• 도움을 받아 몸을 깨끗이 한다. • 음식에 관심을 가진다. • 하루일과를 편안하게 경험한다. • 건강한 배변 습관을 갖는다.
안전하게 생활하기	• 안전한 상황에서 놀이하고 생활한다. • 안전한 상황에서 교통수단을 이용해 본다. • 위험하다는 말에 주의한다.

2) 의사소통

(1) 목표

일상생활에서 의사소통 능력을 기른다.

1) 일상생활에서 듣기와 말하기를 즐긴다.
2) 읽기와 쓰기에 관심을 가진다.
3) 책과 이야기에 재미를 느낀다.

(2) 내용

내용범주	내용
듣기와 말하기	• 표정, 몸짓, 말과 주변의 소리에 귀를 기울인다. • 상대방의 이야기를 들으면서 말소리를 낸다. • 표정, 몸짓, 말소리로 의사를 표현한다.
읽기와 쓰기에 관심 가지기	• 주변의 그림과 상징에 관심을 가진다. • 끼적이기에 관심을 가진다.
책과 이야기 즐기기	• 책에 관심을 가진다. • 말놀이와 이야기에 재미를 느낀다.

3) 사회관계

(1) 목표

나를 알아 가며, 더불어 생활하는 경험을 한다.

1) 나를 알고 긍정적으로 여긴다.
2) 함께 지내는 즐거움을 경험한다.

(2) 내용

내용범주	내용
나를 알고 존중하기	• 나의 고유함을 알아 간다. • 나의 욕구와 감정을 표현한다. • 나에게 친숙한 것을 안다.
더불어 생활하기	• 안정적인 애착을 형성한다. • 또래에게 관심을 가진다. • 다른 사람의 감정과 행동에 관심을 가진다. • 반에서 편안하게 지낸다.

4) 예술경험

(1) 목표

아름다움을 느끼고 즐긴다.

1) 자연과 생활에서 아름다움을 경험한다.
2) 자유롭게 예술 표현을 한다.

(2) 내용

내용범주	내용
아름다움 찾아보기	• 자연과 생활에서 아름다움을 느낀다. • 예술에서 아름다움을 느낀다.
창의적으로 표현하기	• 소리와 리듬, 노래로 표현한다. • 움직임으로 표현한다. • 다양한 미술 재료를 경험한다. • 모방하기를 즐긴다.

5) 자연탐구

(1) 목표

주변 환경과 자연을 탐색하는 과정을 즐긴다.

1) 일상에서 탐색하는 과정을 즐긴다.
2) 주변 환경에 관심을 가지고 탐색한다.
3) 생명과 자연에 관심을 가진다.

(2) 내용

내용범주	내용
탐구과정 즐기기	• 주변 환경과 자연에 대해 호기심을 가진다. • 사물과 자연 탐색하기를 즐긴다.
생활 속에서 탐구하기	• 친숙한 물체를 감각으로 탐색한다. • 일상에서 수에 관심을 가진다. • 공간과 모양을 탐색한다. • 규칙성을 경험한다.
자연과 더불어 살기	• 주변의 동식물에 관심을 가진다. • 날씨의 변화를 느낀다.

2. 5개 영역의 통합적 배움

가장 어린 학습자로서 0~1세 영아는 일상생활과 놀이를 통해 스스로 배움을 만들어 가는 힘을 가지고 있다. 교사는 표준보육과정에 포함된 각 영역의 내용이 0~1세 영아가 놀이를 하며 통합적으로 경험하는 것임을 이해해야 한다. 여기에서는 각 영역의 내용을 0~1세 영아의 경험과 연계하는 방식의 예를 살펴보기로 한다.

영아가 만들어 가는 보육과정에서 배움 읽기는 영아의 놀이를 기록하는 것에서 한 발 더 나아가, 영아의 배움을 5개 영역과 연결지으며 보육과정에서 보육내용을 실행해 가는 주요한 과정이 된다. 교사는 표준보육과정 5개 영역의 내용을 참고하여 0~1세 영아의 일상생활과 놀이에서의 경험에서 배움을 읽어 나가야 한다(교육부, 육아정책연구소, 2024).

■ 5개 영역에서 두드러진 내용을 선택하여 배움 읽기

사례 1 ○○의 양말 벗기(2~3개 영역으로 배움 읽기)

○○이는 아침에 등원하여 익숙한 자신의 서랍장을 찾아 여유롭게 양말을 벗어 보기 시작하며, 하루일과를 반에서 편안하게 경험한다**(사회관계)**. 자신의 눈과 손을 협응하여 양말을 벗으며, 대소근육을 조절하고 신체활동을 즐기고 있다. 손가락으로 양말을 움켜쥐며 손끝에 느껴지는 다양한 감각을 알아 가고 발과 양말이 가지는 물질적 특성을 감각으로 익히고 있다**(신체운동 · 건강)**. 양말의 촉감, 늘어나는 천을 탐색하며 양말이라는 사물을 탐색하는 것을 점차 즐기고, 자신에게 일상생활 속에서 가장 친숙한 물체 중의 하나인 양말을 매일 탐구하며 알아 가고 있다**(자연탐구)**.

■ 5개 영역을 통합적으로 배움 읽기

사례 2 두둥 ~ 소리야 진동이야?

친구들이 아직 많이 도착하지 않은 이른 아침 등원한 ○○이는 한가롭게 큰 교실 이곳저곳을 교사와 함께 즐겁게 걸어다닌다. 그러다 스피커 앞쪽에 멈춰 서서 종이벽돌 블록을 만지작거린다. 스피커를 가만히 응시하다가, 갑자기 자신의 귀를 가만히 스피커 앞에 대어 본다. 그 모습을 바라보던 △△이도 ○○이 옆에 다가가서 가만히 자신의 귀를 대어 본다.

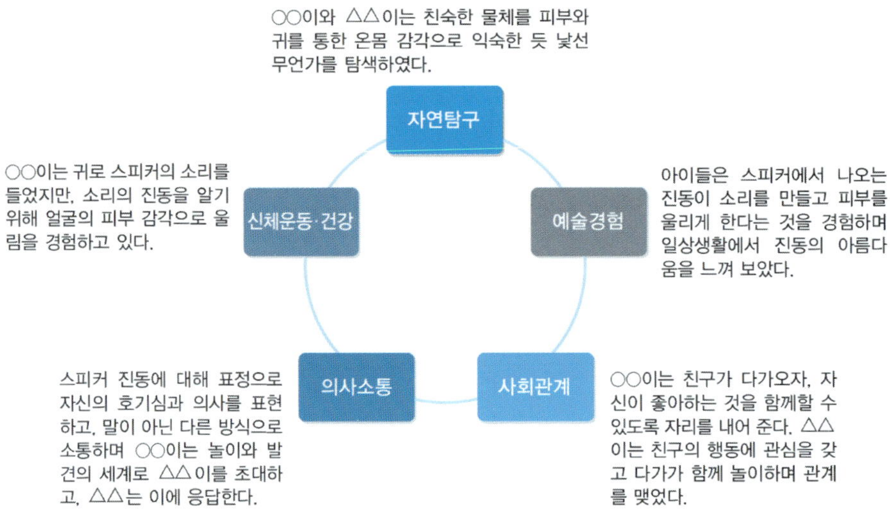

Chapter 07

국가수준 0~2세 보육과정(2세 편)

1. 영역별 목표와 내용
2. 5개 영역의 통합적 배움

학습목표

1. 표준보육과정의 2세 영역별 목표 및 내용을 탐구한다.
2. 5개 영역의 영아의 경험을 이해하고 통합적 배움을 위한 교사 지원방법을 모색한다.

주요 용어

신체운동 · 건강 / 의사소통 / 사회관계 / 예술경험 / 자연탐구 / 통합적 배움

1. 영역별 목표와 내용

국가수준 0~2세 보육과정은 신체운동 · 건강, 의사소통, 사회관계, 예술경험, 자연탐구의 5개 영역으로 구성되어 있다. 여기에서는 0~2세 보육과정 중 2세 편을 중심으로 5개 영역의 목표와 내용을 살펴보기로 한다.

1) 신체운동 · 건강

(1) 목표

실내외에서 신체활동을 즐기고, 건강하고 안전한 일상생활을 경험한다.

1) 감각 경험과 신체활동을 즐긴다.
2) 건강한 일상생활을 경험한다.
3) 안전한 일상생활을 경험한다.

(2) 내용

내용범주	내용
신체활동 즐기기	• 다양한 감각을 경험한다. • 신체를 인식하고 움직인다. • 대소근육을 조절한다. • 기본 운동을 즐긴다. • 실내외 신체활동을 즐긴다.
건강하게 생활하기	• 자신의 몸과 주변을 깨끗이 해 본다. • 음식을 즐겁게 먹는다. • 하루일과를 즐겁게 경험한다. • 건강한 배변 습관을 갖는다.
안전하게 생활하기	• 안전하게 놀이하고 생활한다. • 안전한 상황에서 교통수단을 이용해 본다. • 위험한 상황에 대처하는 방법을 경험한다.

2) 의사소통

(1) 목표

일상생활에서 의사소통 능력을 기른다.

1) 일상생활에서 듣기와 말하기를 즐긴다.
2) 읽기와 쓰기에 관심을 가진다.
3) 책과 이야기에 재미를 느낀다.

(2) 내용

내용범주	내용
듣기와 말하기	• 표정, 몸짓, 말에 주의를 기울여 듣는다. • 상대방의 이야기를 듣고 말한다. • 자신의 요구와 느낌을 말한다.
읽기와 쓰기에 관심 가지기	• 주변의 그림과 상징에 관심을 가진다. • 끼적이며 표현하기를 즐긴다.
책과 이야기 즐기기	• 책에 관심을 가지고 상상한다. • 말놀이와 이야기에 재미를 느낀다.

3) 사회관계

(1) 목표

나를 알아 가며, 더불어 생활하는 경험을 한다.

1) 나를 알고 긍정적으로 여긴다.
2) 함께 지내는 즐거움을 경험한다.

(2) 내용

내용범주	내용
나를 알고 존중하기	• 나의 고유함을 알아간다. • 나의 욕구와 감정을 표현한다. • 내가 좋아하는 것을 해 본다.
더불어 생활하기	• 가족에게 관심을 가진다. • 또래와 함께 놀이한다. • 다른 사람의 감정과 행동에 관심을 가진다. • 지켜야 할 약속이 있음을 안다.

4) 예술경험

(1) 목표

아름다움을 느끼고 즐긴다.

1) 자연과 생활에서 아름다움을 경험한다.
2) 자유롭게 예술 표현을 한다.

(2) 내용

내용범주	내용
아름다움 찾아보기	• 자연과 생활에서 아름다움을 느낀다. • 예술에서 아름다움을 느낀다.
창의적으로 표현하기	• 익숙한 노래와 리듬을 표현한다. • 움직임과 춤으로 표현한다. • 다양한 미술 재료와 도구로 표현한다. • 상상놀이를 한다.

5) 자연탐구

(1) 목표

주변 환경과 자연을 탐색하는 과정을 즐긴다.

1) 일상에서 탐색하는 과정을 즐긴다.
2) 주변 환경에 관심을 가지고 탐색한다.
3) 생명과 자연에 관심을 가진다.

(2) 내용

내용범주	내용
탐구과정 즐기기	• 주변 환경과 자연에 대해 호기심을 가진다. • 사물과 자연 탐색하기를 즐긴다.
생활 속에서 탐구하기	• 친숙한 물체를 감각으로 탐색한다. • 일상에서 수에 관심을 가진다. • 공간과 모양을 탐색한다. • 규칙성에 관심을 가진다. • 사물을 같고 다름에 따라 구분한다. • 생활 도구에 관심을 가진다.
자연과 더불어 살기	• 주변의 동식물에 관심을 가진다. • 날씨와 계절의 변화를 느낀다.

2. 5개 영역의 통합적 배움

2세 영아 또한 놀이와 일상생활에서 보육과정 5개 영역을 직접 경험하며 보육과정을 만들어 가는 능동적인 학습자이다. 여기에서는 각 영역의 내용을 2세 영아의 경험과 연계하는 방식의 예를 살펴보기로 한다(교육부, 육아정책연구소, 2024).

■ 일상생활에서 2세 영아의 경험과 배움 읽기

사례 1 너와 나는 옆자리

○○이와 △△이는 눈을 마주치고 조용히 키득거린다. ○○이가 △△이를 향해서 한 손을 뻗고 손을 흔들자 △△이가 ○○이의 손을 잡는다.

평소에 친하게 지내던 ○○이와 △△가 우연히 옆자리에 눕게 되었다. 서로 마주보며 △△이는 손을 뻗어 좋아하는 마음을 표현하고(**친구와 사이좋게 지낸다–더불어 생활하기**). ○○이도 △△이의 손을 잡아 △△이의 마음을 알고 반응한다(**표정, 몸짓, 말에 주의를 기울여 듣는다–듣기와 말하기**). ○○와 △△이는 또래와 친밀한 관계를 맺기 위해서 다양하게 표현하는 방법을 알아 가고 있다(**다른 사람의 감정과 행동에 관심을 가진다–더불어 생활하기**). 낮잠 시간을 심신의 휴식뿐만 아니라 좋아하는 사람과 함께 보내며 편안함을 느끼는 시간으로 만들고 있다(**하루일과를 즐겁게 경험한다–건강하게 생활하기**).

■ 놀이에서 2세 영아의 경험과 배움 읽기

사례 2 곤충 놀이

○○이는 곤충 모형을 가지고 상상을 통해 다양한 상황(어린이집에서 정리하기, 노래 부르기, 식사하기 등의 상황)을 지어내고(**상상놀이를 한다–창의적으로 표현하기**), 지어낸 상황에 맞게 이야기 짓는 것을 즐기고 있다(**말놀이와 이야기에 재미를 느낀다–책과 이야기 즐기기**). 이야기를 이어가는 중간중간에, 선생님과 또래와 함께 불렀던 노래를 부르며 곤충 모형을 리듬에 맞추어 움직이기도 한다(**익숙한 노래와 리듬을 표현한다–창의적으로 표현하기**). ○○이는 선생님이 자신의 놀이를 보고 있다는 것을 알아차리고, 어떤 놀이를 하고 있는지를 선생님에게 설명한다(**자신의 요구와 느낌을 말한다–책과 이야기 즐기기**).

Chapter 08

국가수준 3~5세 보육과정(누리과정)

1. 영역별 목표와 내용
2. 5개 영역의 통합적 이해

학습목표

1. 표준보육과정의 3~5세 영역별 목표 및 내용을 탐구한다.
2. 5개 영역의 유아의 경험을 이해하고 통합적 배움을 위한 교사 지원방법을 모색한다.

주요 용어

신체운동 · 건강 / 의사소통 / 사회관계 / 예술경험 / 자연탐구 / 통합적 배움

1. 영역별 목표와 내용

국가수준 3~5세 보육과정(누리과정)은 신체운동 · 건강, 의사소통, 사회관계, 예술경험, 자연탐구의 5개 영역으로 구성되어 있다. 여기에서는 5개 영역의 목표와 내용을 중심으로 살펴보기로 한다.

1) 신체운동 · 건강

(1) 목표

실내외에서 신체활동을 즐기고, 건강하고 안전한 생활을 한다.

1) 신체활동에 즐겁게 참여한다.
2) 건강한 생활습관을 기른다.
3) 안전한 생활습관을 기른다.

(2) 내용

내용범주	내용
신체활동 즐기기	• 신체를 인식하고 움직인다. • 신체 움직임을 조절한다. • 기초적인 이동운동, 제자리 운동, 도구를 이용한 운동을 한다. • 실내외 신체활동에 자발적으로 참여한다.
건강하게 생활하기	• 자신의 몸과 주변을 깨끗이 한다. • 몸에 좋은 음식에 관심을 가지고 바른 태도로 즐겁게 먹는다. • 하루일과에서 적당한 휴식을 취한다. • 질병을 예방하는 방법을 알고 실천한다.
안전하게 생활하기	• 일상에서 안전하게 놀이하고 생활한다. • TV, 컴퓨터, 스마트폰 등을 바르게 사용한다. • 교통안전 규칙을 지킨다. • 안전사고, 화재, 재난, 학대, 유괴 등에 대처하는 방법을 경험한다.

2) 의사소통

(1) 목표

일상생활에 필요한 의사소통 능력과 상상력을 기른다.

1) 일상생활에서 듣고 말하기를 즐긴다.
2) 읽기와 쓰기에 관심을 가진다.
3) 책이나 이야기를 통해 상상하기를 즐긴다.

(2) 내용

내용범주	내용
듣기와 말하기	• 말이나 이야기를 관심 있게 듣는다. • 자신의 경험, 느낌, 생각을 말한다. • 상황에 적절한 단어를 사용하여 말한다. • 바른 태도로 듣고 말한다. • 고운 말을 사용한다.
읽기와 쓰기에 관심 가지기	• 말과 글의 관계에 관심을 가진다. • 주변의 상징, 글자 등의 읽기에 관심을 가진다. • 자신의 생각을 글자와 비슷한 형태로 표현한다.
책과 이야기 즐기기	• 책에 관심을 가지고 상상하기를 즐긴다. • 동화, 동시에서 말의 재미를 느낀다. • 말놀이와 이야기 짓기를 즐긴다.

3) 사회관계

(1) 목표

자신을 존중하고 더불어 생활하는 태도를 가진다.

1) 자신을 존중하고 더불어 생활하는 태도를 가진다.
2) 다른 사람과 사이좋게 지낸다.
3) 우리가 사는 사회와 다양한 문화에 관심을 가진다.

(2) 내용

내용범주	내용
나를 알고 존중하기	• 나를 알고 소중히 여긴다. • 나의 감정을 알고 상황에 맞게 표현한다. • 내가 할 수 있는 것을 스스로 한다.
더불어 생활하기	• 가족의 의미를 알고 화목하게 지낸다. • 친구와 서로 도우며 사이좋게 지낸다. • 친구와의 갈등을 긍정적인 방법으로 해결한다. • 서로 다른 감정, 생각, 행동을 존중한다. • 친구와 어른께 예의 바르게 행동한다. • 약속과 규칙의 필요성을 알고 지킨다.
사회에 관심 가지기	• 내가 살고 있는 곳에 대해 궁금한 것을 알아본다. • 우리나라에 대해 자부심을 가진다. • 다양한 문화에 관심을 가진다.

4) 예술경험

(1) 목표

아름다움과 예술에 관심을 가지고 창의적 표현을 즐긴다.

1) 자연과 생활 및 예술에서 아름다움을 느낀다.
2) 예술을 통해 창의적으로 표현하는 과정을 즐긴다.
3) 다양한 예술 표현을 존중한다.

(2) 내용

내용범주	내용
아름다움 찾아보기	• 자연과 생활에서 아름다움을 느끼고 즐긴다. • 예술적 요소에 관심을 갖고 찾아본다.
창의적으로 표현하기	• 노래를 즐겨 부른다. • 신체, 사물, 악기로 간단한 소리와 리듬을 만들어 본다. • 신체나 도구를 활용하여 움직임과 춤으로 자유롭게 표현한다. • 다양한 미술 재료와 도구로 자신의 생각과 느낌을 표현한다. • 극놀이로 경험이나 이야기를 표현한다.
예술 감상하기	• 다양한 예술을 감상하며 상상하기를 즐긴다. • 서로 다른 예술 표현을 존중한다. • 우리나라 전통 예술에 관심을 갖고 친숙해진다.

5) 자연탐구

(1) 목표

탐구하는 과정을 즐기고, 자연과 더불어 살아가는 태도를 가진다.

1) 일상에서 호기심을 가지고 탐구하는 과정을 즐긴다.
2) 생활 속의 문제를 수학적, 과학적으로 탐구한다.
3) 생명과 자연을 존중한다.

(2) 내용

내용범주	내용
탐구과정 즐기기	• 주변 세계와 자연에 대해 지속적으로 호기심을 가진다. • 궁금한 것을 탐구하는 과정에 즐겁게 참여한다. • 탐구과정에서 서로 다른 생각에 관심을 가진다.
생활 속에서 탐구하기	• 물체의 특성과 변화를 여러 가지 방법으로 탐색한다. • 물체를 세어 수량을 알아본다. • 물체의 위치와 방향, 모양을 알고 구별한다. • 일상에서 길이, 무게 등의 속성을 비교한다. • 주변에서 반복되는 규칙을 찾는다. • 일상에서 모은 자료를 기준에 따라 분류한다. • 도구와 기계에 대해 관심을 가진다.
자연과 더불어 살기	• 주변의 동식물에 관심을 가진다. • 생명과 자연환경을 소중히 여긴다. • 날씨와 계절의 변화를 생활과 관련짓는다.

2. 5개 영역의 통합적 이해

교사는 유아가 5개 영역의 내용을 통합적으로 경험하며 추구하는 인간상을 향해 성장해 간다는 점을 이해해야 한다. 여기에서는 유아의 놀이 경험 사례에서 표준보육과정의 5개 영역의 내용이 어떻게 통합적으로 나타나는지 살펴보기로 한다(교육부, 보건복지부, 2019).

■ 유아의 경험을 누리과정 5개 영역의 내용과 연계하여 이해한 예

사례 1 지렛대와 날아가는 블록

'생활도구' 주제가 진행되며 '과학체험관'에서 지렛대를 보고 온 뒤 어느 날,
"이거 지렛대 놀이다!"
"이렇게 블록이 슝~ 날아가요."
교실 한 켠에서 한두 명의 유아가 지렛대를 만들어 블록 날리기를 시작하였다.
"아우, 깜짝이야! 갑자기 블록이 날아와 맞을 뻔했네"
"선생님, 얘네들이 블록을 날려서, 불편해요"

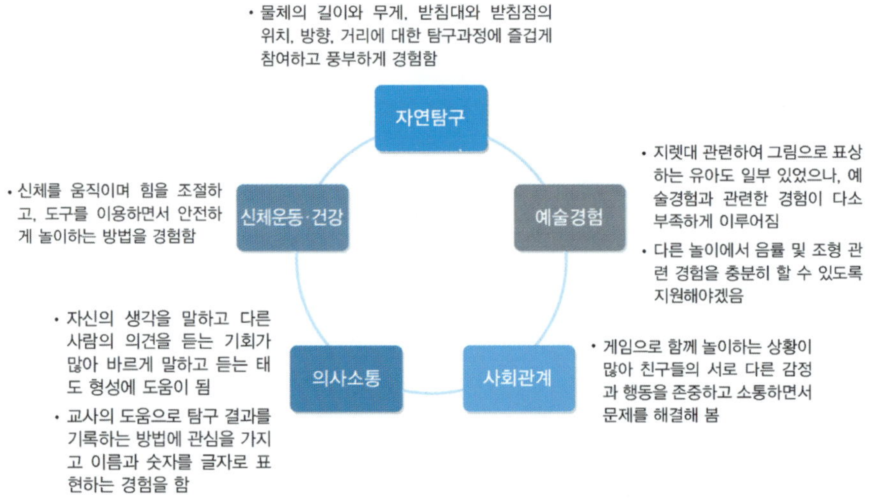

사례 2 종이컵 놀이, 해 봐야 알아요!

〈유아의 놀이 경험〉

보라반 교사는 주변에서 흔하게 볼 수 있는 종이컵을 수 · 조작 공간의 한 코너에 두었다. ○○이가 종이컵에 호기심을 갖고 종이컵을 탐색하면서 쌓아 보고, 색깔별로 분류하고, 종이컵을 더 높이 쌓다가 막대를 올려 보기도 하면서 새롭게 표현한다. 교구장에서 인형을 가져와서 댄싱 컵을 상상하기도 한다. ○○이의 종이컵 놀이는 이렇게 자연스럽게 변형되어 간다. ○○이는 계속 주변의 종이컵을 쌓았다가, 늘어뜨려 보았다가, 다시 쌓기를 반복하며 실험한다. 혼자서 놀던 ○○이의 종이컵 놀이에 △△이가 관심을 보인다. 수 · 조작 공간의 교구장에 있던 구슬을 종이컵 하나에 숨긴다. 이제 ○○이는 △△이와 종이컵 속 구슬 찾기 놀이를 한다. 혼자 놀던 ○○이와 △△이가 같이 놀고 있다.

유아는 자신이 주도하는 놀이에서 수학적, 과학적 방법으로 탐구하고 사회적 관계도 경험하고 있다.

유아는 종이컵을 가지고 충분히 놀이하면서 풍부한 아이디어로 다양한 실험을 한다. 혼자 놀다가 또 다른 유아와 함께 놀이한다. 만들고 싶은 것이 있으면 종이컵과 함께 다양한 재료를 실험한다. 그러다 도움이 필요하면 교사에게 도움을 요청한다. 사람과 사람의 만남, 다양한 재료 그리고 교사의 지원 등이 얽혀서 다채로운 종이컵 놀이가 진행되었다.

옆 반 파란반 교사는 종이컵으로 이렇게 다양하게 놀 수 있다는 사실이 신기했고, 우리 반에서는 어떠한 놀이가 이루어질지 궁금했다. 그래서 다양한 색깔의 더 많은 종이컵을 교실 전체 공간에 두었다. 그리고 나서 유아가 만들어 가는 종이컵 놀이를 지켜보았다. 그 날은 교실 전체가 다양한 종이컵 놀이로 유아들이 신이 났다.

유아는 종이컵 따먹기 놀이를 하고, 종이컵으로 머리띠, 팔찌도 만든다. 한쪽 공간에서는 종이컵에 공 넣기 게임을 한다. 교실의 제일 넓은 공간에는 종이컵 울타리가 만들어지고 있다. 유아는 종이컵으로 원을 만들고 그 제한된 공간에 여러 명이 들어가서 울타리를 넘지 않도록 자신의 신체를 조절하며 협력한다. 이렇게 유아는 주변의 재료를 활용해서 하고 싶은 놀이를 자유롭게 만들어 가며 몰입한다. 규칙을 만들고 공유하면서 종이컵 놀이는 더욱 다채롭고 풍요로워진다. 게임 규칙을 생성하고 규칙을 바꿔 가면서 놀이는 변화하고 더욱 다양하고 정교해진다. 그 과정에서 교사에게 도움을 요청하기도 하고 친구와 협력하기도 한다.

종이컵 하나로 이렇게 다양한 놀이가 나타났듯이 놀이는 해 봐야 그 과정에서 어떤 놀이인지, 어떤 놀이가 되어 갈지 알 수 있다. 유아는 놀이하면서 또래와 만나고 사회적 관계를 배워 간다. 놀이를 할 때 유아는 유연하고 인내심이 있으며 긴장감이 덜하고 허용적이다. 왜냐하면 놀이는 재미난 것이니까. 풍부한 아이디어로 다양한 재료를 가지고 놀면서 놀이는 다채롭고 풍요로워진다.

〈교사의 놀이 이해〉

교사는 종이컵 놀이가 점차 다채로운 놀이가 되어 가는 것을 알았다. 유아는 종이컵을 어떻게 가지고 놀지 목적을 먼저 정하고 놀이하는 것이 아니라 혼자 혹은 같이 다양한 지식을 활용하고 다른 유아와 협력하면서 놀이를 만들어 가며, 교사의 생각을 넘어서는 다양한 놀이를 생성한다는 것을 알게 되었다.

사회관계	나를 알고 존중하기 → 내가 할 수 있는 것을 스스로 한다. 더불어 생활하기 → 친구와의 갈등을 긍정적인 방법으로 해결한다. 더불어 생활하기 → 서로 다른 감정, 생각, 행동을 존중한다. • 유아는 종이컵을 가지고 자신의 생각대로 자유롭게 놀이한다. 유아는 '선을 넘지 말자.', '종이컵 동그라미 밖으로 나가면 안 돼.' 등의 규칙과 질서를 스스로 만들어서 놀이 중에 생기는 갈등을 긍정적으로 해결한다. 유아는 놀이하면서 놀이 규칙을 만드는 과정에서 서로의 감정, 생각 행동을 서로 존중한다.
예술경험	창의적으로 표현하기 → 다양한 미술 재료와 도구로 자신의 생각과 느낌을 표현한다. • 유아는 종이컵과 다른 재료들을 활용하여 댄싱 컵, 게임 도구(구슬 찾기, 공 불기, 공 던지기), 울타리, 머리띠와 팔찌 등을 만들며 자신의 생각과 느낌을 표현한다.
자연탐구	탐구과정 즐기기 → 궁금한 것을 탐구하는 과정에 즐겁게 참여한다. 생활 속에서 탐구하기 → 물체의 특성과 변화를 여러 가지 방법으로 탐색한다. • 유아는 종이컵으로 만들고 꾸미는 놀이를 하면서 다양한 재료와 도구를 탐색해 간다. 유아는 종이컵을 자르고 종이컵 안에 스티로폼 공을 넣는 등 탐구과정에 적극적으로 참여하며 종이컵, 스티로폼 공의 특성을 알아 간다. 또 종이컵을 쌓거나 한 줄로 나열하고 색깔별로 분류하면서 물체의 특성과 변화를 여러 가지 방법으로 탐색한다.

PART 4

보육과정 운영

생각열기

영유아들은 매일매일의 일상생활과 놀이 속에서 자신의 잠재능력을 발견하고 성장시키는 힘을 가진 유능한 존재입니다.

우리가 즐겨 보는 영화들 중에는 영유아가 주인공으로 등장하여 상상력이 가득한 세상에서 그들의 유능성을 나타내곤 합니다.

영화 '보스 베이비(The Boss Baby, 2017)'를 아시나요?

비즈니스맨처럼 행동하는 특별한 아기 주인공이 등장하는 애니메이션 영화로 어린이와 가족을 대상으로 하며 유머와 상상력을 바탕으로 한 이야기입니다. 이 영화에는 보육과 관련된 몇 가지 중요한 주제들을 내포하고 있는데요. 그것은 바로 사회적 기술, 감정 조절, 창의성, 가족의 중요성, 문제해결 능력 등입니다. 이 영화에서는 이러한 관점을 아이들의 눈높이에서 다루고 있습니다.

어떤 장면에서 이러한 주제를 발견할 수 있을까요?

우리 함께 영화를 보고 토의해 볼까요?

Chapter 09

영아반 보육과정 운영

1. 영아반 보육과정의 특성
2. 영아반 보육과정 운영계획
3. 영아반 하루일과 운영
4. 영아반 놀이지원
5. 관찰기록과 평가

학습목표

1. 2024 개정 표준보육과정에서 제시하는 영아반 보육과정의 특성과 보육과정 운영계획을 이해한다.
2. 영아반의 하루일과 운영에 대해 알아본다.
3. 영아반 놀이지원에 대해 이해한다.
4. 영아반의 관찰기록과 평가방법에 대해 살펴본다.

주요 용어

만들어 가는 교육과정 / 배움 읽기 / 연간 보육계획안 / 월간 보육계획안 / 주간 보육계획안 / 일일 보육계획안 / 영아반 일과운영 / 놀이지원 / 관찰기록 / 평가

1. 영아반 보육과정의 특성

2024 개정 표준보육과정(0~2세)은 영아의 주도성과 놀이를 통한 배움을 강조하고, 영아가 발달단계에 따라 맞춤형으로 보육을 받을 수 있도록 설계되었다. 여기에서는 2024 개정 표준보육과정을 기초로 영아반 보육과정의 특성을 살펴보고자 한다(교육부, 육아정책연구소, 2024).

1) 학습자로서의 영아 이해

(1) 0~1세

0~1세 영아는 아주 어린 학습자이지만 매일매일 살아가며 성장하는 힘을 가지고 있다. 즉, 온몸으로 움직이고 탐색하여 모든 것에 호기심을 가지고 알아가는 과정에서 세상을 경험하는 유능성을 나타낸다. 매 순간 온몸으로 감각하고, 실험하고, 도전하고, 탐색하며, 배워 가는 어린 학습자로서의 영아에게 모든 것이 놀이이고 배움이다. 또한 가장 섬세한 감각으로 세상과 소통하고, 주변의 또래들과 놀잇감, 자연, 선생님과의 만남의 관계 속에서 세계를 배워 나간다. 일상에서 놀이를 통해 스스로 배움을 만들어 나가는 힘을 갖고 있는 영아들은 이미 유능한 학습자이고, 성장하는 힘을 가진 존재이다.

(2) 2세

2세 영아는 몸으로 배우고, 또래와 관계를 맺으며, 자신을 적극적으로 표현하면서 세상을 알아 나가는 능동적인 학습자이다. 일상 경험이 풍부해지는 시기이므로 가족과의 여행, 캠핑, 요리 등을 모방하며 경험을 이해해 나가고, 경험을 단순하게 그대로 따라하기보다는 자신의 경험을 변형하거나 확장해 나간다. 또한 놀이를 반복하는 가운데 차이와 새로움을 느끼며, 놀이를 계속 시도하면서 반복과 도전을 통해 놀이에 참여하면서 다양한 것들을 배워 나간다. 상상은 주변 세상을 표현하고 탐색하는 주된 방식으로, 영아들은 놀이를 통해 현실과 상상을 넘나들며 주변 세상을 알아 간다.

2) 영아반 보육과정의 특성

영아 보육과정은 영아 개별 특성에 따른 융통성을 많이 고려하기 때문에 어린이집에서 발생하는 다양한 상황에 따라 즉흥적으로 이루어지는 것으로 보일 수 있다. 그러나 다양한 영아들의 특성을 배려하면서도 모든 영아들에게 공통적으로 적용해야 하는 교육적 경험들을 조직해야 하기 때문에 다른 연령의 보육과정보다 좀 더 구체적이고 세부적인 계획과 운영이 요구된다(김지은 외, 2012). 이 시기의 영아들은 월령에 따라 발달수준에 차이가 크므로 운영 계획안을 작성할 때 개별성과 융통성을 모두 고려해야 한다. 또한 영아들이 등원하여 부모와의 분리를 잘 극복하고 영아들의 흥미와 관심을 고려하여 활기차게 생활할 수 있도록 영아들의 욕구가 반영되어야 한다(권수정 외, 2014).

국가수준의 표준보육과정에서 영아보육은 0~1세와 2세 보육과정에 해당되며, 다음과 같이 구성된다(서영숙 외, 2017).

0~1세 영아의 발달특성을 보육과정에 적용할 때 스스로 할 수 있는 능력과 자세를 갖추고, 양육활동이 교육적으로 올바른 태도를 형성할 수 있도록 도와주는 활동으로 전개되어야 한다. 즉, 낮잠 자기, 손 씻기, 간식 · 이유식 및 점심 먹기, 옷 입고 벗기 등 일상생활과 관련된 내용을 교육적으로 접근하여 올바른 생활습관을 기르도록 구성한다.

2세가 되면 자조기술이 더 발달하게 되는데 모든 것이 서툴지만 스스로 하겠다는 의지가 강하게 나타난다. 즉, 화장실 사용하기, 옷 입고 벗기, 먹고 씻기 등 성인이나 또래와의 상호작용과 같은 일련의 교류활동이 포함된다. 교사는 우연한 기회에서 시작된 활동이든, 계획하에서 시작된 활동이든 일상생활을 교육의 기회로 활용하고, 영아의 능력과 흥미, 관심이 무엇인지 면밀하게 관찰하고, 적절히 반응하며, 자발적인 놀이를 교육적 기회가 되도록 해야 한다.

영아를 위한 보육과정을 계획할 때는 표준보육과정을 포함하여 영아에게 적합한 경험을 개별 어린이집의 철학과 실정에 맞고, 즐겁고 편안한 보육내용을 경험할 수 있도록 재구성하여 영아의 발달과 안전을 긍정적으로 지원해야 한다.

영아보육과정의 특성을 살펴보면 다음과 같다(보건복지부, 2013).

- 영아의 생리적 요구를 반영한 일상적 양육에 기반을 둔다.
- 영아와 교사의 개별적 관계 중심 보육과정을 강조한다.
- 생애 첫 기관인 어린이집에서의 적응과정을 강조한다.
- 영아의 자발적 놀이가 가능한 흥미와 관심을 반영한 주제를 선정한다.
- 영아의 흥미와 발달적 특성을 반영한 주제의 반복, 확장, 심화가 이루어지도록 구성한다.
- 영아의 발달적 특성을 반영한 안전한 환경구성과 매일의 일과에서 놀이를 통해 안전교육을 경험하도록 보육과정에 반영한다.
- 혼합연령반은 구성원의 발달과 흥미를 고려하여 주제를 선정한다.
- 가정과 지역사회와의 협력에 기반하여 보육과정을 계획하도록 한다.

3) 2024 개정 표준보육과정에서 강조하는 영아반 보육과정

2024 개정 표준보육과정에서는 영아보육에 있어서 영아가 만들어 가는 보육과정과 영아 놀이에서 교사의 배움 읽기를 강조하고 있다. 이를 구체적으로 살펴보면 다음과 같다(교육부, 육아정책연구소, 2024).

(1) 영아가 만들어 가는 보육과정

- 영아는 놀이와 일상에서 5개 영역을 직접 경험하며 보육과정을 만들어 간다.
  영아는 주변의 다양한 놀잇감과 매체, 환경을 만나면서 자신의 방식으로 시도해 보는 경험을 통해 0~1세는 5개 영역의 40개, 2세는 42개 내용을 통합적으로 배우게 된다.
- 다양한 배움으로 자기만의 보육과정을 만들어 간다.
  모든 영아는 같은 공간과 같은 시간, 비슷한 놀이자료를 가지고 놀이하면서도 자신만의 방식으로 경험하고, 고유한 보육과정을 만들어 간다. 지원이가 경험하며 배우는 내용, 성현이가 경험하며 배우는 내용, 그리고 은지, 아영이, 경민이가 경험하며 배우는 내용은 각자 다르고 고유하다. 영아들은 각자 자신만의 보육과정을 만들어 가지만, 또한 홀로 배우는 학습자가 아니라 서로 영향을 주고받으며 '함께 배우는 학습자'이기도 하다.
- 모든 영아는 우리 반의 고유한 보육과정을 함께 만들어 간다.
  영아반에 함께 하는 모든 개별 영아는 만들어 가는 보육과정의 주체이며, 우리 반의 모든 영아가 다양한 경험을 통해 배워 가는 내용을 합하여 '우리 반의 만들어 가는 보육과정'이 된다.

(2) 영아 놀이에서 교사의 배움 읽기

영아가 만들어 가는 보육과정에서 배움 읽기는 영아의 놀이를 기록하는 것에서 한 발 더 나아가, 영아의 배움을 5개 영역과 연결지으며 보육과정에서 보육내용을 실행해 가는 주요한 과정이 된다. 보육내용의 실행력 강화를 위해서 영아의 놀이를 기록하는 것을 넘어서, 영아가 만들어 가는 보육내용인 배움 읽기로 나아갈 필요가 있다. 영아가 배우는 내용을 다양한 방식으로 읽어 가는 과정을 통해 교사는 영아의 배움을 지원하고 확장해 나가는 교육적 실천을 할 수 있다.

여기서 영아의 배움 읽기란 영아가 놀이와 일상생활에서 만들어 가는 배움을 이해하는 것이며, 영아의 놀이와 일상생활에서 배움을 지원하는 것을 말한다.

영아의 배움을 이해하고 지원하는 것은 교육적 실천이며, 보육과정 실행이라고 할 수 있다.

(3) 배움 읽기의 내용

배움 읽기는 다음과 같이 3가지 내용으로 구성된다.

[그림 9-1] 배움 읽기의 내용

첫째, 5개 영역으로 배움 읽기가 있다. 일상생활에서의 배움 읽기와 놀이에서의 배움 읽기로 구성된다.

- 일상생활에서 영아의 배움 읽기: 영아는 등원, 간식 및 식사, 낮잠, 배변 등의 일상생활에서도 놀이를 하고 있다. 영아의 일상생활에서 기본생활뿐 아니라 그 밖의 다른 배움도 읽을 수 있다.
- 놀이에서 영아의 배움 읽기: 영아가 만들어 가는 놀이 흐름을 알고, 영아가 놀이에서 어떤 배움을 만들어 가는지를 읽는 것을 포함한다.

둘째, 풍부한 배움 읽기가 있다. 표준보육과정은 영아가 놀이와 일상생활에서 경험해야 할 내용을 0~1세 40개, 2세 42개로 제시하고 있다. 영아는 이러한 내용을 넘어서는 다채롭고 풍요로운 배움을 만든다. 영아의 놀이와 일상생활에는 시도, 몰입, 끈기, 소속감, 자기조절력 등의 풍부한 배움이 나타난다.

마지막으로, 인간상을 향해 성장하는 영아의 배움 읽기가 있다.

영아는 놀이와 일상생활에서 5개 영역 40개(0~1세), 42개(2세)의 내용을 통합적으로 배우고, 배움을 축적해 간다. 5개 영역 내용의 배움은 영아가 건강하고, 자주적이고, 창의적이고, 감성이 풍부하며, 더불어 사는 사람으로 성장하도록 한다. 배움 읽기는 추구하는 인간상으로 향하는 영아의 성장을 이해하고, 지원하는 것이다.

2. 영아반 보육과정 운영계획

영아를 위한 보육계획을 수립할 때는 표준보육과정에서 제시하고 있는 연령별 보육목표와 내용을 근거로 영아의 흥미와 관심에 따라 주제와 놀이를 선정해야 한다. 영아의 상황과 흥미에 따라 융통성 있게 계획하여 연간 보육계획을 세우고, 이에 따라 월간 또는 주간, 일일 보육계획을 계획한다.

Tip!! **계획안은 어떻게 작성해야 할까요?**

만들어 가는 교육과정을 담은 계획안

영유아가 놀이, 일상 속에서 경험하고 있는 크고 작은 관심사와 배움을 계획안에 담아내기 위해서는 교사의 일방적인 계획에서 벗어나야 합니다.

교사의 사전계획은 최소화합니다.

영유아의 놀이상황을 반영하여 지원계획을 수립합니다.

영유아의 놀이 흐름에 따라 수시로 변경될 수 있습니다. (시기, 기간, 주제, 자료, 환경 등)

계획안에 지난 놀이를 기록하여 가정과 공유하는 매개체로 활용할 수 있습니다.

출처: 서울특별시육아종합지원센터(2022). 놀이 관찰과 기록.

1) 연간 보육계획

연간 보육계획은 영아의 연령, 발달수준, 계절, 지역사회의 특성 및 어린이집의 특수성 등을 고려하여 1년 동안 보육철학, 보육목표, 보육내용, 보육방향을 시기적으로 적절하게 전체적인 균형을 한눈에 볼 수 있도록 계획을 수립한다.

연간 보육계획 작성 시 고려점

- 영아들에게 가장 친숙하고 구체적이며 자주 경험하는 것에서부터 주제가 선정되어야 한다.
- 영아의 발달과 일상생활에 관련된 주제를 선정하고 1년 동안 진행되는 주제들이 서로 연관될 수 있도록 활동을 통합적으로 계획한다.
- 신입 영아가 있는 경우 언제든지 '낯설어요' 주제를 포함하여 계획하여 영아의 적응과 안정을 돕도록 계획한다.
- 월별로 주제를 선정하기보다는 개별 영아의 연령과 월령, 발달, 흥미에 따라 주제가 진행되는 순서와 기간을 융통성 있게 계획하고 운영하여 통합적인 활동이 자연스럽게 반복, 심화, 확장되도록 한다.
- 연령 간의 연계를 고려한다.

(1) 0세반 연간 계획안

0세 영아는 월령에 따라 발달수준의 차이가 크고, 상당히 다르기 때문에 연간 계획보다는 월령에 맞는 활동을 미리 몇 주 분량 준비해 두고, 영아의 관심에 따라 적절히 운영하는 것이 바람직하다(서영숙 외, 2017). 연간 보육계획안은 어린이집의 전체적인 보육 일정에 따라 진행되고, 실제적인 보육활동은 각 영아의 수준과 개별적인 생활리듬으로 계획을 수립하고, 운영하는 것이 적절하다.

0세반 연간 계획안 주제별 소주제를 예시하면 표 9-1과 같다(보건복지부, 2013).

〈표 9-1〉 0세 연간 보육계획 주제 및 소주제 예시

주제	소주제	주제	소주제
낯설어요	엄마와 함께 해요	놀이는 재미있어요 I	움직이는 놀잇감
	선생님을 만나요		구멍이 있는 놀잇감
	선생님을 만져 봐요		굴러가는 놀잇감
	선생님과 놀아요		까꿍 놀잇감
	익숙해졌어요		소리가 나는 놀잇감
느껴 보아요	씻으며 느껴요	놀이는 재미있어요 II	통 · 상자 놀이
	입으며 느껴요		헝겊 천 놀이
	먹으며 느껴요		공놀이
	놀며 느껴요		악기놀이
	자연을 느껴요		그릇놀이
움직여요	누워서 움직여요	좋아해요	마주 봐요
	앉아서 움직여요		안아 줘요
	기어요		같이 해 봐요
	서고 걸어요		함께 웃어요
	잡아 보아요		사랑해요

(2) 1세반 연간 계획안

1세 영아는 일상생활과 주변 환경의 변화, 영아의 흥미를 중심으로 주제를 선정하는데 무엇보다 어린이집 환경에 잘 적응할 수 있는 주제를 다루거나 교사와 신뢰로운 관계를 형성할 수 있고, 안정된 애착을 도울 수 있는 주제를 선정한다. 일상생활에서 느낄 수 있거나 놀이할 수 있는 것, 움직이는 것, 좋아하는 것이 무엇인지 관찰하여 주제로 활용한다. 대체로 자조능력을 도와주는 주제로는 손 씻기, 배변훈련, 혼자 음식 먹기, 깨끗이 하는 것 등을 스스로 할 수 있도록 습관을 기르는 데 초점을 둔다. 또한 처음으로 집을 떠나 어린이집이라는 새로운 환경에 적응할 수 있도록 영아 중심, 놀이 중심의 보육계획을 선정하고, 자신의 몸

을 중심으로 자아개념을 형성할 수 있도록 하는 내용을 주제로 선택해야 한다.

1세반 연간 계획안 주제별 소주제를 예시하면 표 9-2와 같다(보건복지부, 2013).

〈표 9-2〉 1세 연간 보육계획 주제 및 소주제 예시

주제	소주제
새로운 것이 낯설어요	어린이집에 왔어요
	만나고 친해져요
	우리 반에 무엇이 있을까요?
	밖으로 나가 보아요
느낄 수 있어요	만져 보아요
	살펴보아요
	들어 보아요
	맡아 보아요
	맛보아요
	온몸으로 느껴 보아요
놀이할 수 있어요	놀잇감은 재미있어요 1
	놀잇감은 재미있어요 2
	물놀이는 재미있어요
	까꿍놀이는 재미있어요

주제	소주제
나는 할 수 있어요	즐겁게 할 수 있어요
	말할 수 있어요
	찾을 수 있어요
움직이는 것이 재미있어요	바깥놀이는 재미있어요
	몸을 움직여요
	움직이게 할 수 있어요
좋아하는 놀이가 있어요	그림책으로 놀아요
	춤추고 놀이해요
	흉내 내요
	응가, 쉬 놀이가 좋아요
새로운 것도 좋아요	함께 놀아요
	선생님이 좋아요

(3) 2세반 연간 계획안

2세 영아는 0~1세에 비해 일상적 양육활동과 함께 놀이 활동의 비중이 커진다. 그러므로 2세를 위한 연간 주제는 2세의 발달특성과 발달과업을 반영하여 어린이집, 나, 가족, 친구로 관계를 확장해 나가고, 계절의 변화, 영아의 흥미를 반영하여 주제를 선정한다.

2세반 연간 계획안 주제별 소주제를 예시하면 표 9-3과 같다(보건복지부, 2013).

〈표 9-3〉 2세 연간 보육계획 주제 및 소주제 예시

주제	소주제
어린이집이 좋아요	나는 00반이에요
	엄마, 아빠와 헤어질 수 있어요
	우리 반 선생님과 친구들이에요
	재미있는 놀잇감이 있어요
	내가 좋아하는 놀잇감이에요
	편안하게 지내요
	안전하게 놀아요
봄나들이 가요	바깥놀이가 재미있어요
	안전하게 바깥놀이해요
	꽃구경은 즐거워요
	벌레가 꿈틀꿈틀해요
	봄나들이 갈까요
나는요	나는 000이에요
	내 몸을 살펴보아요
	나는 느껴요
	내가 좋아하는 것이 있어요
	혼자서도 잘해요
재미있는 여름이에요	날씨가 더워졌어요
	비가 많이 와요
	깨끗하게 씻어요
	물놀이가 재미있어요 1
	물놀이가 재미있어요 2
	여행을 가요
나는 가족이 있어요	엄마 아빠가 좋아요
	우리 가족을 흉내 내요 1
	우리 가족을 흉내 내요 2
	우리 가족을 소개해요 1
	우리 가족을 소개해요 2

주제	소주제
동물놀이해요	여러 가지 동물이 있어요
	엄마동물 아기동물
	동물처럼 소리를 내어 보아요
	동물처럼 움직여 보아요
	00반이 좋아하는 동물
	동물을 사랑해요
알록달록 가을이에요	가을이에요
	가을나들이
	단풍이 물들어요
	자연물로 놀이해요
	알록달록 색깔나라
	재미있는 그리기 나라
겨울과 모양을 즐겨요	여러 가지 모양이 있어요
	모양놀이해요
	즐거운 성탄이에요
	추워요
	따뜻하게 지내요
나는 친구가 있어요	내 친구가 좋아요
	친구와 함께하는 놀이가 있어요
	우리는 00살(설날)
	형 · 언니가 되었어요
	즐거웠던 우리 반이에요

2) 월간 · 주간 · 일일 보육계획

월간 · 주간 · 일일 보육계획은 어린이집의 보육철학, 가정과 지역사회의 특성, 영아의 발달수준과 요구 등을 반영하여 어린이집 및 반의 특성에 적합하게 계획안의 종류, 형식, 분량 등을 자율적이고, 융통성 있게 조정하여 수립할 수 있다. 이것은 월간 보육과 주간 보육, 주간 보육과 일일 보육을 통합하거나 어린이집과 담당 학급 특성에 따라 간단한 일지를 활용하여 작성할 수 있음을 의미한다.

더 알아보기

계획안 작성 원리

어린이집에서는 교사의 사전계획은 최소화하고 영유아의 놀이상황을 반영하여 지원계획을 수립하여야 합니다. 이때 **계획안의 종류, 형식, 분량 등을 자율적으로 조정**하여 작성할 수 있습니다.

- 반별 계획안은 월간, 주간, 일일 보육계획안 중 한 가지를 수립함.
- 영유아의 놀이는 영유아의 흥미와 요구에 따라 다르게 나타나고 변화할 수 있어야 하므로 반별로 계획하는 것이 효과적임.
- 영유아에게 익숙한 것, 영유아의 삶에서 경험하는 모든 것이 주제가 될 수 있음.
- 주제를 선정할 때는 영유아의 이전 흥미와 반응을 반영하여 선정함.
- 하루일과 계획: 충분한 놀이 시간과 휴식 시간을 고려하여 계획함.
  - 실내 자유놀이: 2시간 이상 계획하되 오전 1시간 이상
  - 바깥놀이: 만 0세–주 3회, 30분 이상
만 1~2세–매일 30분 이상
만 3~5세–매일 1시간 이상
  - 낮잠시간: 만 3세 이하(만 4세 이상은 필요시)
- 놀이명으로 계획하는 것이 익숙하나 영유아가 자유롭게 놀이하도록 교사의 사전계획은 최소로 하고 놀이자료, 공간 등으로 계획할 수 있음.
- 활동은 영유아가 놀이를 통한 배움을 확장해 갈 수 있도록 돕는 교사의 지원임.
  - 교사는 영유아의 놀이와 연계하여 동화, 이야기 나누기, 게임, 요리, 노래 등의 활동을 계획함.
  - 안전교육: 영아반의 경우 집단활동이 아닌 개별적으로 안내할 수 있도록 계획함.
  - 대집단활동: 영아반은 의도적인 대집단활동을 계획하지 않음.
유아반은 놀이 흐름에 따라 필요한 경우 계획할 수 있음.

출처: 서울특별시육아종합지원센터(2022). 놀이 관찰과 기록.

월간 · 주간 · 일일 보육은 영아가 활동할 내용을 미리 계획하여 안내하는 '계획→실행→평가' 방식에서 사전계획을 최소화하고 영아가 주도하여 놀이한 실제 내용과 배움 및 교사의 지원을 기록하는 '실행→평가→계획'으로 수립한다. 즉, 영아가 주도하는 놀이는 미리 계획하여 운영하기 어려우므로 놀이하며 경험한 내용을 중심으로 필요에 따라 안전과 관련된 사항, 영유아 특성에 따라 개별적으로 지원해야 하는 사항을 포함하여 자율적 형식으로 계획안을 기술한다.

(1) 월간 보육계획안

월간 보육은 연간 보육을 토대로 한 달 동안 이루어지는 보육내용으로 주간 보육과 통합하여 수립하거나 한 달 동안 영아들이 실행한 놀이와 배움, 교사의 지원 내용을 기록하는 월간 보육일지 형식으로 작성할 수 있다. 월간 보육은 영아의 특성을 고려하여 어린이집에서의 경험하게 되는 다양한 일과(등원 및 맞이하기, 일상생활, 놀이, 귀가 및 가정과의 연계, 안전교육, 어린이집 행사, 지역사회와의 연계 및 견학 등)를 포함한다. 일상생활은 영아의 월령별 특징을 고려하여 수유 및 이유식, 오전 · 오후 간식, 점심식사, 낮잠 및 휴식, 기저귀 갈기, 배변활동 등을 포함하여 기본생활이 자연스럽게 이루어지도록 구성한다. 놀이는 실내놀이, 바깥놀이로 구성하여 보육과정의 영역(신체운동 · 건강, 사회관계, 의사소통, 자연탐구, 예술경험)의 내용이 통합적으로 이루어지도록 한다.

예시 지난 달 유아들이 실제 놀이한 내용과 배움의 의미에 대한 기록을 포함하여 계획

월간 보육계획안(만 2세)

지난 달 놀이 내용을 포함한 월간 보육 계획안을 가정과 공유하는 자료로 활용

기간: 20○○년 ○○월 ○○일(월)~○○월 ○○일(금)

지난 달 놀이 이야기	 집 앞 놀이터에서 주워 온 도토리를 자랑하며 놀이가 시작되었어요. "이게 너네 집 앞에 있는 도토리나무에서 가져온 거야?" "나도 이렇게 큰 도토리 찾아보고 싶어." "선생님 우리 내일은 도토리 주울 수 있는 놀이터에 가 봐요." 아이들은 도토리가 떨어져 있는 놀이터를 '도토리 놀이터'라고 이름을 지었고, 바닥에 떨어진 도토리를 발견하였습니다. "진짜 도토리가 있다.", "내가 도토리를 이만큼이나 찾았어." "이렇게 큰 나뭇잎이 도토리 나뭇잎인가? 내 얼굴보다 크다." 아이들은 주변의 나뭇잎들을 모아 오며 도토리 나뭇잎에 대해 궁금해하였습니다.    도토리가 굴러가는 것을 발견한 아이들이 도토리를 굴리기 시작하였습니다. (직각으로 세운 벽돌블럭 2개+그 아래 바구니) "선생님 내가 자꾸 도토리를 굴리는데 왜 골인이 안되요? 내가 손으로 넣어야지만 골인이 된다구요." 교사가 미끄럼틀을 생각해 보는 것도 좋을 것 같아 "미끄럼틀을 타고 내려오는 길이 어떻게 생겼지?"하고 이야기해 주자 아이들은 반원·원형블럭으로 미끄럼틀 길을 만들기 시작하였습니다. "선생님 이제 길이가 길어져서 골인도 잘 돼요." 하며 점점 길게 이은 '도토리 미끄럼틀'을 만들었습니다. ○○반 교실에서는 도토리와 다양한 재료로 각도, 방향, 위치, 속도, 모양을 탐색하는 도토리 미끄럼틀 놀이가 계속되었습니다.
유아 경험의 이해	• 자신의 경험을 친구들과 공유하고, 아이들은 친구의 도토리에 관심을 가지고 탐색합니다. • 도토리를 찾으러 놀이터로 가자며 자신의 요구를 표현하고, 제안합니다. • 도토리를 탐색하며 굴러가는 도토리의 특성을 발견합니다. • 도토리를 굴리는 구조물을 만들었으나 굴러가는 것이 아니고 떨어지는 문제점을 발견합니다. 교사와 이야기를 나누며 굴러갈 수 있는 해결방법을 찾습니다.
놀이 지원	• 도토리가 떨어져 있는 놀이터에 가 보자는 아이들의 의견이 있어, 미리 답사를 다녀왔습니다. • 포털사이트에 '꽃이름 검색' 기능이 있어 아이들과 함께 검색해 볼 예정입니다.
예상 놀이	• 도토리를 굴려요 • 더 높은 곳에서 굴려요 • 굴러가는 것을 찾아요 • 미끄럼틀을 만들어요
지원계획	• 복도, 유희실로 미끄럼틀 만들기 장소 변화 • 벽돌블럭, 빅 와플블럭, 레고블럭, 우레탄블럭, 종이상자 • 미끄럼틀, 굴러가는 것과 관련된 노래 자료 • 실내 및 실외 놀이 연결 • 교실 내 공간 확대 • 구슬, 주사위, 공깃돌 등
학부모님과 함께할 내용	• 집 주변에서 자연물을 발견하면 함께 관찰해 주세요. 자연과 사물을 새롭게 발견할 때 칭찬과 격려를 해 주시면 자신감이 생기고 호기심이 증진됩니다. • 미끄럼틀, 도토리 등 주변의 사물과 자연물과 관련된 책을 보내 주세요. • 집 주변에 있는 식물과 열매의 이름을 알려 주세요.

['대림어린이집(21년 맞춤컨설팅 참여어린이집) 놀이사례' 재구성]

출처: 서울특별시육아종합지원센터(2022). 놀이 관찰과 기록.

(2) 주간 보육계획안

주간 보육은 연간 또는 월간 보육을 토대로 한 주 동안 진행할 놀이와 일상생활, 안전교육, 어린이집의 행사, 지역사회 연계 활동, 견학 등을 보다 자세하게 수립한다. 주간 보육은 월간 보육과 통합하거나 주간 보육과 일일 보육을 통합하여 수립할 수 있다. 주간 보육은 미리 주간 보육을 계획하지 않고, 일과를 운영하고 영아의 놀이의 상황이나 지원에 대한 내용으로 주간 보육일지 형식으로 작성할 수 있다. 영아의 특성을 고려하여 어린이집에서의 경험하게 되는 다양한 일과(등원 및 맞이하기, 일상생활, 놀이, 귀가 및 가정과의 연계, 안전교육, 어린이집 행사, 지역사회와의 연계 및 견학 등)를 포함한다. 주간 보육과 일일 보육을 통합하여 주간 보육일지 형식으로 작성할 경우, 하루일과 흐름에 따라 작성하거나 놀이와 일상으로 구분하여 영아가 실행한 놀이와 배움, 교사의 지원에 대한 내용을 기록하고, 놀이 평가를 통해 다음 주 예상 놀이 및 지원 계획을 수립하고 반영한다.

예시1 실내외 구분 없이 공간 및 자료를 중심으로 계획

놀이의 지속을 위해 융통성 있게 2주간으로 계획

주간 보육계획안(4월 3~4주)(만 1세)

기간: 20○○년 ○○월 ○○일(월)~○○월 ○○일(금)

공으로 놀아요.		
선정 이유		지난주 영아들이 유희실에서 볼풀장의 공을 던지고, 길게 세우고, 자동차에 싣고 다니는 등 공을 가지고 다양하게 놀이하는 것을 볼 수 있었습니다. 공으로 놀이하며 영아는 스스로 신체를 조절하며 자유롭게 움직이고, 친구들과 함께 하는 즐거운 경험을 할 수 있습니다.
기대하는 영아의 경험		• 안전한 상황에서 놀이하고 생활한다. • 대소근육을 조절하며 실내외 신체활동을 즐긴다. • 표정, 몸짓, 말소리로 의사를 표현한다. • 또래의 놀이에 관심을 보이고, 함께 즐긴다. • 주변 공간과 모양을 탐색한다.
계획(실내외)	놀이 공간	• 신체를 마음껏 움직일 수 있도록 교실의 교구장과 놀잇감을 줄이고 공간을 넓힌다. • 푹신한 매트를 충분히 준비하여 교실 바닥에 깐다. • 실외자유놀이시간을 늘린다. • 실외놀이 시 공을 충분히 준비한다.
	놀이 자료	• 다양한 크기의 공 • 농구골대 • 바구니(대, 소), 가방 • 그릇, 숟가락 • 담고 이동할 수 있는 자동차 등
안전교육		소방대피훈련
부모님께 전합니다.		신체를 많이 움직이는 놀이가 활발히 일어날 것으로 기대합니다. 몸을 편하게 움직일 수 있는 편한 옷과 운동화를 준비해 주세요.

지난주 영아의 흥미를 반영하여 주제 선정

출처: 서울특별시육아종합지원센터(2022). 놀이 관찰과 기록.

예시2 교사의 사전계획을 최소화하고 영역 구분 없이 계획

주간 보육계획안(만 0세)

기간: 20○○년 ○○월 ○○일(월)~○○월 ○○일(금)

움직여요.	
주요 경험	• 대소근육을 조절하며 기본 운동을 시도한다. • 표정, 몸짓, 말소리로 의사를 표현한다. • 반에서 편안하게 지낸다. • 주변 공간과 모양을 탐색한다.
예상놀이	• 범퍼 의자에서 앉았다 일어나기 • 선생님, 친구와 함께 기어가기 • 바깥놀이: 어린이집 놀이터 산책 (대체) 움직이는 공
주 놀이자료	• 범퍼의자, 쿠션 • 걸음마보조기 • 다양한 크기의 공 • 바구니(대, 소), 가방, 상자 • 담고 이동할 수 있는 자동차 등
안전교육	소방대피훈련
부모님께 전합니다.	신체를 많이 움직이는 놀이가 활발히 일어날 것으로 기대합니다. 몸을 편하게 움직일 수 있는 편한 옷과 운동화를 준비해 주세요.

표준보육과정을 기초로 예상되는 영아의 주요 경험을 선정하되, 관찰을 통해 영아의 개별적 흥미를 반영

출처: 서울특별시육아종합지원센터(2022). 놀이 관찰과 기록.

(3) 일일 보육계획안

일일 보육은 연간 또는 월간이나 주간 보육에 기초하여 하루일과 흐름의 시간대별로 작성하거나 일상과 놀이를 구분하여 다양한 보육일지 형식으로 작성할 수 있다. 일일 보육일지는 주간 보육과 통합하여 작성할 수 있다. 일일 보육은 일일 운영의 목표를 제시하기보다는 추구하는 인간상을 중심으로 이번 주 영아가 어떻게 지냈으면 하는지에 대한 교사의 기대 내용으로 기록할 수 있다. 일일 보육일지 내용은 등원 및 맞이하기, 일상생활, 놀이, 귀가 및 가정과의 연계, 안전교육, 어린이집 행사, 지역사회와의 연계 및 견학 등의 실행 내용을 구체적으로 작성한다. 일일 보육일지의 실행 및 평가 내용은 영아들의 관심의 시작과 그 관심의 시작이 다양한 놀이로 연계되거나 변화되는 과정의 놀이 상황 및 교사의 놀이지원 내용, 다음 놀이지원 계획과 반영으로 작성한다. 일일 보육일지는 교사가 영아의 경험을 미리 조직하기보다는 영아의 놀이를 관찰하고, 이를 지원하는 내용으로 작성한다. 교사는 필요에 따라 안전과 관련된 사항, 영아 특성에 따라 개별적으로 지원해야 하는 사항 등을 계획할 수 있다. 교사의 지원 내용은 모든 놀이나 일상을 지원하는 계획을 수립하는 것이 어려우므로 하루일과 중 주요 놀이나 일상의 상황을 중심으로 지원한 내용과 다음 날 지원할 내용을 계획한 후 반영한 내용을 작성한다. 이때 교사의 지원 내용은 일과 운영, 시간, 공간이나 환경, 자료, 상호작용, 안전, 견학, 가정과 지역사회 연계 등을 포함할 수 있다.

예시 보육일지에 일일 보육계획안을 포함하여 작성

일일 보육계획안(보육일지 내 포함)(만 1세)

날짜: 20○○년 ○○월 ○○일(목)

구분		실행 및 기록	영아 경험의 이해
하루 일과		등원(~9:30) → 손씻기 및 배변, 오전 간식(9:30~10:00) → 자유놀이(10:00~11:00) / 소방대피훈련(11:00) → 바깥놀이(11:00~11:50) → 손씻기 및 배변, 점심식사(11:50~13:00) → 낮잠 및 휴식(13:00~15:00) → 손씻기 및 배변, 오후간식(15:00~15:30) → 오후자유놀이(15:30~16:30) → 귀가 및 통합보육(16:30~)	
일상		낮잠을 자고 일어난 후 기저귀를 하지 않는 영아들은 아기 변기에 앉아 쉬를 함. 유한이가 가만히 보더니 가까이 다가와 손으로 자신의 가슴을 치며 "유한이도"라고 함. 교사가 변기에 앉을 수 있도록 도와주고 "쉬~" 하며 유한이를 바라보자 유한이도 교사를 바라보며 웃다가 쉬를 하지 않고 금방 일어남.	• 아기 변기에 관심을 가지고 자신도 변기에 앉겠다고 몸짓과 말로 표현함.
놀이	실내놀이	 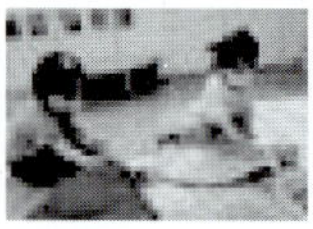  은우가 자동차를 품에 안고 놀이를 시작함. 주연이도 자동차를 가지고 놀다가 아기 인형을 자동차에 태워 주거나 안아 줌. 서현이와 예주도 아기인형을 들고와 안아 줌. 은우가 자동차를 안고 친구 옆으로 다가감. 주연이가 스카프로 아기인형을 덮어 주며 "자장~자장~ 아기가 잔데."라고 말함. 서현이와 예주도 스카프를 들고와 주연이 옆에 앉아 아기인형에게 스카프를 덮어 줌. "은우도!" 하며 두리번거리더니 스카프로 자동차를 덮어 줌.	• 또래가 하고 있는 놀이에 관심을 가짐. • 친구가 인형에게 이불 덮어 주는 것을 보며 좋아하는 자동차를 안아 주거나 이불을 덮어 주며 또래의 놀이를 모방하고, 변형하며 놀이함.
	바깥놀이 (대체활동)	소방대피훈련 후 태린이가 "개미, 개미" 하며 들여다보자 "와~" 하며 주변의 영아들이 다가와 함께 들여다봄. 태경이가 개미를 만져 보려 하거나 발로 밟기도 함. 재현이와 소연이가 모래밭으로 이동하여 손으로 모래를 파냄. "우와~우와~" 하며 재현이가 소리를 내자 소연이와 눈을 마주치며 소리내어 웃음.	• 개미를 발견하자 호기심을 가지고 관찰함. • 또래의 행동과 감정에 주의를 기울이고, 자신의 즐거움을 또래와 공유함.
운영 평가		• 유한이가 아기 변기를 사용하는 친구들에게 관심을 가지기 시작하여 기저귀를 뗄 수 있는 기회가 될 수 있을 것으로 보임. 하루일과 중 수시로 아기 변기에 자주 앉을 수 있는 기회를 가져야겠음. • 영아들이 바깥놀이에서 개미에 관심을 보이며 한참을 관찰하였음. 곤충에 대한 흥미가 이어질 수 있도록 개미와 곤충관련 책이나 실물사진을 비치하고 내일 바깥놀이는 텃밭으로 나가야겠음. • 영아들이 개미관찰에서 모래놀이로 흥미가 전환되며 손으로 모래를 파 내며 놀이하여 모래놀이 도구를 찾아 지원하였음. • 날씨가 더워지면서 바깥놀이 시 아이들이 땀을 많이 흘렸음. 자유놀이와 바깥놀이 시간을 바꾸어야겠음.	
반 운영 특이사항		* 소방대피훈련 실시(11:00)	

다음날 일일 보육계획		
운영	하루 일과	등원(~9:30) → 손씻기 및 배변, 오전 간식(9:30~10:00) → 바깥놀이(10:00~10:40) → 손씻기 및 배변(10:40~10:50) → 자유놀이(10:50~11:50) → 손씻기 및 배변, 점심식사(11:50~13:00) → 낮잠 및 휴식(13:00~15:00) → 손씻기 및 배변, 오후간식(15:00~15:30) → 오후자유놀이(15:30~16:30) → 귀가 및 통합보육(16:30~)
	예상놀이	• 개미를 살펴보아요. • 개미 집을 지어요. • 바깥놀이: 개미 찾기
	안전교육	• 교통안전교육: 초록불에 건너요. → 바닥에 테이프로 횡단보도 만들어 놓기, 신호등 모형 준비
놀이지원 계획		• 개미와 곤충관련 자료 비치: 책, 실물 사진, 곤충모형 • 바깥놀이 장소: 텃밭

오늘 아이들의 관심을 반영한 운영(하루일과, 예상 놀이, 안전교육) 및 놀이 지원내용을 계획

['동화키즈어린이집(21년 맞춤컨설팅 참여어린이집) 놀이사례' 재구성]

출처: 서울특별시육아종합지원센터(2022). 놀이 관찰과 기록.

보육일지 작성 원리

- 보육일지에 계획을 포함할 수 있으며 반별로 다른 형식과 주기로 작성할 수 있음.
- 미리 세운 계획을 그대로 실행해야 하는 것이 아니므로 계획한 놀이의 실행에 중점을 두기보다 영유아가 주도하는 실제 놀이 내용을 중심으로 기록함.
- 영유아의 일상과 놀이에서 나타나는 경험을 추구하는 인간상이나 영역별 내용과 연결하여 배움을 이해하고 이를 함께 기록함.
- 교사의 지원내용과 계획은 상호작용(언어적, 비언어적)을 포함하여 관찰, 놀이 참여, 자료 제공, 공간 및 시간의 융통적 활용 등 모든 내용을 고려함.
- 지역사회 자원을 이용한 활동, 영유아 건강 및 영양교육, 안전교육 등을 포함하여 기록할 수 있음.
- 바깥놀이 및 대체활동은 대근육활동을 준비하되 영유아의 흥미와 관심이 연결된 놀이가 계속되는 것도 가능함.

출처: 서울특별시육아종합지원센터(2022). 놀이 관찰과 기록.

3. 영아반 하루일과 운영

어린이집의 일과는 놀이와 활동, 일상생활로 이루어진다. 교사는 영아가 바깥놀이를 포함하여 충분히 놀이할 수 있도록 일과를 편성하고, 즐겁게 하루를 보낼 수 있도록 일상생활과 활동을 운영해야 한다. 교사는 어느 정도 일정한 흐름으로 일과를 운영하되, 정해진 순서대로 일과를 운영한다거나 미리 계획한 활동을 모두 해야 한다는 부담을 내려놓고, 비언어적 · 언어적 의사표현을 존중하여 융통성 있게 일과를 운영하도록 한다. 교사는 등 · 하원, 식사와 간식, 배변, 낮잠 등에서 개별 영아의 요구를 존중하며, 영아가 따뜻하고 편안하게 일상생활을 영위할 수 있도록 지원한다(교육부, 한국보육진흥원, 2024).

어린이집에서의 영아반의 하루일과 운영은 어린이집의 질을 가늠할 수 있는 중요한 부분이다. 영아반의 일과를 운영할 때는 연간, 월간, 주간, 일일 보육계획안에 의거하여 운영하되, 어린이집의 특별한 행사나 상황을 반영하여 융통성 있게 실행하는 것이 중요하다. 영아들의 어린이집에서의 경험이 즐겁고, 안정감을 느낄 수 있도록 일상생활과 놀이가 균형 있게 운영될 수 있도록 한다. 영아반의 일과를 예시하면 표 9-4와 같다(김현자 외, 2022; 박찬옥 외, 2020; 보건복지부, 2013; 한종화, 2022).

〈표 9-4〉 영아반 일과의 예

시간	일과		
기본보육	~9:00	등원 및 놀이	영아와 보호자를 맞이하고 영아의 상태 확인 보호자와 헤어지고 교실로 들어가기 개별적인 놀이
	9:00~9:30	오전 간식	손 씻기와 간식 준비 간식 먹기
	9:30~10:50	실내 자유놀이	영아 주도의 탐색과 놀이
	10:50~11:05	전이	놀이를 마무리하고 실외로 나갈 준비
	11:05~11:40	실외 자유놀이	영아 주도의 탐색과 놀이
	11:40~12:30	점심식사	손 씻기와 점심식사 준비 점심식사, 양치, 배변
	12:30~15:30	낮잠과 휴식	낮잠, 배변, 세수와 옷 입기, 조용한 놀이
	15:30~16:00	오후 간식	손 씻기와 간식 준비 간식 먹기
연장보육	16:00~18:00	실내 · 외놀이	영아 주도의 탐색과 놀이
	18:00~18:30	저녁식사	손 씻기와 저녁식사 준비 저녁식사, 양치, 배변
	18:30~20:00	통합보육 귀가 준비와 귀가	조용한 놀이 귀가준비와 귀가

1) 등원하기

하루일과 중 영아와의 첫 만남인 등원 시간은 안정적인 가정의 양육환경에서 나와 집단생활을 경험하는 매우 중요한 경험이므로 즐거운 등원시간이 될 수 있도록 미리 준비해야 한다. 교사는 영아가 등원하기 전에 교실을 환기하고, 환경구성을 확인하며, 놀이계획이나 놀이자료를 점검한다. 영아가 등원하면 영아나 부모와 인사를 나누며 영아를 따뜻하게 맞아 주고, 영아가 부모와 편안하게 헤어져 교실로 들어갈 수 있도록 도와준다. 영아에게 다가가거나 영아를 바라보며 개별 영아의 이름을 부르고, 미소로 반갑게 맞이한다. 이때 영아는 주양육자와의 분리에서 오는 불안감을 가장 크게 느끼게 되므로 등원하는 영아의 표정을 살피고, 부모나 주양육자와 충분하게 의사소통하여 충분한 시간적 여유를 갖고 헤어질 수 있도록 한다. 부모와 헤어져 힘들어하는 영아의 마음을 공감하고, 안아 주는 시간을 개별적으로 갖도록 하며, 부모와의 간단한 면담으로 영아의 컨디션이나 전날 하원 후 오늘 아침까지 가정에서 일어난 특이사항에 대해 충분히 파악하도록 한다. 특히 건강상태, 심리상태, 수면, 배변, 수유 여부 등을 확인한다.

등원시간에 영아와 양육자를 위해 고려할 점을 살펴보면 다음과 같다.

- 영아가 가족과 헤어진 후 감정을 조절할 수 있도록 편안한 장소를 마련해 주고, 이 장소에 좋아하는 인형이나 커다란 쿠션을 준비해 주어 도움을 준다.
- 집에서 가지고 온 영아가 좋아하는 장난감이나 담요, 가족의 물건 등의 애착물을 허용하여 영아를 편안하게 해 준다.
- 영아가 흥미로워하는 놀잇감을 교실 출입구 근처에 놓아 둔다.
- 영아의 눈높이에 가족사진을 붙여 두어 어린이집에 있는 영아가 가족과 연결되어 있다고 느끼도록 한다.
- 다른 영아를 환영하는 것을 보여 주면 영아가 부모와 헤어지는 데 도움이 될 수 있다.
- 영아가 양육자가 떠날 때 문을 열어 주도록 하거나 양육자가 떠나는 모습을 창밖으로 지켜보는 등 능동적인 역할을 하도록 돕는다.
- 부모와 헤어진 영아에게 무조건 괜찮다고 달랠 것이 아니라 슬프거나 속상해하는 영아의 감정을 그대로 받아 주도록 한다.
- 헤어질 때 부모는 영아에게 작별인사를 하도록 하고, 지금은 떠나야 하지만 일정한 시간이 되면 반드시 돌아올 것임을 알려 주며, 단호하고 짧은 이별이 되도록 한다.

2) 손 씻기와 이 닦기

일상생활에서 손 씻기는 위생적인 일상생활을 유지하기 위해 영아뿐 아니라 교사에게도 중요한 활동이다. 손을 통한 감염의 위험을 줄이기 때문에 알맞은 방법으로 일상생활에서 손 씻기를 생활화하는 것이 중요하다. 영아에게 손 씻기의 중요성을 알려 주고, 수시로 손을 씻도록 한다. 영아가 화장실에 다녀온 후 혹은 기저귀 갈이 후나 수유와 이유, 간식과 점심을 먹기 전이나 실내외 놀이 후에는 꼭 손을 씻도록 지도한다. 신체 부위와 명칭, 손을 씻는 과정, 손을 씻은 후 기분 등에 대해 상호작용할 수 있다. 위생을 위해 수건보다는 일회용 종이타월로 준비하고, 손을 씻기 어려울 경우에는 손 소독제를 활용한다. 교사는 기저귀 갈이나 수유와 이유, 놀이지원 등을 진행하는 동안 영아들과 빈번하게 접촉하고, 보살피는 활동을 하기 때문에 손에 의한 오염을 막기 위해 항상 청결하게 손을 씻어야 하며, 어린이집에 출근 후나 약을 투여하기 전과 후, 쓰레기통을 만지는 등의 활동 후에는 손 씻기를 습관화하여야 한다.

이가 나기 전의 영아의 경우에는 수유와 이유 후에 삶아 식힌 가제 손수건을 손가락에 감아 부드럽게 잇몸과 혓바닥을 닦아 준다. 이가 나기 시작하면 실리콘 칫솔을 이용하여 이를 닦고, 잇몸을 마사지해 주며, 1~2세 영아의 경우에는 이 닦기의 중요성과 이 닦는 방법을 알려 주어 식사 후 스스로 양치를 하도록 지도한다. 24개월 전 영아는 치약과 물을 완전히 뱉어 내기 어려우므로 삼켜도 인체에 무해한 치약을 사용하도록 한다. 손을 씻거나 이를 닦는 동안 각 영아와 일대일의 개별적인 상호작용 시간으로 활용할 수 있다.

3) 기저귀 갈이와 화장실 다녀오기

영아의 생리적 욕구를 충족시키기 위해 기저귀 갈이, 화장실 다녀오기는 일과 중에 적절하게 이루어져야 한다. 배변의 경험은 영아에게 있어 중요한 일과 중

하나로 교사와 영아의 개별적 상호작용이 이루어질 수 있고, 영아를 민감하게 관찰할 수 있는 좋은 기회가 된다.

기저귀 갈이 영역에는 기저귀, 물휴지, 발진 크림 등 기저귀를 가는 데 필요한 물품을 미리 준비해 둔다. 교사는 기저귀를 가는 동안 기저귀를 갈아 주는 영아를 바라보면서 동시에 다른 영아들을 지켜봐야 하므로 다른 영아를 등지지 않고 볼 수 있도록 기저귀 갈이 영역을 배치하도록 한다. 기저귀 갈이 영역에 영아가 흥미를 가질 수 있도록 그림이나 모빌을 달아 주고, 기저귀를 갈 때 영아의 손에 장난감을 쥐어 주면 좋다.

교사는 수유 이후, 낮잠 전후를 포함하여 기저귀 가는 시간을 정해 기저귀를 확인하고, 갈아 주며, 그 외 시간에도 수시로 기저귀를 점검한다. 영아가 불편함을 느끼지 않도록 기저귀를 갈고 싶은 의사를 표현하도록 하고, 불편함을 표현하면 신속하고 민감하게 기저귀를 갈아 주도록 한다. 갑작스러운 교사의 손길은 영아를 놀라게 할 수 있으므로 기저귀를 갈기 전에 영아에게 기저귀를 간다고 이야기하고, 천천히 부드럽게 영아를 대하도록 한다.

배변훈련의 경험은 이후 성격 형성에 중요한 영향을 미치므로 영아의 신체 · 언어 · 인지적 발달이 이루어진 후에 시작하도록 한다. 영아가 방광과 항문의 괄약근을 통제할 수 있는 생리적 능력이 생기는 18개월 이후에 시작하는 것이 좋으며, 강압적인 훈련이 되어 스트레스를 받지 않도록 주의해야 한다. 배변은 용변을 보고자 하는 욕구를 느끼고, 용변을 볼 것 같다고 판단할 수 있어야 하며, 이를 언어로 표현하고, 화장실에서 옷을 내리고 용변을 보고, 다시 옷을 입고 나와야 하는 복잡한 과업이므로 영아 스스로 배변을 해결할 수 있도록 안정적으로 지도해야 한다. 영아용 변기 사용을 두려워하는 영아가 있다면 변기에 대한 두려움을 없애고 익숙해지도록 돕기 위해 인형을 이용하여 순서를 재현하는 놀이, 변기 모양의 종이에 스티커를 붙여 보는 놀이를 하거나 배변 관련 그림책을 활용하여 즐겁고 편안하게 지도하도록 한다.

4) 실내놀이

실내놀이는 하루일과 중 가장 많은 비중을 차지하는 시간이다. 놀이는 영아 스스로의 선택에 의해 이루어질 때 즐길 수 있고, 의미 있는 경험이 될 수 있으므로 놀이를 자유롭게 탐색할 수 있도록 충분한 시간을 제공하는 것이 무엇보다 중요하다. 영아에게 있어 탐색은 놀이가 활발해지기 위해 선행되는 것으로 탐색을 통해 익숙해져야 보다 발달된 놀이형태로 연결된다. 즉, 영아는 자유로운 탐색적 지식과 기술에 기초한 놀이를 하면서 주변 세계를 내면화하고, 확장해 간다. 탐색을 통해 새로운 놀잇감과 환경에 익숙하게 되면 보다 주도적이며 독립적으로 놀이에 참여하게 된다. 이러한 놀이를 통한 몰입이 이루어져야 지식과 기술의 습득과 재구성의 내면화가 이루어져 진정한 교육적 효과를 가질 수 있게 된다.

연령별 놀이시간 편성

- **0세:** 바깥놀이 주 3회, 30분 이상 포함하여 실내외에서 매일 2시간 ~ 2시간 30분 이상
- **1~2세:** 매일 바깥놀이 30분 이상 포함하여 실내외에서 2시간 30분 이상

5) 수유 및 간식과 점심

어린이집에서 이루어지는 균형 있는 간식과 점심의 제공은 오랜 시간 동안 어린이집에서 생활하는 영아의 성장에 매우 중요하다. 영아기는 연령과 발달에 따라 수유와 이유식의 시기를 거쳐 급식을 시작하는 시기이다. 영아에게는 모든 음식이 처음 접해 보는 음식이므로 적응할 수 있는 시간을 충분히 주고, 영아의 먹는 속도를 고려하여 융통성 있게 지도한다. 교사는 바람직한 식습관과 식사예절을 지도할 경우, 칭찬과 격려와 같은 긍정적인 방법을 사용해야 한다.

0세 영아에게 수유와 이유의 시간은 교사와 영아가 긍정적 관계를 형성하는 정서적이고, 애정적인 관계를 맺는 시간이다. 따라서 개별적 욕구에 맞춰 수유의 방법과 횟수를 조절해야 하며, 수유할 때 교사는 영아를 안고 영아의 머리를 한쪽 팔로 받힌 후 눈을 맞추고, 이야기를 나누며 상호작용하도록 한다. 수유 후에는 영아를 안아 등을 가볍게 토닥여 트림을 시켜 주어 우유를 토하지 않도록 돕는다. 1~2세 영아의 경우에는 또래와 함께 앉아서 간식과 급식을 먹을 수 있게 되지만 함께 앉아서 먹는 것이 낯선 경험일 수 있으므로 자신의 자리에 앉는 경험을 즐길 수 있도록 유도하여 즐거운 경험이 될 수 있도록 지도한다. 간식과 점심시간은 영양을 공급하고, 맛에 대해 알 수 있는 기회를 제공하며, 식사습관을 형성하고, 음식과 관련된 문화와 지식을 습득할 수 있는 좋은 기회가 된다. 요리활동을 간식이나 점심과 연결하면 음식에 대한 호감을 갖고 잘 먹게 도와줄 수 있고, 물체의 변화과정을 관찰할 기회를 제공한다.

또한 서두르지 않고 영아의 연령, 식습관, 식사량 등을 고려하여 편안하고 즐겁게 먹을 수 있도록 지원하고, 관찰하면서 식사와 간식을 먹는 것을 도와줄 것인지, 영아가 스스로 먹도록 기다릴 것인지를 판단하여 지원한다.

6) 낮잠과 휴식

규칙적인 수면과 휴식은 성장 속도가 빠르고 활동량이 많은 영아에게 에너지를 재충전하여 건강한 생활 리듬과 정서적 안정감을 갖도록 하기 위해 필수적이다. 따라서 개별적인 낮잠 습관과 요구를 잘 관찰하고, 수용하며, 아늑하고 편안하게 낮잠을 잘 수 있도록 교실의 채광을 조절하거나 편안하고 조용한 음악을 틀거나 그림책을 읽어 주는 활동을 통해 영아가 편안하게 낮잠을 잘 수 있는 환경과 분위기를 조성해 주는 것이 중요하다. 부모의 출퇴근 시간에 맞추어 어린이집에 오고 가기 때문에 피곤할 수 있고, 일과에 영향을 미치므로 교사는 각 영아의 낮잠 습관이나 특성을 파악하여 영아가 낮잠을 편안하게 잘 수 있도록 배려해야 한다. 또한 눈을 비비거나 놀이에 흥미를 잃거나 놀이의 속도가 느려지는 등 졸려하는 행동을 알아차려 대처해야 한다. 영아들의 잠드는 습관은 매우 다양하므로 안아 주기, 노래 불러 주기, 배를 문질러 주기 등 영아들의 잠들기까지의 과정과 잠들 때까지의 시간, 총 수면시간, 잠버릇 등의 개인차를 잘 파악하고, 영아의 개인적 리듬을 존중하며, 규칙적으로 낮잠을 잘 수 있도록 인내심과 융통성을 발휘해야 한다.

7) 실외놀이

하루 종일 어린이집에서 지내는 영아들의 일상이 단조롭고 지루하지 않도록 하기 위해 실내뿐만 아니라 실외에서 매일 놀이할 수 있도록 지원해야 한다. 넓은 공간에서 자유롭게 움직일 수 있는 바깥놀이는 신체발달을 도울 수 있으며, 신선한 공기를 접할 수 있고, 자연을 관찰하고 즐길 수 있는 기회를 제공한다. 바깥놀이는 날씨와 온도의 변화, 영아들의 건강상태를 고려하여 융통성 있게 조정되어야 하며, 실내놀이와 연계하여 균형 있게 이루어져야 한다. 황사나 미세먼지 등과 같은 기상현상에 유의하며, 비가 올 경우에는 바깥놀이와 유사한 신체놀이를 대체활동으로 실시할 수 있다. 영아가 신체 기능을 탐색하고, 새로운 운동능력에 도전하는 경우에는 칭찬해 주며, 만약 성공하지 못하는 경우에는 실망하지 않도록 격려해 주고, 적절한 수준으로 놀이를 조정해 준다. 놀이를 안전하게 사용할 수 있도록 안내하며, 동 · 식물을 관찰하고 자연을 가까이하는 경험을 갖도록 상호작용해 준다. 물 · 모래를 활용하여 섞거나 모래에 물을 이용하여 그림을 그리거나 모래를 쌓는 등 다양한 놀이를 제시하고 안내한다. 낮 시간에 부모와 외출할 기회가 적은 영아들을 위해 어린이집 주변을 산책하는 활동을 계획하여 가까운 곳에서 점차 먼 곳까지 나가 보면서 다양한 경험을 할 수 있도록 지원한다.

8) 하원하기

하원시간이 다가오면 영아들과 놀이를 마무리하고, 정리정돈하게 한 후 하루 일과를 뒤돌아보고 평가하도록 한다. 개별 또는 소집단으로 무슨 놀이를 했는지, 놀이에 어려운 점은 없었는지, 어떤 놀이가 재미있었는지 이야기를 나눈다. 의사소통이 미숙한 영아들이라도 하루일과를 되돌아보는 상호작용을 통해 감정적 교감을 나누는 것은 매우 중요하다. 혹시 기분이 좋지 않은 영아가 있다면 영아의 기분을 인정해 주고 안아 주어 영아가 불쾌한 기분을 가진 채 돌아가지 않도록 살펴준다. 다음 날 이어질 수 있는 놀이를 미리 소개하여 다음 날에 대한 기대감을 갖고 귀가하도록 한다. 하루 동안 영아의 심리 상태, 수유의 양, 이유식의 여부, 수면시간, 배변상태 등을 기록하고 부모에게 전달할 사항을 준비한다. 부모가 영아를 데리러 오면 그날 있었던 일과 중 특별한 사항을 전달하며 부모와 영아에 대한 의사소통을 하는 시간을 갖도록 한다.

하원시간에 영아와 양육자를 위해 고려할 점을 살펴보면 다음과 같다.

- 부모가 영아를 안아 주며 애정을 표현해 주는 데 충분한 시간을 갖도록 한다.
- 영아가 부모를 무시하거나 간단한 인사만 한다면, 어린이집에서 잘 지냈고 부모가 돌아올 것을 이미 확신하고 있었다는 것을 보여 주는 행동으로 해석할 수 있다.
- 부모에게 영아가 교사에게 대하는 행동과 태도가 부모에게 대하는 것과 다른 것의 의미를 설명해 주도록 한다.
- 집에 가기를 거부하는 경우에는 부모에게 어린이집에 더 있기를 바라는 것을 표현하는 것일 수도 있고, 몰두하던 놀이를 중단하기 싫어서 일 수도 있으며, 부모에 의해서 어린이집에 있게 된 것에 대한 저항심을 표현하는 등 다양한 이유가 있을 수 있음을 설명하여 이해시키도록 한다.

4. 영아반 놀이지원

교사의 놀이 지원은 '영아가 주도하는 놀이'가 이루어지는 방향으로 진행되어야 한다. 이에 교사는 영아에 대한 관찰 내용을 기준으로 놀이 지원의 필요 정도를 파악하고, 그에 따라 지원의 방식을 결정해야 한다.

놀이 지원의 필요 정도는 다음을 기준으로 판단해 볼 수 있다.

교사의 놀이 지원이 많이 필요한 상황	약간의 지원으로 놀이에 도움이 되는 상황	교사의 놀이 개입이 필요 없는 놀이 상황
• 놀이에 참여하지 않고 배회하는 영아 • 놀이에 몰입하지 않고 발달, 변화가 거의 보이지 않는 영아 • 놀이에 참여하는 방법을 모르는 영아 • 친구 놀이에 방해 행동을 하는 영아 • 영아들이 적극적으로 교사를 초대할 때 • 놀이 중 학습이 일어나는 순간(직접 도움 필요)	• 놀이에 관심은 있으나 주저하는 영아 • 놀이에서 문제 해결에 어려움이 있는 영아 • 놀이에 몰입하기 어려운 영아 • 놀이 중 학습이 일어나는 순간(약간의 도움 필요)	• 영아들이 충분히 즐겁게 몰입할 때 • 영아 간 상호작용이 원활히 이루어지며 놀이가 활성화될 때 • 영아들이 스스로 시행착오 및 문제해결 시도에 몰입할 때
↓	↓	↓
직접적 지원	간접적 지원	관찰, 간접적 지원

[그림 9-2] 놀이 지원의 기준

출처: 보건복지부, 한국보육진흥원(2023). 배움을 놀이에서 찾다.

영아의 놀이 지원의 유형은 직접적 지원과 간접적 지원, 그리고 관찰로 이루어진다.

- 직접적 지원: 교사가 놀이 안에 적극적으로 참여하여 영아의 놀이 파트너가 되고, 놀이의 모델링을 보여 주거나 에피소드를 제안하는 등 적극적인 역할을 하는 것을 의미한다.

- 간접적 지원: 교사가 놀이 밖에서 머무르며, 놀잇감이나 소품 등을 제공하거나 놀이의 보조역할을 하는 등 간접적인 도움을 주는 것을 의미한다.
- 관찰: 영아 곁에 머무르며 놀이에 주의를 기울이고(끄덕이기, 미소 등), 영아의 시선과 놀이에 대한 관심, 지속성과 움직임 등을 관찰하는 것을 의미한다.

영아를 위한 전문성 있는 교사의 놀이 지원은 다음의 과정을 통해 진행된다. 교사는 우선 민감한 관찰을 통해 영아의 요구와 흥미를 파악하고, 영아의 발달과 놀이 특성, 표준보육과정 등에 대한 전문적 지식을 바탕으로 놀이를 해석해야 한다. 이를 토대로 풍부하고 적절한 놀이 환경을 제공하며 놀이를 지원하고, 지원에 따른 영아의 반응을 다시 민감하게 관찰함으로써 놀이 지원은 순환적으로 이루어지게 된다. 놀이 지원의 원리는 다음과 같다.

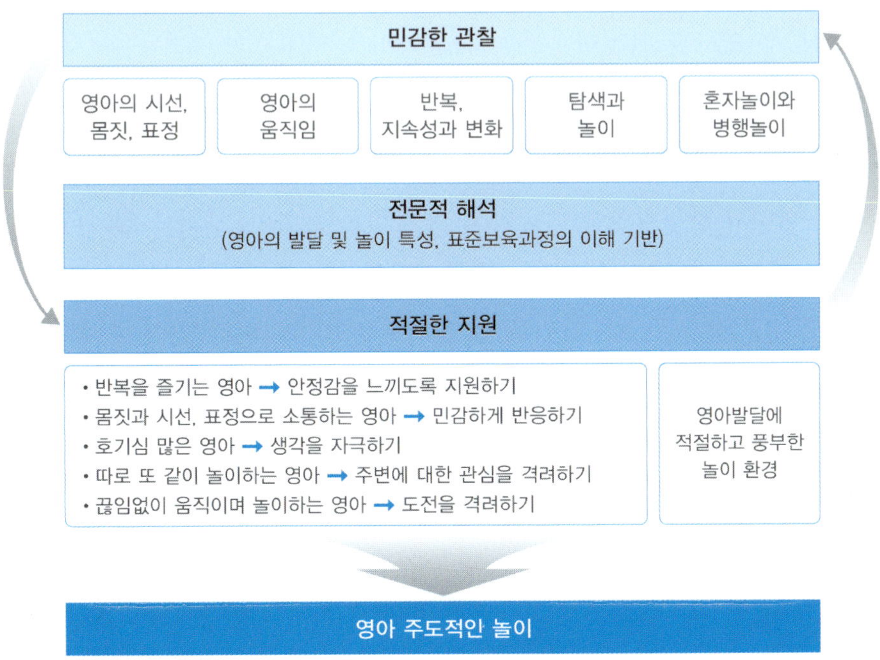

[그림 9-3] 놀이 지원의 원리

출처: 보건복지부, 한국보육진흥원(2023). 배움을 놀이에서 찾다.

이상의 놀이지원 원리를 기초로 교사는 실천적으로 영아의 탐색과 놀이가 자유롭게 이루어질 수 있도록 보육실 내 놀이공간을 구성한다. 영아는 놀이영역의 구분을 인지하여 놀이하기 어렵고, 놀잇감을 가지고 이동하고 싶어 하므로 영아 보육실의 놀이영역은 개방형으로 구성한다. 영아의 탐색과 놀이가 이루어질 수 있도록 필요한 자료와 준비물, 공간 배치 등을 점검하고, 영아들이 자유롭게 놀이할 수 있도록 준비한다.

영아의 탐색과 놀이 참여 상황을 고려하여 놀이를 지원하는 방법은 다음과 같다(보건복지부, 2020; 중앙육아종합지원센터, 2020).

① 놀이 몰입의 지원

영아가 자발적으로 놀이에 몰입해 있을 때는 영아의 놀이를 지켜보고 이를 인정하고 격려하도록 한다. 미소를 짓거나 고개를 끄덕임과 같은 몸짓을 보여 주거나 부드러운 시선으로 바라보는 등의 비언어적인 지지를 통해 자신 있게 놀이를 시도할 수 있도록 돕는다.

② 놀이방법 존중 및 놀이확장의 지원

영아의 탐색과 놀이방법을 존중하고, 수용하도록 하며, 추가로 영아의 놀이가 확장될 수 있도록 지원할 수 있다. 현재 영아의 행동과 흥미를 존중하고, 수용한 후 이를 토대로 새로운 놀이방법을 소개하여 영아의 놀이가 변형, 확장될 수 있도록 상호작용한다.

③ 계획한 놀이소개 및 놀이참여의 지원

교사는 영아의 개별적 특성과 요구를 고려하여 새로운 놀이를 계획하여 소개할 수 있고, 놀잇감의 이름과 사용방법을 알려 주거나 시범을 보이기도 하며, 영아가 놀잇감의 이름이나 사용 방법을 이야기하도록 격려한다.

④ 혼자놀이와 또래놀이의 지원

만 1세의 경우에는 혼자놀이를 많이 하므로 영아가 조용히 놀이에 몰두할 수 있는 환경을 제공해 주고, 놀이에 몰두하고 있을 때 놀이에 방해가 되지 않도록 옆에서 지켜봐 주도록 한다. 만 2세에는 점차 또래와 놀이하거나 성인과 함께 하는 놀이가 많아지지만 여전히 혼자놀이를 자주하므로 혼자놀이에 몰두하고 있다면 그대로 놀이가 이루어지도록 지지해야 한다.

⑤ 놀이에 참여하지 못하는 영아의 지원

놀이에 참여하지 못하고 배회하거나 방관하는 영아가 있다면 평소 영아가 좋아하거나 흥미를 가질 만한 놀잇감이나 자료를 탐색하도록 권유하도록 한다. 보육실을 함께 둘러보며 이야기하여 놀이를 선택하도록 돕고, 놀이 모델을 보여주어 관심을 갖도록 도울 수 있다.

⑥ 정서적 지원

놀이 중에 감정의 변화를 자주 나타내므로 신체적으로 불편한 곳은 없는지 살펴보고 영아의 주위를 환기시키거나 잠시 휴식을 취할 수 있도록 배려한다. 원하는 놀이가 잘 이루어지지 않아 긴장감을 느낄 수 있으므로 부정적인 정서를 수용하고 이해하도록 돕는 상호작용을 통해 안정감을 갖고 즐겁게 놀이에 참여하도록 도와준다.

⑦ 영아의 특성을 고려한 지원

영아가 놀이에 집중하는 시간은 짧은 편이므로 한 가지 놀이를 하다가 다른 놀이를 하기도 하고, 다시 돌아와 먼저 하던 놀이를 계속하기도 한다. 또한 움직임이 왕성하여 에너지 소모가 빨리 일어남에도 불구하고 놀이에 집중하느라 휴식을 취하지 못하는 경우도 있다. 교사는 세심한 관찰을 통해 영아의 놀이 흐름을 조절하여 정적인 놀이나 휴식을 취할 수 있도록 배려해 줄 필요가 있다.

5. 관찰기록과 평가

1) 관찰기록

2024 개정 표준보육과정은 영아가 만들어 가는 보육과정의 배움을 교사가 따라가며 읽는 데 중점을 두고 있다. 이를 실행하는 데는 먼저 영아를 관찰하고 기록하는 데서부터 출발한다. 여기서는 한종화(2010)가 제시한 발현적 보육과정의 실행과정을 적용하여 관찰에서부터 영아 놀이지원에 이르기까지의 과정을 살펴보기로 한다.

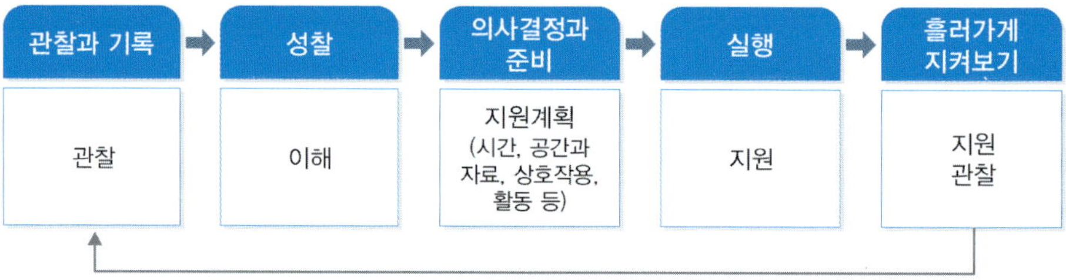

[그림 9-4] 발현적 보육과정의 실행과정

출처: 한종화(2020). 일상과 놀이에 기반한 영아중심 발현적 보육과정의 실행. 재구성.

첫째, '관찰과 기록'은 영아가 어린이집에서 하루일과 동안 먹고, 자고, 놀며 보여 주는 표정, 손짓, 몸짓, 말 등을 관찰하고 이를 기록하여 그들이 어떤 행동을 하는지, 왜 그런 행동을 하는지, 무엇에 관심을 가지고 있는지를 이해하기 위해 자세히 들여다보고 이를 기록하는 과정이다.

먼저 영아를 관찰한다는 것은 영아에게 귀를 기울임을 의미한다. 귀 기울이기란 단순한 듣기가 아니라 자신이 감응되는 것을 향해 자신을 열어 가는 발현적 귀 기울이기가 되어야 한다(Rinalid, 2006). 이는 차이에 개별적이며, 자신과 타인 사이에 매 순간 나타나는 모든 다양성의 차이에 대해 열려 있는 것을 의미한다. 언어 표현이 명확하지 않은 영아의 생각이나 의도를 읽기 위해서는 더욱더 자기 자신을 비우고, 마음을 열어 영아를 보다 자세히 바라볼 마음으로 관찰하며, 귀 기울여야 한다.

그리고 좋은 기록이 되기 위해서는 영아가 무엇을, 왜 행하는지 그 이유를 알고자 하는 호기심에서 출발해야 한다. '왜 이 놀이를 할까?', '왜 몸을 앞으로 뒤로 반복해서 움직일까?', '왜 돋보기를 옆으로 세워 볼까?', '왜 ○○만 좋아할까?' 등 영아의 행동이나 말의 의미나 숨은 의도를 궁금해하고, 이를 이해하고 해석하기 위해, 즉 영아를 이해하기 위해 관찰하고 기록하는 것이 좋은 기록이라 할 수 있다.

다음에, 관찰하고 기록한다면 무엇을 기록해야 할까? 영아의 말을 있는 그대로 기록하도록 한다. 언어뿐 아니라 몸짓, 손짓, 눈길, 표정, 행동에 주목하여 영아가 어떤 행동과 놀이를 하는지 있는 그대로 관찰하고 기록한다.

무엇을 어떻게 관찰하고 기록할 것인지를 살펴보면, 다음과 같다.

- 영아가 관심을 보이는 놀잇감과 교실 공간은 무엇인지, 선호하는 친구는 누구인지 관찰한다.
- 교사인 나와 만나는 모습, 어제와 다르게 놀이하는 모습을 관찰한다.
- 무슨 놀이인지 이해가 잘 되지 않는 모습을 관찰한다.
- 반복되는 놀이나 행동이 있다면 어떤 점은 같고 또 어떤 점은 다른지, 즉 함께하는 놀이친구, 놀이하는 자료의 종류와 배열, 복잡성의 정도, 놀이 시간에 변화가 생겼는지 관찰한다.
- 어떤 자료를 사용한다면 한 가지 방법으로만 사용하는지, 여러 방법을 시도하는지, 새로운 방법으로 자료들을 결합하는지 관찰한다.
- 영아의 현재 발달이 잘 드러날 때, 영아의 성장이 보일 때, 평소와 다른 영아의 행동이 보일 때, 영아의 관계가 잘 드러날 때 관찰 기록한다.

Tip!! 관찰 기록의 활용

▣ **교사의 기록 다시 보기**

- 영아와 영아의 놀이를 이해하기 위해 관찰 기록 다시 보기
- 영아 이해, 반성과 성찰, 지원을 실행하기 위해 기록 다시 보기
- 일일 보육과정 평가, 월간 보육 및 보육과정 계획에 활용하기

▣ **영아, 동료, 학부모와 기록 공유하기**

- 놀이기록으로 앨범을 만들어 주거나 태블릿 PC에 담아 주거나 벽에 사진으로 게시하여 영아와 공유하기
- 보육과정 실행을 위한 성찰, 의사소통, 의사결정을 위해 동료와 기록 공유하기
- 놀이 이야기, 학급신문, 놀이자료집 등의 이름으로 학부모와 놀이 기록 공유하기
- 학부모 간담회, 학부모 면담자료로 활용하기

▣ **영아의 관찰과 평가자료**

- 영아별로 놀이기록을 복사하여 영아별 관찰 및 평가 파일 구성하기
- 어린이집 평가제 평가 요소인 영아별 월 1회, 연 2회 종합평가로 활용하기

둘째, '성찰하기'는 보고 들은 것으로부터 의미를 구성하는 시간이다(Stacey, 2015). 관찰기록은 기록하는 것으로 끝나는 것이 아니라 기록을 축적하고 다시 돌아보는 것이 중요하다. 관찰기록이 쌓이고 이를 다시 천천히 들여다보면 무심코 넘겼던 영아의 행동이 어떤 의미를 지니는지 이해하게 된다. 영아에 대한 정보, 영아의 이전 경험, 놀이의 역사, 교실에서의 새로운 경험, 또래의 영향 등을 되돌아보며 성찰을 하는 과정에서 다음과 같은 질문을 생각해 볼 수 있다.

- 영아가 무엇을 하고 있는가? 무엇을 원하는가?
- 영아는 무엇을 알아보고 싶은가? 영아는 지금 무엇이 궁금한가?
- 영아의 행동에는 어떤 패턴이 있는가? 계속 반복해서 나오는 것이 있는가?
- 영아의 행동에는 어떤 의미와 의도가 있는가? 왜 그런 행동을 하는가?
- 영아가 어떤 사물이나 놀이를 좋아한다면 왜 좋아할까? 무엇이 즐거운 걸까?
- 이 놀이는 영아에게 어떤 의미가 있을까?
- 영아가 이전에 경험한 것과 어떤 관련이 있을까?
- 교실의 다른 놀이와 연관되었나?
- 어제와 오늘 이 놀이는 어떻게 달라졌나? 이 놀이가 그동안 어떻게 변해 왔나?

관찰기록을 통해 거시적인 놀이의 흐름이 보이기도 하고, 영아의 발달 흔적을 만나기도 하는 등 영아와 영아의 놀이를 이해할 수 있다. 또한 영아의 개별적 특성과 발달수준 등에 대한 정보를 제공해 준다. 관찰기록은 영아, 동료 교사, 학부모와 공유될 수 있고, 부모 면담을 위한 자료로 사용될 수 있다. 학급 전체의 놀이 이야기를 모아 가정통신문, 학급신문, 놀이보고서, 어린이집 보육과정 소개서 등 놀이와 보육과정을 소개하는 자료가 될 수 있다. 관찰기록을 통해 영아에 대한 정보, 영아의 이전 경험, 교실에서의 새로운 경험, 또래의 영향 등을 되돌아보면서 성찰하는 기회가 될 수 있다. 놀이 전체를 조망하기 위해서는 교실에서 이루어지는 놀이를 전체적으로 관찰 기록하고, 영아의 세부적인 특성이나 놀이를 관찰하기 위해서는 소수의 놀이와 일상을 관찰하도록 한다.

셋째, '의사결정과 준비'는 여러 가지 가능성 중에서 영아의 놀이를 지원할 방법을 결정하고, 실행을 준비하는 과정이다. 영아의 행동과 놀이를 되돌아보는 성찰의 과정을 통해 여러 가능성과 아이디어를 검토하였다면, 놀이 공간, 놀이 자료, 놀이 시간과 같은 물리적 환경구성뿐 아니라 질문이나 지지하기와 같은 상호작용을 결정하고 이를 준비한다. 또한 공간을 확장하거나 변형하고, 놀이 자료를 추가할 수 있다.

넷째, '실행'은 영아의 놀이를 지원하는 과정이다. 영아의 놀이를 관찰하고, 이를 해석하고 지원할 다양한 방안을 모색한 성찰의 시간을 갖고, 다양한 가능성 중 지원 방법을 결정하고 이를 준비했다면 영아와 놀이하는 시간을 갖도록 한다.

영아와의 놀이 상호작용 방법

- **비언어적 지지하기:** 영아를 쳐다보며, 고개를 끄덕이고, 따듯한 표정을 짓거나 안아 주고 쓰다듬어 주는 신체적 접촉을 통해 말은 하지 않지만 현재 영아의 행동이나 놀이를 지지하고 있음을 보여 줌
- **언어적 지지하기:** 교사가 영아의 놀이를 보며 영아가 무엇을 하고 있는지 관심을 가지고 옆에서 지켜보며 영아의 행동이나 상황을 말로 표현해 줌(예: '점토를 길게 만들고 있구나!')
- **정서적 지원하기:** 영아의 정서 상태를 확인하고, 영아의 감정을 함께 공유함
- **설명하기:** 영아가 관심을 보이는 대상이나 상황에 함께 관심을 보이며, 그 대상의 이름이나 특성과 같은 정보를 제공해 줄 수 있음
- **모방하기:** 교사가 영아의 행동을 그대로 따라하는 것(예: 점토를 밀대로 미는 것을 그대로 따라하기)
- **칭찬하기:** 영아의 행동을 구체적으로 기술하며 지지하고 격려하는 것(예: '○○이가 파란색으로 그림을 그리고 있구나. 열심히 그리네~.')
- **질문하기:** 영아의 생각이나 느낌을 물어보는 것(예: '○○이는 기분이 어때?')
- **모델링하기:** 모델이 되는 행동과 말, 신체 동작 등을 직접 보여 주어 영아가 따라할 수 있도록 하는 것임(예: '가위질은 이렇게 하는 거란다. 자~ 선생님이 보여 줄게.')
- **확장하기:** 영아가 사용하는 어휘나 문장을 완전한 문장으로 바꾸어 이야기 해 줌(예: '바이바이' → '이제 갈 시간이 되었구나!')
- **나-메시지 전하기:** 교사의 의견, 감정, 바람을 전달할 때 교사 자신을 주어로 이야기 하는 방법(예: ○○이가 도와주면 선생님 기분이 좋을 것 같아)
- **비지시적 제안하기:** 직접적인 제안을 피하면서도 새로운 놀이를 유도하는 것(예: 음식점 놀이에서 손님이 되어 '이 가게에는 어떤 메뉴를 파세요? 메뉴판 좀 보여 주세요. 김치찌개 주세요.')
- **직접적 제안하기:** 직접적으로 놀이 방법을 제안하여 새로운 놀이를 유도하는 것(예: '우리 이제 시장가는 놀이하자!')

마지막으로, '흘러가게 지켜보기'이다. 영아와 함께 놀이하는 시간을 가졌다면, 이제 온전히 영아의 뜻대로 놀이가 흘러갈 수 있도록 허용하며 지켜보도록 한다. 이처럼 관찰 기록의 과정은 영아를 관찰하면서 기록하고, 성찰하고, 의사결정과 준비를 하고, 실행하고, 그대로 흘러가도록 지켜보기가 순환적으로 이루어지는 과정이다.

〈표 9-5〉 관찰기록 예시

관찰 상황: 그림자 놀이가 재미있네요. (만 1세 여아의 놀이 관찰기록)

2000년 0월 0일(0요일) 관찰기록

오전 간식을 다 먹은 지원이(만 1세)는 매트 위에서 자동차를 굴리며 놀이를 하고 있는 민재 곁으로 걸어간다. 걸어가던 지원이는 잠시 걸음을 멈춰 바닥을 살펴본다. 그러고는 상체를 좌우로 움직여 보기도 하고 손을 흔들어 보기도 한다. 교사는(지원이가 놀이를 하지 못하고 서성인다고 생각함) 지원이에게 "지원아 우리 어떤 놀이할까?"라고 이야기를 하지만 지원이는 몸을 흔들며 놀이실 바닥에 생긴 자신의 그림자를 바라본다.

↓

교사의 성찰과 지원

- 영아는 우연히 발견한 그림자에 관심을 가지고 자신이 움직이는 대로 그림자가 같이 움직이는 것에 호기심을 가지고 있어 놀이실 창문을 통해 비춰지는 빛을 이용한 놀이를 즐길 수 있도록 지원하는 것이 필요함
- 영아의 신체의 움직임을 말로 표현해 주며 영아가 그림자에 갖는 관심에 대해 반응하며 상호작용("지원이가 흔들흔들 움직이고 있구나.", "지원이가 움직이니까 바닥에 있는 그림자로 따라서 움직이네.")
- 교사도 함께 움직이기("선생님이 손을 반짝반짝 움직이니까 바닥에 있는 그림자도 따라서 움직이네.")
- 빛이 들어오는 창문 아래 공감에서 간식을 먹고 있었는데 영아들의 자유로운 빛 탐색을 위해 간식 공간을 다른 곳으로 이동
- 영아들이 좋아하는 동물 손인형을 이용해 놀이 확장

↓

2000년 0월 0일(0요일) 관찰기록

지원이가 몸을 흔들며 그림자의 움직임을 살피는 것을 보고 A교사가 다가가 "지원이가 움직이니까 그림자도 따라 움직이네~"라고 하자 움직이던 것을 멈추고 그림자를 살펴본다. 다시 A교사가 "지원이가 안 움직이니까 그림자가 안 움직이는데"라고 한 뒤 자신의 손을 흔들며 "선생님이 손을 반짝반짝하니까 선생님 그림자로 따라서 반짝반짝 하네~"라고 말한다. 지원이도 A교사를 따라서 손을 움직여 보며 그림자를 살핀다. 간신을 지도하던 B교사는 영아들의 간식이 마무리되고 간식을 먹는 영아가 1명만 남자 간식을 먹던 책상을 다른 공간으로 이동하여 그림자를 살펴볼 수 있는 공간을 넓게 확보한다. A교사가 확보된 공간으로 이동하자 지원이도 교사를 따라 이동한다. 교사를 따라 이동하는 지원이에게 A교사는 "지원이는 선생님을 따라오고, 지원이 그림자는 지원이를 따라왔네"라고 이야기를 하자 지원이도 "따라왔네"라고 이야기를 한다. A교사는 언어영역 벽면에 부착해 놓은 동물 손 인형을 가져와 교사의 손에 손 인형을 끼운 뒤 움직이며 "지원아~ 안녕"이라고 이야기하자 지원이도 손 인형을 가져와 움직여 보더니 바닥에 비친 교사의 손 인형 그림자에 자신의 손 인형을 대고 "안녕"이라고 말한다.

출처: 한종화(2020). 일상과 놀이에 기반한 영아중심 발현적 보육과정의 실행. 재구성.

2) 영아반 보육계획 및 운영에 대한 평가

영아반의 보육계획 및 운영에 대한 평가에 대한 내용을 정리하면 다음과 같다 (박찬옥 외, 2020).

첫째, 어린이집 보육과정은 표준보육과정의 인간상과 보육목표 및 내용에 근거하여 어린이집의 보육철학을 반영한 보육내용이 적절히 편성·운영되었는지 평가한다. 보육과정은 영아들이 연령별로 경험해야 할 목표와 내용이 어린이집의 보육철학과 표준보육과정의 5개 영역에 근거하여 각 반과 영아의 연령에 맞게 1년의 계획을 편성하고, 편성된 내용에 근거하여 융통성 있게 운영되는가를 평가한다.

둘째, 보육계획의 작성 시 영아의 발달수준과 흥미, 요구를 충분히 반영하였는지 평가한다. 보육계획안을 작성할 때는 어린이집의 지역적 특성 및 각 반 영아의 발달적 특성과 흥미가 충분히 반영되었는지 평가한다. 영아는 발달적 차이, 기질, 학습 속도, 부모의 양육방식, 가족 경험, 병력 등 여러 가지 측면에서 개인차와 경험이 다르므로 보육계획안의 계획과 운영에 있어서 이러한 개인차를 적절히 반영하였는가를 평가한다.

셋째, 영아의 발달, 흥미, 요구에 적합한 경험과 탐색을 촉진할 수 있는 다양한 놀이와 상호작용이 이루어졌는지를 평가한다. 보육과정을 운영할 때 영아가 놀이활동을 흥미로워하며 주도적으로 탐색하는 등 놀이를 즐겁게 지속하도록 하기 위하여 교사는 영아의 발달과 흥미, 요구, 사전경험에 적합하게 놀이를 통한 경험이 이루어지도록 계획되고 일과의 진행이 이루어졌는지 평가한다. 무엇보다 활동을 진행할 때 영아의 흥미와 요구를 고려하여 영아 중심의 상호작용을 하였는지 등을 평가한다.

넷째, 놀이와 일상생활의 내용이 영아의 발달에 적합하게 계획되고 운영되었는지 평가한다. 보육과정 계획과 운영에 대한 평가로서 균형 있고 일관성 있는 보육과정 계획에 따라 적절하게 실시되었는지를 평가한다. 영아반 일과 운영에서 놀이와 일상생활의 양과 내용이 영아의 연령과 발달에 적합하게 계획되고 운영되는지가 중요한 부분이므로 균형 있는 운영에 대해 평가한다.

다섯째, 영아의 발달에 적합한 개별적 상호작용이 적절하게 진행되었는지를 평가한다. 보육계획안의 계획 및 실행을 분석하여 영아의 흥미와 요구 및 개인차 등을 고려하여 개별적인 상호작용과 놀이 지원이 잘 수행되었는지 평가한다. 그 외에도 교사는 다양한 방법으로 자신의 상호작용에 대한 질적 수준이나 질문 유형, 활동 진행 과정 등을 모니터링하여 영아의 놀이와 일상생활 경험을 지원할 수 있도록 하는 것이 좋다.

여섯째, 보육과정 평가 결과를 보육계획에 재반영하는 순환적 과정이 이루어지는가를 평가한다. 교사는 보육과정의 내용에 근거하여 계획, 실행, 평가의 일련의 과정을 평가하고 이렇게 평가한 결과를 다음 계획에 반영하는 순환적 과정이 이루어지고 있는지를 평가하여 영아의 발달적 변화를 이룰 수 있도록 한다. 보육과정 운영에 대한 평가는 수시로 진행하여 수정 · 보완하여 융통성 있게 운영하도록 한다. 또한 한 해 동안 이루어진 종합 평가 결과는 다음 해의 보육계획을 수립할 때 구체적으로 반영하도록 한다.

Chapter 10

유아반 보육과정 운영

1. 유아반 보육과정의 특성
2. 유아반 보육과정 운영계획
3. 유아반 하루일과 운영
4. 유아반 놀이지원
5. 놀이관찰 평가

학습목표

1. 유아반 보육과정의 특성과 보육과정 운영계획을 이해한다.
2. 유아반의 일과운영과 놀이지원을 이해한다.
3. 유아놀이의 관찰기록과 평가방법을 이해한다.

주요 용어

연간 보육계획 / 월간 및 주간 보육계획 / 일일 보육계획 / 유아반 일과운영 / 놀이지원 / 관찰기록과 평가

1. 유아반 보육과정의 특성

유아반 보육과정은 2019 개정 누리과정에 의해 유아 중심 · 놀이 중심으로 운영되어 유아는 하루일과를 보내면서 주도적으로 놀이하고, 놀이 속에서 배움을 확장하고 지속해 나간다. 이때 교사는 유아가 놀이 속에서 의미를 발견하고, 유능함을 기를 수 있도록 지원하는 보육과정을 운영한다. 여기서는 학습자의 경험을 강조하고 배움을 즐기는 교육을 추구하는 2019 개정 누리과정의 내용을 토대로 유아기 발달특성 및 보육과정 운영의 특성을 살펴보고자 한다.

1) 학습자로서의 유아 이해

유아기는 영아기에 비해 신체적 발달이 왕성하고 활동적이며, 다양한 어휘습득으로 소통능력이 향상되어 대인관계에 있어서도 보다 폭넓은 사회관계를 형성해 나간다. 또한 독립적이고, 자신의 감정을 조절하는 능력이 발달하며, 여러 가지 놀이와 활동을 주도적으로 해 나가고 문제를 해결하는 과정에서 긍정적인 자아개념을 형성하게 된다. 이러한 유아기 특성을 발달영역으로 구분하여 살펴보면 다음과 같다(지성애 외, 2018).

(1) 신체 및 운동기능 발달

유아기는 영아기에 비해 키와 몸무게 증가 속도는 완만해지지만 신체성장과 운동기능의 향상이 꾸준히 나타나는 시기이다. 대소근육이 점차 발달하여 신체를 자유롭게 움직이고 방향을 조절하며 그리기 및 쓰기도구를 활용할 수 있게 된다. 눈과 손의 협응력도 발달하여 옷 입기, 식사하기, 배변 후 처리하기 등 일상생활에서 스스로 할 수 있는 일들이 증가한다.

유아는 자신의 신체를 인식하고 움직이며 다양한 신체활동을 하는 과정에서 또래와 친밀감을 형성해 나가고, 긍정적 정서표출을 하며 자신에 대한 건강한 자아상을 형성한다.

(2) 인지 발달

유아기 인지 발달의 특성은 상징적 사고, 자아중심적 사고, 논리적 사고, 물활론적 사고 등으로 정리할 수 있는데 그 내용은 다음과 같다. 첫째, 상징적 사고다. 이 시기의 유아는 비언어적 상징행동을 많이 하며, '마치 ~인 것처럼' 상상하여 놀이하는 가상놀이를 한다. 실제와 환상을 구별하지 못하다가 점차 현실을 반영한 사고가 가능해진다. 둘째, 자아중심적 사고다. 유아는 자신의 관점에서 세상을 이해하고 해석하는 경향을 보이는데 연령이 높아지면서 점차 다른 사람의 생각, 감정, 의도 등을 이해하고 예측하는 사고를 하게 된다. 셋째, 논리적 사고다. 유아는 사물을 분류하고 범주화하며 사건의 인과관계를 유추하는 것이 가능해진다. 넷째, 물활론적 사고다. 이는 모든 사물이 살아 있고 각각의 의지에 따라 움직일 수 있다고 생각하는 것이다. 이는 연령이 높아짐에 따라 스스로 움직이는 것에만 생명이 있다고 사고하게 된다.

(3) 언어 발달

유아기 언어 발달의 특성은 먼저 수용언어와 표현언어가 폭발적으로 증가한다는 것이다. 유아기는 언어에 대한 탐구와 실험이 활발해지는 시기로 말하는 것을 즐기며 새로운 어휘를 습득하고자 하는 욕구가 강해진다. 만 5세경에는 성인 수준의 언어표현 기술이 발달한다. 둘째, 문자읽기와 쓰기능력이 발달한다. 유아는 점차 글자가 의미하는 상징을 이해하게 되면서 글자와 그림을 변별하고, 부분적으로 글자를 읽고 철자를 따라 쓰기도 한다. 셋째, 대화능력이 능숙해진다. 또래나 주변 사람과 일상생활 속에서 능숙하게 대화하고 어떤 주제에 대해 자신의 생각을 자유롭게 말할 수 있게 된다.

(4) 정서 발달

유아기 정서 발달의 특징은 먼저 자율성과 주도성이 강하게 발달한다는 것이다. 유아기에는 스스로 하고자 하는 욕구가 강해지고 성취욕이 높아진다. 둘째, 점차 다른 사람의 정서를 이해하기 시작하여 타인의 입장에서 생각하고 공감하는 능력이 발달한다. 셋째, 불안, 공포, 질투, 기쁨 등 다양한 정서발달이 이루어진다. 넷째, 울음을 통한 감정표현이 점차 줄고 언어를 통한 정서표현이 증가한다. 만 5세경에는 언어를 통한 성인 수준의 감정표현이 가능해진다.

(5) 사회성 발달

유아기 사회성 발달의 특징은, 첫째, 또래관계 및 우정이 발달한다는 것이다. 이 시기의 유아는 자신과 함께 놀이에 참여하거나 선호하는 것이 비슷한 동성 또래와 친밀감을 형성하는 경우가 많다. 둘째, 만 4세경에는 자신과 타인의 생각이 다를 수 있다는 것을 아는 마음이론을 획득함으로써 타인에 대한 이해와 존중이 가능해지고 이를 바탕으로 긍정적인 사회적 관계를 형성해 간다. 셋째, 타인에 대한 마음이론의 획득으로 친사회적 행동이 발달한다. 즉, 양보하기, 도와주기, 함께하기 등의 행동이 증가한다. 넷째, 주도성이 강해지면서 스스로 결정하고 행동하기를 원하며 이러한 과정을 통해 자아개념을 확립해 간다. 다섯째, 자신의 성을 인식하고 자신의 성이 변하지 않는다는 성정체성을 인식하게 된다. 여섯째, 또래를 함께 놀이하는 친구로서 중요하게 인식하기 시작하면서 우정이 발달한다. 이 시기의 우정은 지속적이기보다는 일시적 관계로 쉽게 형성되거나 깨질 수 있다.

2) 유아반 보육과정의 특성

2019 개정 누리과정은 교사와 유아가 함께 만들어 가는 교육과정의 중요성을 강조하고 있다. 유아가 중심이 되고 놀이가 살아나는 교육과정을 추구하는 것이다. 유아반 보육과정의 특성을 2019 개정 누리과정의 내용을 중심으로 살펴보면 다음과 같다(교육부, 보건복지부, 2019).

첫째, 유아가 흥미와 관심에 따라 놀이에 자유롭게 참여하고 즐기도록 한다.

유아는 놀이하며 자신의 유능함을 드러내고 즐겁게 배우며 성장한다. 일상에서 자연스럽게 자연, 사물, 사람 등을 만나며 세상과 교감하는 방식은 놀이를 통해 깊어진다. 유아에게 놀이는 앎이자 삶의 방식이다. 유아는 놀이를 통해 자신이 경험한 세상을 재구성하며 세상에 대한 이해를 넓혀 나간다. 유아가 주도하는 놀이는 성인의 간섭과 통제가 최소화되고 유아가 다양한 놀이 환경과 만날 때 활발하게 나타난다. 따라서 실내의 제한된 흥미 영역에서 교사가 미리 준비한 놀이를 선택하게 하는 방식보다는 유아가 자유롭게 놀이하며 즐기는 방식으로 바꾸어 갈 필요가 있다. 교사는 유아가 주도하는 놀이에 내재된 의미와 가치를 파악하고 그것을 이해하는 과정에서 유아에게 무엇을 지원해 줄 수 있을지를 발견할 수 있다. 교사는 놀이 상황과 맥락에 따라 새롭게 생성되는 유아의 놀이를 존중하고 이해하면서 유아가 필요로 하는 놀이자료, 놀이 공간, 놀이 규칙과 안전 등을 고려하여 필요한 지원을 할 수 있다.

둘째, 유아가 놀이를 통해 배우도록 한다.

개정 누리과정은 놀이를 통한 유아의 배움을 강조하고 있다. 유아는 어디서나 자유롭게 놀이하며 배울 수 있지만, 특히 교육과정으로서 누리과정을 운영하는 유치원과 어린이집에서 이루어지는 유아의 놀이는 교사의 지원을 통해 더욱 유의미한 배움이 될 수 있다. 교사는 다양한 방식으로 유아가 놀이를 통해 배우고 성장할 수 있도록 돕고 지원하는 역할을 해야 한다.

셋째, 유아가 다양한 놀이와 활동을 경험할 수 있도록 실내외 환경을 구성 한다.

개정 누리과정에서 놀이 환경은 유아가 놀이하는 실내외 모든 공간과 놀이자료를 포함한다. 유아가 보고 듣고 만지며 자유롭게 표현할 수 있는 놀이 환경은 놀이가 다양하게 이루어지도록 하는 중요한 교육적 자원이다. 따라서 교사는 다양한 실내외 놀이 환경과 풍부한 놀이자료를 제공하여 유아의 놀이가 활성화되도록 돕는다. 먼저, 다양하고 안전한 실내외 놀이 공간 구성의 내용을 보면 교실을 포함한 유치원과 어린이집의 실내 공간은 유아에게 가장 친숙한 놀이 환경이다. 교사는 놀이 공간을 구성하고 변형해 나가며 유아의 자유로운 놀이를 지원할 수 있다. 교실의 흥미 영역은 유아들이 가장 좋아하는 놀이를 중심으로 구성하는 것이 좋으며, 유아들이 흥미를 보이지 않는 영역은 다른 영역과 통합하여 재구성하거나 다른 영역으로 대체하는 것도 가능하다. 또한 유아의 관심과 흥미, 요구에 따라 새로운 영역을 구성할 수 있으며, 이때 유아가 주도적으로 놀이 영역을 창조할 수 있도록 지원해야 한다. 교실 밖의 복도나 계단, 구석진 공간 등 유아가 놀이할 수 있는 실내 공간은 먼저 안전에 문제가 없는지 파악한 후에 놀이 공간으로 구성할 수 있다.

실외 공간은 유아가 마음껏 뛰어놀며, 자연과 계절의 변화를 만나고 탐색할 수 있는 놀이 환경이다. 교사는 유아가 몸을 충분히 움직여 즐겁게 놀이하고 위험으로부터 자신을 안전하게 보호하는 능력을 기를 수 있도록 지원해야 한다. 이처럼 실외 놀이 환경은 유아가 안전하게 놀이할 수 있는 공간과 자료로 구성해야 한다. 또한 유아들이 활발한 신체 움직임을 바탕으로 모험과 도전을 하면서 궁금한 것을 찾아 자유롭게 탐색하는 놀이를 다양하게 경험할 수 있는 놀이 환경을 구성한다. 실외 자투리 공간, 텃밭, 통로, 작은 마당 등은 공간의 특성과 안전을 고려하여 놀이 환경으로 구성하며, 유치원과 어린이집의 상황에 따라 인근 공원과 놀이터 등도 놀이 공간으로 활용할 수 있다.

놀이자료는 유아가 놀이에 사용할 수 있는 놀잇감, 매체, 재료와 도구 등을 포함한다. 유아에게 놀이자료는 자신의 감정과 생각, 상상 등을 자유롭게 표현하는 수단이자 세상에 대한 이해를 넓혀 나가는 데 중요한 역할을 하는 매개물이다. 교사는 유아에게 일상의 평범한 사물, 자연물, 악기, 미술 재료, 그림책, 재활용품 등을 적절히 제공할 수 있으며 계절이나 행사, 국경일과 관련된 자료는 시기에 맞게 제공할 필요가 있다. 또한 비구조적인 열린 자료를 풍부하게 제공하여 유아가 자신만의 방식으로 활용할 수 있도록 지원하며 유아가 찾아낸 새로운 놀이자료나 창의적인 놀이 방식을 인정하고 존중해야 한다. 놀이자료를 제공할 때는 유아가 자유롭게 탐색할 수 있도록 자료의 사용 방법이나 놀이 방식을 지나치게 제한하지 않도록 유의한다.

넷째, 유아와 유아, 유아와 교사, 유아와 환경 간에 능동적인 상호작용이 이루어지도록 한다.

유치원과 어린이집에서 유아는 또래, 교사 및 자신을 둘러싼 환경 등과 관계를 맺으며 성장한다. 또한 유아는 놀이에서 또래 친구와 교사, 자연 환경 등과 적극적으로 상호작용하면서 세상을 이해하고 배움을 이루어 간다. 교사는 유아가 놀이에서 만나는 다양한 관계에 관심을 기울이고 함께 상호작용을 하며 배움을 지원해야 한다.

유아가 주도하는 놀이 중심의 개정 누리과정에서는 유아와 유아 간의 상호작용이 더 활발하고 빈번하게 일어난다. 유아는 또래들과 함께 놀이하면서 자신의 생각을 표현하고, 친구들의 의견을 듣고 때때로 생각을 바꾸기도 한다. 더 재미있게 놀이하기 위해 양보하고, 배려하고, 나와 다른 의견을 수용하여 조절하는 경험도 할 수 있다. 교사는 유아들이 자유롭고 활기차게 놀이할 수 있는 분위기를 제공하여 유아 간의 다양한 상호작용을 격려해 주어야 한다.

교사와 유아 간의 상호작용 또한 활발히 이루어져야 한다. 교사는 유아의 놀이에 귀 기울여 놀이의 의미와 배움을 발견하고, 이를 확장하기 위해 다양한 상호작용을 한다. 교사는 유아의 흥미와 관심이 어디에 있는지 파악하고, 칭찬, 격려, 미소, 공감 등 정서적 또는 언어적 상호작용을 통해 유아의 놀이를 긍정적으로 수용하고 격려한다. 교사는 답이 정해진 질문을 하거나 일방적으로 지식을 전달하기 위해 개입하는 것이 아니라 유아의 흥미와 관심에 교감하며 놀이를 지원하는 상호작용을 하도록 한다. 이때 유아의 놀이에서 나타나는 상상력과 사물을 의인화하여 이해하는 유아의 독특한 놀이 표현을 지지하고 함께 교감하는 태도가 필요하다. 교사는 유아와 주변세계를 이해하는 공동의 놀이자로서 놀이에서 발생하는 문제를 함께 해결하면서 유아의 배움을 이끄는 상호작용을 할 수 있다.

유아 중심 · 놀이 중심 교육과정에서는 유아와 환경 간의 상호작용도 매우 중요하다. 환경은 유아의 놀이가 활성화되는 배경이자 유아가 다양한 배움을 경험하는 원천이 된다. 유아와 환경 간의 상호작용은 유아 주변의 친근한 공간, 자료, 일상생활에서 자연스럽게 접하는 모든 환경과의 교감을 포함한다. 유아는 놀이에서 다양한 사물, 자료, 자연물 등을 만지고 움직여 보며 새로운 흥미와 관심을 가지게 되고, 이는 창작적 표현으로 이어지기도 한다. 유아는 물과, 모래, 블록과 종이 등을 가지고 매일 다른 놀이를 하며 즐긴다. 또한 종이로 접은 새에게 물을 먹여 주기도 하고, 나뭇잎이 떨어진 나무를 춥다고 감싸 주며 즐거워한다. 유아가 환경과 교감하면서 표현하는 말과 행동은 모두 유아가 환경과 상호작용하며 배우는 과정이다. 교사는 유아와 환경 간의 상호작용에 주의를 기울이고 존중하며 유아들이 환경과 즐겁게 상호작용할 수 있도록 지원해야 한다.

다섯째, 5개 영역의 내용이 통합적으로 유아의 경험과 연계되도록 한다.

교사는 개정 누리과정에 포함된 5개 영역의 내용이 유아가 놀이를 하며 통합적으로 경험하는 것임을 이해해야 한다. 5개 영역의 내용을 유아의 경험과 연계하는 방식은 다양하다. 우선 유아는 놀이를 하며 이미 5개 영역을 통합적으로 경험한다. 예를 들면, 유아는 모래놀이를 하며, 신체를 움직이고, 친구와 대화도 하며, 그림도 그릴 수 있다. 모래와 물을 섞으며 물질의 변화에 대해 호기심과 탐구심을 가질 수도 있다. 이처럼 유아는 놀이를 통해 여러 가지 영역을 통합적으로 경험하며, 이러한 경험은 영역별로 이루어지지 않는다. 교사는 유아의 놀이에서 5개 영역의 내용이 자연스럽게 통합적으로 나타나는 것을 발견함으로써, 유아가 놀이하며 배우고 있음을 알 수 있다.

또한 5개 영역의 내용은 정해진 생활 주제 이외에도 유아의 관심과 흥미에 따라 다양하게 통합할 수 있다. 예를 들면, 교사는 유아가 놀이하면서 자연스럽게 경험하게 되는 계절이나 국경일과 같은 친근한 주제, 유아가 놀이하면서 관심을 보이는 동화나 곤충, 그네 등과 같은 주제를 중심으로 유아의 경험과 5개 영역을 통합적으로 연계하여 지원할 수 있다. 유아가 관심을 가지는 그림책, 사물, 우연한 상황 등도 충분히 유아의 경험을 통합적으로 연계하여 지원할 수 있는 자원이 될 수 있다. 교사는 자율성을 바탕으로 유아의 놀이상황과 맥락에 따라 5개 영역을 다양한 방식으로 융통성 있게 유아의 경험과 연계하여 지원할 필요가 있다.

여섯째, 개별유아의 요구에 따라 휴식과 일상생활이 원활히 이루어지도록 한다.

유치원과 어린이집에서 유아의 하루일과는 놀이와 휴식을 적절하게 안배하여 운영하며, 개별 유아의 요구를 반영해야 한다. 유치원과 어린이집에서는 유아의 건강 상태, 날씨나 계절, 기관의 상황 등에 따라 하루일과를 융통성 있게 운영할 수 있다. 획일적인 하루일과를 운영하기보다는 배변이나 낮잠, 휴식 등 유아마다 다른 신체 리듬을 반영하여 하루일과를 운영해야 한다. 교사는 놀이의 상황과 개별 유아의 요구 등을 적절히 반영하여 일과가 원활하게 이루어지도록 운영해야 한다.

일곱째, 유아의 연령, 발달, 장애, 배경 등을 고려하여 개별 특성에 적합한 방식으로 배우도록 한다.

교사는 유아의 연령과 발달, 장애, 배경 등의 다양한 특성을 이해하고 각 특성을 최대한 고려하여 배움을 지원해야 한다. 유아는 서로 다른 관심과 능력을 가지고 있으며 다양한 맥락 속에서 자신만의 방식으로 놀이하고 배운다. 같은 연령이라도 개별 유아의 특성이 다르듯이 유아가 놀이하는 모습도 다르게 나타난다. 또한 유아가 가정에서 경험하는 다양한 문화적 특성을 서로 인정하고 존중하며 가치 있게 여길 수 있어야 한다. 교사는 유아의 특성에 적합한 지원을 위해 발달적 특성이나 장애 정도, 문화적 배경을 우선적으로 파악해야 하며, 필요할 경우 관련 기관 또는 전문가와 협력할 수 있다.

2. 유아반 보육과정 운영계획

어린이집은 국가수준 교육과정인 개정누리과정을 바탕으로 각 기관의 실정에 따라 적합한 계획을 수립하여 운영한다. 계획안에는 교사가 기관과 학급 수준에서 유아의 놀이를 지원하기 위해 필요한 사항을 미리 생각하여 준비하는 모든 과정이 포함될 수 있다. 개정 누리과정에서 제시하는 계획수립의 특징은 다음과 같다.

첫째, 자율적인 계획수립이다.

어린이집은 각 기관의 교육철학, 가정과 지역사회의 특성, 유아의 요구 등을 반영하여 자율적으로 계획을 수립할 수 있다. 교사는 기존에 활용하였던 연간, 월간, 주간, 일일계획안을 기관 및 학급의 특성에 따라 적합하게 변경하여 사용할 수 있다. 예를 들어, 연간교육 이외에 월간과 주간계획, 주간과 일일계획을 통합하거나 기관과 학급의 특성에 따라 간단한 일지 등을 활용하여 작성하는 것이다. 개정 누리과정이 이전과 달라진 점은 기관에서 배부하는 계획안이 유아가 활동할 내용을 미리 계획하여 안내하는 방식이 아니라 유아가 실제 활동하고 놀이한 내용 및 배움의 내용을 기록하여 공유하는 방식으로 변화할 수 있다는 것이다.

둘째, 유아의 놀이를 지원하는 계획안을 작성한다.

유아가 주도하는 놀이는 미리 계획하여 운영하기가 어렵다. 따라서 교사는 유아가 놀이하면서 경험한 내용을 중심으로 계획안을 기술할 수 있다. 기존에 계획안을 자유선택활동, 대소집단활동, 바깥놀이 등을 포함하는 정해진 형식에 맞추어 기술해 왔다면 개정 누리과정에서는 유아가 실제로 놀이한 내용과 그에 따른 교사의 놀이지원 내용을 포함하되 자율적인 형식으로 바꾸어 작성할 수 있다. 이는 교사의 사전계획을 최소화하여 계획을 수립한다는 특징이 있다. 교사는 필요에 따라 안전 관련된 사항이나 유아 특성에 따라 개별적으로 지원이 필요한 사항들을 계획할 수 있다. 이와 같이 교사는 계획안을 자율적으로 작성하고 사전계획을 최소화하여 유아가 주도하는 놀이를 적극적으로 지원할 수 있다. 이때 유의할 점은 자율적인 계획 수립의 의미를 계획안을 작성하지 않아도 된다거나 단순히 업무를 줄이는 방식으로 이해하지 않도록 해야 한다는 것이다.

이러한 특징을 바탕으로 연간, 월간 및 주간, 일일 보육계획의 내용을 살펴보면 다음과 같다.

1) 연간 보육계획

연간계획을 수립할 때에는 누리과정에서 추구하는 인간상과 교육목표, 유아의 연령 흥미 관심, 학부모의 요구, 지역사회의 실정 등을 조사하여 반영한다. 연간 보육계획은 유아교육기관에서 1년 동안 이루어지는 생활주제, 특별한 날, 행사 등 보육의 윤곽을 보여 주는 문서로 기관차원에서 작성한다. 그동안의 연간 보육계획은 생활주제들을 중심으로 미리 작성해서 보육의 전체적 흐름을 파악할 수 있었고 부족한 내용을 신속하게 수정하거나 보완하고 필요한 교재교구를 미리 준비할 수 있었다. 놀이 중심 교육과정에서는 유아들의 흥미에 따라 주제가 정해지기 때문에 월별 생활주제를 미리 정해 놓을 수가 없다. 따라서 1년 동안 유아교육기관에서 진행해야 할 주요행사나 학사일정을 중심으로 작성하여 교사, 학부모, 관할청과 공유하는 수단으로 사용하도록 한다. 다만 교사는 예상 주제를 계획해 놓을 수 있는데, 예를 들면 유아가 의미 있게 경험할 수 있는 것으로 적응, 계절, 특별한 날, 지역 및 국가적 행사, 진급 등이 있다. 그러나 유아들의 놀이를 관찰하여 주제를 유연성 있게 변경하여 운영할 수 있다. 다음의 표 10-1은 5세 학급 연간 보육계획의 예시이다(박찬옥 외, 2020). 학기 초에는 주요 학사일정 및 행사만 기록되어 있다. 놀이주제는 놀이장면을 관찰하다가 발견된 공통된 관심사로 선정하여 추후에 기록해 나갈 수 있다. 주제는 유아들의 흥미에 따라 한 학급에서 2~3가지로 나뉠 수도 있고 다시 합쳐지기도 한다. 새로운 주제가 정해지면 이전에 경험한 내용들을 고려하여 연계성 있는 교육이 이루어지도록 지원한다.

〈표 10-1〉 **5세 연간 보육계획의 예**

<table>
<tr><th>월</th><th>주</th><th>주요 학사일정 및 행사</th><th colspan="2">유아들의 흥미에 따라 선정된 주제</th></tr>
<tr><td rowspan="4">3</td><td>1</td><td>입학식</td><td rowspan="4" colspan="2">우리 반 친구들</td></tr>
<tr><td>2</td><td></td></tr>
<tr><td>3</td><td></td></tr>
<tr><td>4</td><td>3월 생일파티</td></tr>
<tr><td rowspan="4">4</td><td>1</td><td>식목일 기념 녹색 성장교육</td><td rowspan="5">꽃</td><td rowspan="4">즐거운 생일파티</td></tr>
<tr><td>2</td><td>교통안전교육 1차
봄 식물 심기</td></tr>
<tr><td>3</td><td>봄 소풍</td></tr>
<tr><td>4</td><td>4월 생일파티</td></tr>
<tr><td rowspan="4">5</td><td>1</td><td>어린이날&어버이날 기념 참여수업</td><td></td></tr>
<tr><td>2</td><td>식물원 견학</td><td rowspan="5" colspan="2">식물기르기</td></tr>
<tr><td>3</td><td>소방안전교육 1차
아동권리교육 1차</td></tr>
<tr><td>4</td><td>다문화이해 교육
아동실종예방교육
5월 생일파티</td></tr>
<tr><td rowspan="4">6</td><td>1</td><td></td></tr>
<tr><td>2</td><td>교통안전교육 2차</td></tr>
<tr><td>3</td><td>아빠참여수업</td><td rowspan="3">자동차</td><td></td></tr>
<tr><td>4</td><td>6월 생일파티</td><td></td></tr>
<tr><td rowspan="5">7, 8</td><td>1</td><td>소방안전교육 2차</td><td></td></tr>
<tr><td>2</td><td>삼겹살파티</td><td colspan="2"></td></tr>
<tr><td>3</td><td>여름방학식</td><td colspan="2"></td></tr>
<tr><td>4</td><td>개학식</td><td colspan="2"></td></tr>
<tr><td>5</td><td>물놀이 & 물총놀이
7, 8월 생일파티</td><td colspan="2"></td></tr>
<tr><td rowspan="4">9</td><td>1</td><td>송편빚기</td><td colspan="2"></td></tr>
<tr><td>2</td><td></td><td colspan="2"></td></tr>
<tr><td>3</td><td>가을소풍</td><td colspan="2"></td></tr>
<tr><td>4</td><td>9월 생일파티</td><td colspan="2"></td></tr>
</table>

월	주	주요 학사일정 및 행사	유아들의 흥미에 따라 선정된 주제
10	1	녹색성장 체험관 견학	
	2		
	3	아동권리교육 2차	
	4	10월 생일파티	
11	1		
	2	소방안전교육 3차	
	3	김장 담그기	
	4	11월 생일파티	
12	1		
	2	12월 생일파티	
	3	산타파티 및 겨울방학식	
	4		
1, 2	1	개학식 1, 2월 생일파티	
	2	수료식 초등학교 탐방	초등학교에 가면

출처: 박찬옥, 서동미, 곽현주, 박성희, 한남주, 홍찬의(2020). 2019 개정 누리과정을 반영한 유아교육과정. 정민사.

2) 월간 및 주간 보육계획

월간 보육계획과 주간 보육계획은 한 달 또는 한 주 동안에 이루어지는 모든 놀이와 활동들을 한눈에 볼 수 있도록 가시화한 자료이다. 개정 누리과정에서는 월간, 주간, 일일 계획안은 통합하여 하나의 문서로 작성하거나 선택하여 작성하고 작성양식, 내용, 주기 등은 모두 자율적으로 할 것을 권고하고 있다.

월간 및 주간 보육계획을 작성할 때 고려해야 할 것은, 첫째, 연간 보육계획에 기초하여 작성해야 한다는 것이다. 학기 초 미리 정해진 학사일정과 기관 및 지역행사 등을 고려하도록 한다. 놀이 주제 또한 유아의 관심과 흥미에 따라 선정해 나가도록 한다. 둘째, 주제가 정해지면 교사는 관련된 놀이와 활동, 다양한 놀이자료들을 탐색하고 유아의 놀이와 배움이 확장될 수 있도록 적절하게 지원한다. 셋째, 계획안을 일정한 장소에 게시하고 월간 및 주간 보육활동, 유아의 생일, 현장학습일, 공휴일, 명절 등을 표시해 두어 한 달 또는 한 주간의 생활을 한눈에 볼 수 있도록 한다(박찬옥 외, 2020). 넷째, 월간 및 주간 보육계획안을 정기적으로 가정으로 보내 기관의 주요 학사일정, 행사, 유아들의 놀이와 활동 내용 등을 알리고 필요하다면 가정의 협조를 구할 수 있도록 한다. 다음의 표 10-2는 한 주간 이루어진 놀이실행 내용과 교사의 지원을 기록한 주간 보육계획안의 예시이다.

〈표 10-2〉 주간 보육계획안의 예

주제	우리 동네	목표	내가 살고 있는 곳에 대해 궁금한 것을 알아본다.

요일	실행	지원
…	…	…
목	• 교실 한 켠에 있는 지도에 대해 관심을 가지고 가장 빨리 가는 길에 대한 대화를 나눔.	✔ 인터넷을 활용하여 유아가 지도를 잘 볼 수 있도록 지원함.
금	• 인터넷으로 본 지도를 보며 그림으로 길을 표상함. • 교실에 있는 종이가 작다고 하면서 점점 더 큰 크기의 종이를 요청함.	✔ 더 큰 종이 제공함: 도화지 → 4절지 → 전지 → 전지 이어 붙여서 그림 그리기.
월	• 지난주 금요일에 이어 길을 그림으로 표상함. 그림에서 일반도로뿐 아니라 다양한 길(예: 지하철, 고속도로 등)에 대한 표상이 나타남. • 종이를 이어 붙이는 것의 불편함과 더불어 이어 붙인 종이 위에 올라가서 그림을 그리자 다시 그릴 공간이 좁아지는 상황이 벌어짐.	✔ 문제 해결 방법에 대해 유아들과 토의하였고 복도에 나가서 그림을 그리기로 결정함. ✔ 종이는 계속 이어 붙이기 어려워 바닥에 그림을 그리면 좋겠으나 바닥을 훼손하면 안 되므로 다음 날 교사와 함께 자료실에 가서 바닥에 그리기 적절한 그리기 도구가 있는지 찾아보기로 함.

화	• 자료실에 가서 바닥에 그리고 지우기 적절한 그리기 도구를 찾다가 우연히 테이프를 발견하고 테이프로 길을 만들자고 함. • 유아가 선택한 자료인 테이프로 유아는 복도에서 길을 만들기 시작함.	✔ 교사와 유아가 함께 자료실에 가서 유아가 선택한 자료(절연 테이프)를 제공함. ✔ 교실 외 놀이공간(복도) 활용함.
수	• 복도에서 이어서 놀이함. 길이 더 길어지고 커짐. • 색테이프를 요청함. • 테이프로 벽에도 표상을 시작함. 노랑–고속도로 파랑–1호선 초록–2호선 빨강–3호선 "아파트는 바닥X. 서 있잖아."	✔ 벽까지 올라가서 어떻게 다 떼어 정리하나 걱정도 되었지만 유아들의 놀이를 지켜보기로 함. ✔ 요청에 따라 다양한 색깔의 테이프 추가 제공함. ✔ 테이프로 만든 길 위에 입체적으로 동네를 구성할까 싶어 종이벽돌블록과 소품 일부를 제시해 보았음.
목	• 제시한 블록, 소품에 관심을 보이지 않음. 오로지 테이프로만 길 만들기에 집중함. • 복도도 테이프길로 거의 꽉 차고, 멈춰야 되는지 다른 공간으로 길을 확장해도 괜찮은지 묻기 시작함. • 유아들과 토의 후 계단, 강당까지 가기로 함. • 길/미로/경사로 관련 대화가 오감.	✔ 유아가 안전하게 놀이하도록 교사도 전체를 관찰하지만, 평소 놀이하던 공간이 아니고 다른 학급의 유아들도 오가는 공간이므로 안전하게 놀이할 수 있도록 안전에 대해 짧게 이야기를 나눔. ✔ 유아들의 의견을 받아들여 복도에서 계단, 강당까지 기관 전체로 이어서 놀이하는 것으로 함.
금	• 테이프로 길 만드는 유아들이 줄어들고, 복도나 계단에서 길 만들기 놀이를 하기보다는 뛰어다니는 유아들이 많아짐. • 테이프를 떼어 정리하는 과정에서 돌돌 말린 테이프가 공처럼 되었고 테이프 공은 다시 유아들에게 새로운 놀잇감으로 보이기 시작함.	✔ 길 만들기 놀이에 대한 관심이 줄어들었음. ✔ 정리도 유아와 함께 진행함. 정리하는 과정에서 새로운 놀이자료(테이프 공)를 발견함. ✔ 테이프, 공을 활용하여 놀이할 수 있는 방법을 유아들 스스로 창안하기 시작함.

출처: 놀이실행 및 지원을 기록한 주간교육계획안의 예: 교육부 보건복지부(2019). 2019 개정누리과정 놀이실행 자료.

3) 일일 보육계획

유아반의 일일 보육계획은 주간 보육계획을 기초로 놀이와 활동, 일상생활로 구성된 일과로 이루어진다. 유아가 주도적으로 실행에 옮긴 놀이는 미리 계획하기가 어렵다. 따라서 교사는 유아가 실제 놀이한 내용과 교사가 지원한 내용을 포함하여 일일 보육계획안을 작성한다. 놀이시간은 바깥놀이를 포함하여 유아들이 몰입하여 놀이할 수 있도록 충분히 확보하고, 분절된 형태로 운영하지 않도록 한다. 활동은 유아의 놀이가 확장되고 지속되는 데 필요한 경우에 교사가 제안하거나 계획하여 운영하도록 한다. 유아가 진행하고 있는 놀이와 연계성이 있어야 하며 즐겁고 적극적으로 참여할 수 있는 활동이어야 한다. 즉, 놀이는 일과 전반에 걸쳐 진행되며 간식, 점심, 화장실 가기 등과 같은 일상생활과 교사가 준비하는 활동은 놀이의 흐름이 유지되는 가운데 삽입될 수 있도록 운영한다. 다음의 표 10-3은 유아의 놀이의 흐름에 따라 일과계획의 변화를 기록하고 일과 운영을 간단히 평가한 사례다(교육부, 보건복지부, 2019).

〈표 10-3〉 **3세 일일 교육계획안 예시**

일자	20**년 *월 *일	수업일수	000/000일
일과시간표	09:00~등원 09:10~실내놀이 10:10~오전 간식 10:40~바깥놀이 ~~11:40~화장실 다녀오기~~ 12:00~화장실 다녀오기 ~~11:50~이야기 나누기 '주말지낸 이야기'~~ ~~12:05~점심식사~~ 12:20~점심식사 ~~13:05~동화 '구름'~~ 13:25~귀가지도 및 하원		
누리과정 운영평가	• 나뭇가지를 탐색하고, 스카프를 활용하여 놀이하는 시간이 길어져서 바깥놀이 시간을 연장함. • 계획해 둔 이야기 나누기와 동화 활동은 반드시 진행하지 않아도 되는 활동이라고 판단함. • 점심식사 시간을 여유 있게 계획해 두었기 때문에 식사 시작시간을 늦추더라도 무리가 없다고 판단함.		

보육사업안내(보건복지부, 중앙육아종합지원센터, 2020) 서식을 활용한 주간 및 일일 보육일지의 작성 사례 예시는 다음과 같다.

① [주간 보육일지] 보육사업안내 서식 활용 보육일지 작성 사례[영역구분 삭제]

일지 작성 tip

보육사업안내 서식을 활용하여 한 주간의 계획과 실행 내용을 기록함

❶ 개정 누리과정의 '추구하는 인간상'을 중심으로 이번 주에 유아가 어떻게 지냈으면 하는지를 기술

❷ 놀이시간에 정리 및 전이 시간이 포함되므로 이를 고려하여 충분한 놀이시간을 확보 · 실시하고 놀이가 진행되는 흐름에 따른 각 놀이의 변화를 놀이명 수준으로 간단히 기록

– 추가되는 놀이는 파란색으로 기록

❸ 낮잠 후 자연스럽게 실시되는 놀이를 실내외 구분 없이 기록

❹ 실행된 놀이에 대한 간단한 평가, 일과계획에서 그 날 변동된 시간, 운영의 특이사항 기록

○○ 반 보육일지 (만 세)					
기간	년 월 일~ 월 일			담임	원장
❶ 이번주 교사의 기대	친구와 함께하는 놀이가 이루어지고 있으므로, 친구와 더불어 즐겁게 활발하게 어울렸으면 함				
요일 / 일과	월	화	수	목	금
등원 및 통합보육 (7:30 ~ 9:00)					
오전간식 (9:00 ~ 9:20)					
❷ 오전 실내놀이 (9:20 ~ 10:40)	데굴데굴 자동차를 굴려요	------------->	------------->	------------->	------------->
	블록으로 만든 길	------------->	------------->	여러 가지 길 (오르막, 내리막, 넓고 좁은 길 등)	------------->
	------------->	------------->	도로에서 볼 수 있는 것 (신호등, 표지판 만들기)	------------->	------------->
	다양한 자동차가 있어요	------------->	내가 만든 자동차	------------->	------------->
	------------->	------------->	------------->	내가 만든 자동차를 전시해요	------------->
활동 (10:40 ~ 11:00)	-	【교통안전교육】 신호등을 보고 건너요	내가 만든 자동차를 소개해요	자동차길을 만들 때 조심해요	-
바깥놀이(대체) (11:00 ~ 12:20)	놀이터에서 자동차 굴리기 •유희실에서 자동차 굴리기	산책하며 자동차길 살펴보기 •유희실에서 자동차 굴리기	산책하며 자동차길 살펴보기	놀이터에 길 만들기 •복도에 길 만들기	------------->
점심식사 (12:20 ~ 13:20)					
낮잠 및 휴식 (13:20 ~ 14:20)					
❸ 오후 놀이 (14:20 ~ 15:40)	오전에 진행되었던 자유놀이 확장하여 놀이하기				
오후간식 (15:40 ~ 16:00)					
귀가 및 통합보육 (16:00 ~ 17:00)					
❹ 놀이 평가 및 다음날 지원계획	한 유아가 자동차 굴리기를 하자 아이들이 점차 친구에게 관심을 보이며 주변으로 모여 놀이가 시작되었다. 자동차를 바닥에 굴리며 놀이하다가 블록으로 길을 만들어 그 위에서 움직이는 것으로 놀이가 변화하더니 놀이터에서도 자동차 굴리기가 계속되었다. 다양하고 넓은 공간에서 놀이해볼 수 있도록 실외에서도 진행해보아야겠다.	미세먼지로 인해 실외놀이가 어려워 유희실에서 대체놀이가 진행되었다. 그에 따라 실내놀이 시간을 20분(9:20~11:00) 확대하고 바깥놀이 시간에 대체한 유희실 놀이는 1시간(11:20~12:20)으로 조정하여 진행하였다. 내일 미세먼지 수치가 낮아지면 충분한 바깥놀이 기회를 제공해주어야겠다.	오늘은 미세먼지 수치가 낮아져서 어제 하지 못한 산책하며 자동차 길을 살펴보며 바깥놀이를 1시간 30분(10:50~12:20)으로 조정하여 진행하였다. 실외 공간에서 자동차길을 만들며 안전문제가 발생하기 시작함에 따라 안전하게 놀이할 수 있는 방법에 대해 유아들과 이야기를 나눌 필요가 있겠다.		
반 운영 특이사항	수족구 발생으로 결석 ○○○				

② [주간 보육일지] 놀이계획과 실행을 함께 기록한 보육일지 작성 사례

일지 작성 tip

주간 보육계획을 활용하되, 계획과 실행 기록을 통합하여 작성함

❶ 놀이시간에 정리 및 전이 시간이 포함되므로 이를 고려하여 충분한 놀이시간을 확보 · 실시하고 계획된 놀이와 우연히 일어난 놀이 등의 실행(파란색으로 표시)을 중심으로 간단히 기록

❷ 낮잠 후 자연스럽게 실시되는 놀이를 실내외 구분 없이 기록

❸ 실행된 놀이에 대한 간단한 평가와 일과계획에서 그 날 변동된 시간 등을 기록

❹ 한 주의 놀이평가를 바탕으로 다음 주 예상 놀이와 지원 계획 및 특이사항을 간략히 기록

담임	원장

보 육 일 지 (만○세)

기간	년 월 일 ~ 월 일				
일과(시간)	계획 및 실행				
	월	화	수	목	금
등원 및 통합보육 (7:30~9:00)					
오전간식 (9:00~9:20)					
❶ 오전 실내놀이 (9:20~10:40)	[데굴데굴 자동차를 굴려요] - 여러 가지 자동차와 자동차 사진을 준비함 * 자동차 굴리기에 관심을 보이며 여러 유아가 함께 자동차 굴리기를 함 [도로에서 볼 수 있는 것] - 신호등, 표지판 등 도로에서 볼 수 있는 교통관련 사진과 소품을 준비함 * 산책활동에서 살펴 본 신호등, 표지판을 만들어 도로 꾸미기 놀이를 함 [여러 가지 길] - 여러 가지 길을 만들 수 있는 블록 등을 준비함 * 블록을 높이 쌓아가며, 터널, 오르막, 내리막길 등에서 여러 가지 길에서 자동차 굴리기를 함(다양한 길에 관심을 보임)				
활동 (10:40~11:00)	-	[교통안전교육] 신호등을 보고 건너요	내가 만든 자동차를 소개해요	-	자동차길을 만들 때 조심해요
바깥놀이(대체) (11:00~12:20)	놀이터에서 자동차 굴리기, 산책하며 자동차길 살펴보기 (대체놀이 : 유희실, 복도에서 나동차 굴리기) 놀이터에서 자동차 굴리기를 하더니 산책을 통해 살펴본 자동차길을 구체적으로 만들어 놀이함				
점심식사 (12:20~13:20)	- 골고루 먹기 *유아들의 식사량이 크게 늘어남				
낮잠 및 휴식 (13:20~14:20)	- 조용한 음악을 들으면서 휴식을 취하거나 낮잠이 필요한 유아들은 낮잠 자기 * 미술영역에서 종이접기를 하며 휴식을 취함				
❷ 오후 놀이 (14:20~15:40)					
오후간식 (15:40~16:00)					
귀가 및 통합보육 (16:00~17:00)	- 자유롭게 놀이 후 순차적으로 귀가하기				

❸ 놀이 평가 및 다음날 지원계획				
월	화	수	목	금
한 유아가 자동차 굴리기를 하자 아이들이 점차 친구에게 관심을 보이며 주변으로 모여 놀이가 시작되었다. 자동차를 바닥에 굴리며 놀이하다가 블록으로 길을 만들어 그 위에서 움직이는 것으로 놀이가 변화하더니 놀이터에서도 자동차 굴리기가 계속되었다. 다양하고 넓은 공간에서 놀이해 볼 수 있도록 실외에서도 진행해보아야겠다.	미세먼지로 인해 실외놀이가 어려워 유희실에서 대체놀이가 진행되었다. 그에 따라 실내놀이 시간을 20분(9:20~11:00) 확대하고 바깥놀이 시간에 대체한 유희실 놀이는 1시간(11:20~12:20)으로 조정하여 진행하였다. 내일 미세먼지 수치가 낮아지면 충분한 바깥놀이 기회를 제공해주어야겠다.	오늘은 미세먼지 수치가 낮아져서 어제 하지 못한 바깥놀이를 1시간 30분(10:50~12:20)으로 조정하여 진행하였다. 확장된 실외 공간에서 자동차 길을 만들며 안전문제가 발생하기 시작함에 따라 안전하게 놀이할 수 있는 방법에 대해 유아들과 이야기를 나눌 필요가 있겠다.		

❹ 다음 주 예상 놀이 및 지원 계획	다음 주에는 계절에 맞는 놀이로 변경하여 진행하고자 한다. 날씨가 추워진 만큼 겨울이 다가왔음을 알고 유아들과 함께 겨울에 대해서 알아보며 관심을 가질 수 있도록 계획해야겠다. 그러나 이번 주까지 자동차 놀이에 관심을 많이 보인 만큼 유아들의 자동차 놀이에 대한 흥미가 지속된다면 관련 놀잇감을 계속 제공해 주고 유아들의 흥미가 줄어들면 정리해야겠다.
반 운영 특이사항	안전사고: ○○○ 바깥놀이 시 넘어져서 찰과상으로 소독 후 처치함

③ [주간 보육일지] 일과를 일상생활, 놀이, 활동으로 구분한 보육일지 작성 사례

일지 작성 tip

일과를 일상생활(간식, 점심, 낮잠 및 휴식), 놀이(실내 · 외), 활동으로 구분하여 기록

❶ 놀이시간에 정리 및 전이 시간이 포함되므로 이를 고려하여 충분한 놀이시간을 확보 · 실시하고 계획된 놀이와 우연히 일어난 놀이 상황을 기록

❷ 실행된 놀이에 대한 간단한 평가, 일과계획에서 그 날 변동된 시간, 운영의 특이사항 기록

❸ 한 주의 놀이평가를 바탕으로 다음 주 예상 놀이와 지원 계획을 간략히 기록

<table>
<tr><td colspan="3">주 간 보 육 일 지 (만○세)</td><td rowspan="2">결
재</td><td>담임</td><td>원장</td></tr>
<tr><td colspan="2">기 간</td><td>20 년 월 일 ~ 월 일</td><td></td><td></td></tr>
<tr><td colspan="2">통합보육</td><td>등원 (7:30~9:00)</td><td colspan="3">하원 (16:00~17:00)</td></tr>
<tr><td colspan="2">일과(시간)</td><td colspan="4">계획 및 실행</td></tr>
<tr><td rowspan="3">일상생활</td><td>간식
(9:00~9:20)
(15:40~16:00)</td><td colspan="4"></td></tr>
<tr><td>점심식사
(12:20~13:20)</td><td colspan="4"></td></tr>
<tr><td>낮잠 및
휴식
(13:20~14:20)</td><td colspan="4"></td></tr>
</table>

1

<table>
<tr><td rowspan="2">놀이</td><td>실내놀이
(9:20~10:40)
(14:20~15:40)</td><td></td><td>▸놀이상황)
놀이터에서 진행한 나무껍질 딱지놀이를 교실에서도 계속 하기 희망함. 미술영역 등에서 다양한 재질의 종이를 찾더니 딱딱한 종이를 찾아 딱지접기를 함
▸놀이지원)
유아들이 딱지에 관심이 높아 기존 재료 외로 부족한 두꺼운 재질의 종이, 잡지 등을 추가로 제시함. 또한, 유아들이 이야기하는 딱지 크기에 맞추어 종이를 잘라서 딱지 접기를 지원함</td></tr>
<tr><td>바깥놀이(대체)
(11:00~12:20)</td><td></td><td>▸놀이상황)
놀이터에서 유아들이 나무 밑에 떨어진 나무껍질을 수집하며 딱딱한 성질을 발견하더니 한 유아가 "이거 딱지 같아"라고 이야기함. 유아들이 나무껍질을 모아 딱지놀이를 시작함</td></tr>
<tr><td colspan="2">활동
(10:40~11:00)</td><td colspan="2">▸ 교통안전교육
'신호등을 보고 건너요' 라는 주제로 안전교육이 이루어지면서 길을 건너는 상황에 따라 안전하게 신호등을 보고 건너는 방법을 알아 볼 수 있었음. 가정연계로 유아들이 부모님과 신호등을 보고 길을 건너 볼 수 있도록 안전교육 내용을 안내해야겠음</td></tr>
</table>

2

날 짜	놀이평가 및 다음날 지원 계획	반 운영 특이사항
0일(월)	유아들이 다양한 재질을 활용할 수 있도록 재료를 추가로 제공할 필요가 있음. 딱지놀이 시 다른 놀이를 하는 유아들의 놀이공간이 확보될 수 있도록 실외 또는 유희실 등의 다양한 공간을 활용해야겠음	부모개별면담) OOO, OOO, OOO
0일(화)	미세먼지로 인해 실외에서 진행하고자 했던 딱지놀이를 유희실에서 진행하였음. 그에 따라 실외놀이 대체활동 시간을 1시간(11:20~12:20)으로 조정하였고 유아들의 요구에 따라 오전 실내놀이를 20분(9:20~11:00)확대하여 진행하였음	미세먼지 발생으로 인해 유희실에서 대체놀이를 함.
0일(수)	어제 진행하지 못한 실외 딱지놀이를 충분히 해볼 수 있도록 실외놀이 시간을 1시간 30분(10:50~12:20)으로 확대하여 진행하였음	
0일(목)		
0일(금)		

3

다음 주 예상 놀이 및 지원계획	바깥놀이를 하면서 발견한 딱지놀이에 대한 유아들의 흥미가 지속되어 실내놀이에도 딱지놀이가 활발하게 진행되었으므로 충분한 놀이 공간을 확보하기 유희실을 활용하거나 영역을 통합하여 놀이공간을 마련해 주어야겠음

④ [일일 보육일지] 보육사업안내 서식 활용 보육일지 작성 사례[영역 구분 삭제]

일지 작성 tip

보육사업안내 서식을 활용하여 일일 계획과 실행 및 평가 내용을 기록함

❶ 개정 누리과정의 추구하는 인간상을 중심으로 유아가 오늘 하루 어떻게 지냈으면 하는지를 기술
❷ 낮잠 후 자연스럽게 실시되는 놀이를 실내외 구분 없이 기록
❸ 실행된 놀이에 대한 간단한 평가와 다음 날 놀이 지원 계획 기록
❹ 반 운영 특이사항(부모면담, 안전사고, 감염병 발생 등) 기록

	○○ 반 보육일지 (만○세)			
	날짜	20 년 월 일	담임	원장
1	교사의 기대	친구와 함께 하는 놀이가 이루어지고 있으므로, 친구와 더불어 즐겁고 활발하게 어울렸으면 함		
	일과	계획 및 실행	놀이 평가 및 다음날 지원계획	3
	등원 및 통합보육 (7:30 ~ 9:00)			
	오전간식 (9:00 ~ 9:20)			
	오전 실내놀이 (9:20 ~ 10:40)	【데굴데굴 자동차를 굴려요】 자동차 굴리기를 하는 유아의 곁에 관심을 보이며 모여 들어 놀이가 시작됨. 바닥에서 자동차를 움직여 굴려보다가 한 유아의 어떤 자동차가 더 빠른지 대결을 하자는 제안에 자동차 경주가 진행되었고 더 빨리 자동차를 굴리기 위해 책상 위, 매트 등 공간을 바꾸어 가며 놀이하였음 【내가 만드는 자동차 길】 유아들이 자동차를 굴리며 놀이하다가 "자동차가 가는 곳은 어디지?"하는 유아의 질문에"응..도로야!"하고 대답한 것을 듣고 자동차 길 만들기가 이루어 짐. 무엇으로 만들지 의견을 나누고 큰 벽돌 블록, 작은 벽돌 블록으로 만들어 봄. 자동차 길을 만든 뒤 터널이 있다는 유아의 말에 우유팩을 뜯어 길 위에 놓거나 반원 벽돌 블록으로 만들어 봄	유아들이 자동차 경주 게임을 진행하며 속도의 차이에 대한 호기심이 생겼고 경사도나 바닥의 촉감에 따라 속도가 달라짐을 발견하게 되었다. 특히 유아들이 바닥의 촉감에 관심이 많아 내일은 다양한 촉감 길을 구성해볼 수 있도록 재료를 추가로 제시해주어야겠다. 또한, 유아들이 만든 자동차 길이 공간의 제약으로 끊기지 않고 이어질 수 있도록 교구장 및 책상을 정리하여 공간을 확장을 해주어야겠다.	
	활동 (10:40 ~ 11:00)			
	바깥놀이(대체) (11:00 ~ 12:20)	【바깥놀이】 놀이터에서 자동차 굴리기 【대체놀이】 유희실에서 자동차 굴리기		
	점심식사 (12:20 ~ 13:20)			
	낮잠 및 휴식 (13:20 ~ 14:20)			
2	오후 놀이 (14:20 ~ 15:40)			
	오후간식 (15:40 ~ 16:00)			
	귀가 및 통합보육 (16:00 ~ 17:00)			
4	반 운영 특이사항	부모 개별면담 진행- ○○○, ○○○		

⑤ [일일 보육일지] 일과를 일상생활, 놀이, 활동으로 구분한 보육일지 작성 사례

일지 작성 tip

일과를 일상생활, 놀이, 활동으로 구분하여 계획 및 실행 내용과 지원 계획을 작성함

❶ 놀이시간에 정리 및 전이 시간이 포함되므로 이를 고려하여 충분한 놀이시간을 확보 · 실시하고 계획된 놀이와 우연히 일어난 놀이 상황을 기록

❷ 실행된 놀이에 대한 간단한 평가와 다음 날 지원 계획 및 반 운영 특이사항(부모면담, 안전사고, 감염병 발생 등)을 간략히 기록

<table>
<tr><td colspan="3">일 일 보 육 일 지 (만○세)</td><td rowspan="2">결
재</td><td>담임</td><td>원장</td></tr>
<tr><td colspan="2">날 짜</td><td>년 월 일 ( ) 날씨:</td><td></td><td></td></tr>
<tr><td colspan="2">통합보육</td><td>등원 (7:30~9:00)</td><td colspan="3">하원 (16:00~17:00)</td></tr>
<tr><td colspan="2">일과(시간)</td><td colspan="4">계획 및 실행</td></tr>
<tr><td rowspan="3">일상생활</td><td>간식
(9:00~9:20)
(15:40~16:00)</td><td colspan="4"></td></tr>
<tr><td>점심식사
(12:20~13:20)</td><td colspan="4"></td></tr>
<tr><td>낮잠 및 휴식
(13:20~14:20)</td><td colspan="4"></td></tr>
<tr><td rowspan="2">1
놀이</td><td>실내놀이
(9:20~10:40)
(14:20~15:40)</td><td colspan="4">
▸놀이상황)
놀이터에서 진행한 나무껍질 딱지놀이를 교실에서도 계속 하기 희망함. 미술영역 등에서 다양한 재질의 종이를 찾더니 딱딱한 종이를 찾아 딱지접기를 함
▸놀이지원)
유아들이 딱지에 관심이 높아 기존 재료 외로 부족한 두꺼운 재질의 종이, 잡지 등을 추가로 제시함. 또한, 유아들이 이야기하는 딱지 크기에 맞추어 종이를 잘라서 딱지 접기를 지원함</td></tr>
<tr><td>바깥놀이
*대체
(11:00~12:20)</td><td colspan="4">
▸놀이상황)
놀이터에서 유아들이 나무 밑에 떨어진 나무껍질을 수집하며 딱딱한 성질을 발견하더니 한 유아가 "이거 딱지 같아"라고 이야기함. 유아들이 나무껍질을 모아 딱지놀이를 시작함</td></tr>
<tr><td colspan="2">활동
(10:40~11:00)</td><td colspan="4">▸ 교통안전교육
'신호등을 보고 건너요' 라는 주제로 안전교육이 이루어지면서 길을 건너는 상황에 따라 안전하게 신호등을 보고 건너는 방법을 알아 볼 수 있었음. 가정연계로 유아들이 부모님과 신호등을 보고 길을 건너 볼 수 있도록 안전교육 내용을 안내해야겠음</td></tr>
<tr><td colspan="2">놀이평가 및
다음날 지원 계획</td><td colspan="4">2
딱지놀이가 지속적으로 진행되면서 유아들이 자신이 만든 딱지를 어디에 보관해야할지 고민하는 모습을 볼 수 있었음. 내일은 유아들이 딱지 가방이나 보관함을 만들어 볼 수 있도록 종이상자, 리본끈 등의 조형재료를 추가로 제공해주어야겠음</td></tr>
<tr><td colspan="2">반 운영 특이사항</td><td colspan="4">부모 개별면담) OOO, OOO, OOO</td></tr>
</table>

3. 유아반 하루일과 운영

유아반의 하루일과는 유아가 주도하는 놀이를 중심으로 운영한다. 유아는 하루일과에서 놀이, 일상생활, 활동 등을 하며 다양한 경험을 한다. 놀이는 실내외 놀이를 포함하며 하루일과 중 가장 길게, 우선적으로 충분한 시간을 두고 운영한다. 일상생활은 등원, 화장실 가기와 손 씻기, 간식 및 식사, 낮잠 및 휴식 등 유아의 신체적 리듬을 고려하여 운영함으로써 유아들이 하루를 즐겁게 보낼 수 있도록 한다. 활동은 교사가 유아의 놀이를 지원하는 것으로 신체, 언어, 미술, 음악, 수학, 과학, 요리, 견학 등과 같은 대 · 소집단 활동을 포함한다. 교사는 유아가 주도하는 놀이를 지원하기 위해 필요에 따라 활동을 계획하여 운영할 수 있다. 그러나 교사가 미리 계획하여 하루일과를 운영하기보다는 유아의 흥미와 관심에 따라 놀이를 충분히 즐길 수 있도록 융통성 있게 운영하는 것이 중요하다. 구체적으로 그 내용을 살펴보면 다음과 같다.

1) 일상생활

(1) 등원

교사는 등원시간에 앞서 미리 교실을 환기시키고 안전과 청결을 점검한다. 하루일과의 시작인 등원은 교사가 유아를 만나는 첫 시간으로 어린이집에서의 즐거운 하루를 위해 중요한 시간이다. 교사는 유아가 안정감을 느끼고 하루일과에 대한 기대를 할 수 있도록 밝게 환영하며 맞이해 주고, 유아의 기분과 모습을 살피며 간단한 상호작용을 하도록 한다. 부모와 간단한 면담을 통해서는 전날 밤 어떻게 지냈는지, 아침은 잘 먹었는지, 건강상태는 어떠한지, 투약할 약이 있는지 등에 대한 정보를 얻는다. 유아가 먹어야 할 약이 있다면 반드시 투약의뢰

서를 받아 둔다. 교사가 유아와 부모에게 건네는 인사와 대화를 통해 유아는 자연스럽게 바람직한 사회적 기술을 배울 수 있게 되므로 교사는 이 점을 염두에 두고 바른 자세로 상호작용하도록 한다. 등원 후 교실로 들어온 유아는 스스로 자신의 물건을 정리할 수 있도록 지도한다. 유아기는 기본생활습관이 형성되는 중요한 시기이므로 서툴더라도 스스로 해 볼 수 있도록 격려해 준다.

(2) 간식과 식사

영아들이 다양한 식재료를 감각적으로 탐색하고 맛보며 먹는 것의 즐거움을 알아 간다면, 유아들은 점차 활동량이 많아져 영양가 있고 균형 있는 음식섭취를 하고, 식사예절 및 관련 기본생활습관을 배워 나가게 된다. 간식과 식사는 유아의 신체적 건강도모, 교사 및 친구들과 자연스러운 대화를 통한 친밀감과 의사소통 능력 향상, 사회적 기술 학습, 수·과학적 지식 형성, 청결한 습관형성 등에 도움이 되는 중요한 시간이다. 간식과 식사시간을 운영할 때 다음과 같은 점을 고려할 수 있다. 첫째, 유아가 맛있게 음식을 먹고 자신의 자리를 스스로 정리하는 것을 즐거운 경험으로 느낄 수 있도록 한다. 둘째, 친구들과 즐겁게 먹는 과정에서 기본적인 식사예절을 자연스럽게 배울 수 있도록 편안한 분위기를 제공한다. 교사가 정한 규칙을 너무 엄격하게 적용하여 지도하거나 억압된 분위기를 조성하지 않도록 주의한다. 셋째, 때에 따라 당번을 정해 유아에게 배식하는 기회를 제공하여 주도성, 책임감, 소속감을 길러 줄 수 있다. 넷째, 개별 유아의 특성을 고려하여 칭찬과 격려와 같은 긍정적인 방법으로 지도한다. 다섯째, 간식과 식사 전후로 손 씻기와 양치지도를 진행하여 청결한 습관을 기를 수 있도록 한다.

(3) 화장실 다녀오기

유아기는 배변훈련이 이루어져 자율적으로 배변활동을 할 수 있는 시기이므로 일과 중 자연스럽게 화장실을 다녀올 수 있도록 지도한다. 유아들은 혼자 화장실에 다녀오는 것이 가능하지만 어린이집에 처음 다니게 되어 화장실 사용이 익숙하지 않은 경우나 놀이에 너무 몰입하여 생리적 욕구를 지나칠 때 배변실수를 할 수 있다. 이때 교사는 편안한 분위기에서 도움을 제공하고, 다른 유아가 보지 않도록 주의한다. 따라서 학기 초 화장실 사용방법에 대한 안내가 필요하며 일과운영 중 일정한 간격을 두고 화장실에 가도록 지도할 필요가 있다. 화장실 사용 후 깨끗하게 처리하는 방법 또한 안내하여 청결한 습관을 형성하도록 도와주어야 한다. 화장실에는 손 씻기, 화장실 이용방법, 화장실 예절 등에 대한 그림이나 사진자료를 게시해 두고, 화장실 바닥은 미끄럽지 않도록 안전설비를 갖추어 놓는다.

(4) 낮잠 및 휴식

낮잠 및 휴식은 활동량이 많은 유아들에게 매우 중요한 시간이다. 유아들은 스스로 자신의 몸 상태를 이해하여 지쳤을 때 휴식을 취하는 것이 어렵기 때문에 교사는 이러한 시간을 계획하여 유아들이 자기조절력을 기를 수 있도록 도와주어야 한다. 영아에 비해 유아들의 낮잠은 소홀히 여겨질 수 있지만 짧은 시간이라도 유아들이 휴식을 취하도록 하여 신체적 · 심리적으로 보다 편안하게 하루일과를 보낼 수 있도록 지도한다.

(5) 정리정돈

정리정돈은 자신이 가지고 놀이한 놀잇감을 정리하거나 활동 후 뒷정리를 스스로 하는 것을 말한다. 자유놀이 시간에 다른 놀이영역으로 가기 전 자신이 가지고 놀이한 놀잇감을 정리하는 것과 자유놀이 시간이 마무리될 때 모두 다 같이 정리하는 것을 포함한다. 이는 주변을 청결하게 하는 습관을 기르는 데 도움이 될 뿐 아니라 자신이 한 행동에 대해 책임감을 갖게 하고 타인을 배려하는 행동도 배우는 기회를 제공한다. 유아들과 함께 정리정돈의 필요성과 중요성에 대해 이야기 나누는 시간을 갖는다면 보다 즐겁고 책임감 있게 참여할 수 있을 것이다. 정리정돈을 할 때는 놀이시간이 끝나기 10분~15분 전에 미리 알려 주어 자신의 활동을 스스로 마무리하고 정리하는 습관을 기를 수 있도록 한다. 정리해야 하는 놀잇감이 너무 많거나 정리정돈을 어려워하는 유아에게는 교사와 친구들이 서로 도우며 함께하는 경험을 제공함으로써 협동의 가치를 느낄 수 있도록 한다. 만약 유아들이 놀이가 다음 날까지 지속되기를 원한다면 정리정돈을 반드시 해야 할 필요는 없고 놀잇감을 그 영역에 잘 놓아 둘 수 있다. 또한 놀이를 계속 하고자 하는 유아의 욕구를 존중하여 필요한 경우에만 실시하고 빈번한 정리정돈으로 놀이를 중단시키지 않도록 한다.

(6) 평가 및 귀가

유아들은 하루일과를 마치며 그 날의 놀이와 활동을 회상해 보는 시간을 갖게 된다. 기억에 남는 일, 즐거웠던 일, 속상했던 일, 아쉬웠던 일 등에 대해 이야기 나누며 자연스럽게 일과를 평가하게 된다. 이 시간은 교사 또한 자신이 준비했던 활동이나 놀이지원이 적절했는지 돌아볼 수 있는 기회가 된다. 교사는 하루일과를 보내며 관찰한 유아들의 다양한 활동, 또래와의 놀이, 바람직한 행동 및 태도에 대해 칭찬과 격려를 해 주고, 다음 날 놀이에 대한 안내를 함으로써 즐거운 기분으로 귀가할 수 있도록 한다. 귀가할 때는 어린이집에서 배부하는 통신문, 유아의 작품, 옷이나 약 등과 같은 개인 소지품을 잘 챙기도록 도와주고 귀가동의서에 기록되어 있는 보호자에게 인계한다. 등원 때와 비교해서 유아에게 특별한 변화가 있거나 부모에게 연락할 사항이 있다면 기록해 두었다가 알린다.

유아를 위한 일과운영은 이와 같이 등원하기, 간식과 점심 먹기, 화장실 가기와 같은 일상생활활동 이외에 대소집단 활동을 통한 다양한 놀이활동들로 이루어진다. 유아의 하루일과 운영의 예는 다음의 표 10-4와 같다(김계중 외, 2020).

〈표 10-4〉 유아반 일과운영의 예

등원
↓
오전 실내 자유놀이(오전간식)
↓
대소집단 활동
↓
오전 실외 자유놀이 또는 산책
↓
점심식사
↓
낮잠 및 휴식/조용한 놀이 및 귀가
↓
오후간식
↓
오후 실내외 자유놀이
↓
귀가

2) 놀이

(1) 실내 자유놀이

유아들은 실내 자유놀이 시간에 언어영역, 미술영역, 음률영역, 수 · 조작영역, 과학영역, 역할놀이영역, 쌓기놀이영역 등의 놀이영역에서 자신의 흥미와 발달수준에 적합한 놀이를 할 수 있다. 개정 누리과정에서는 하루일과 중 자유놀이 시간이 바깥놀이를 포함하여 최소 2시간 이상 이루어지도록 하고 있다. 이렇게 여유롭고 충분히 제공되는 자유놀이 시간을 통해 유아는 새롭고 다양한 학습을 경험하게 된다. 또한 대 · 소근육 발달, 사회적 기술 향상, 언어적 상호작용 능력

발달, 정서발달, 문제해결능력 증진 등을 도모할 수 있게 된다. 교사는 유아의 놀이 속에서 자연스럽게 배움이 일어나고 확장될 수 있도록 적절한 놀이자료를 지원해 주고 안전한 환경을 마련해 주어야 한다.

(2) 실외 자유놀이

실외 자유놀이는 교실 외의 바깥 공간에서 이루어지는 유아의 놀이를 말한다. 실외 자유놀이는 놀이기구를 활용한 대근육 운동 영역, 동·식물 관찰 영역, 물·모래놀이 영역, 휴식 영역, 책 읽기나 미술활동을 할 수 있는 영역 등으로 구성될 수 있다. 즉, 동적인 활동과 정적인 활동이 고르게 이루어지도록 다양한 놀이자료를 풍부하게 제공해 주어야 한다. 오랜 시간 동안 어린이집에서 지내는 유아의 경우 생활과 환경의 변화가 필요하다. 개방적인 실외에서 이루어지는 놀이는 실내에서 하지 못했던 뛰고 달리는 대근육 운동을 가능하게 하고, 활기를 주며, 정서적 긴장감 또한 해소시켜 줄 수 있다. 교사는 실외놀이의 교육적 가치를 이해하여 실내외 놀이시간을 균형 있게 구성하도록 한다. 다만 날씨와 계절, 기관의 상황, 유아의 관심사와 놀이 특성을 고려하여 융통성 있게 운영한다.

3) 활동

활동은 한 학급의 유아가 대집단이나 소집단으로 모여서 하나의 활동을 함께 하는 것을 말한다. 보통 인사하기 및 출결상황 알아보기로 하루를 시작할 수 있으며 그 밖에 이야기 나누기, 동화·동시·동극과 같은 문학활동, 노래 부르기·악기연주·음악감상과 같은 음악활동, 그리기·만들기·미술감상과 같은 미술활동, 요리활동, 게임 등의 활동이 있다. 이러한 활동들을 통해 유아들은 규칙 지키기, 양보하기, 기다리기, 배려하기, 협동하기 등의 사회적 기술을 학습하게 된다. 활동을 계획하고 운영할 때 고려할 점은, 첫째, 유아의 주의집중 시간을 고려하여 30분을 넘지 않도록 계획해야 한다. 둘째, 활동은 진행되는 주제의 흐름에 적합해야 하고 유아의 놀이를 지원하는 것이어야 한다. 셋째, 유아의 발달에 의미가 있어야 하며 다양한 교과영역을 균형 있게 통합적으로 다룬 것이어야 한다. 넷째, 하루에 너무 많은 활동을 계획함으로 인해 유아의 놀이시간이 분절되거나 줄어들지 않도록 한다. 다섯째, 계획한 활동이라 할지라도 유아가 흥미를 보이지 않을 경우 다른 활동이나 놀이로 대체하여 융통성 있게 운영한다.

4. 유아반 놀이지원

2019 개정 누리과정은 놀이를 통한 유아의 배움을 강조하고 있다. 유아는 어디서나 자유롭게 놀이하며 배울 수 있지만 특히 교육과정으로서 누리과정을 운영하는 어린이집에서 이루어지는 유아의 놀이는 교사의 지원을 통해 더욱 유의미한 배움이 될 수 있다. 교사는 다양한 방식으로 유아가 놀이를 통해 배우고 성장할 수 있도록 돕고 지원하는 역할을 해야 한다. 개정 누리과정 해설서의 내용을 중심으로 유아의 놀이지원을 살펴보고자 한다(교육과학기술부, 2019).

첫째, 유아의 놀이를 통해 배움을 이해한다.

유아는 놀이하면서 자연스럽게 세상과 교감하고 성장해 나간다. 놀이는 시작과 끝이 정해져 있는 것이 아니라 계속적으로 이어지거나 끊어지기도 하며 새롭게 생성되어 가는 연속적인 과정이며, 이는 곧 배움의 과정과 같다. 교사는 유아의 놀이를 배움의 과정으로 이해하고 지원해야 한다. 개정 누리과정에서는 유아가 놀이를 통해 경험하는 배움을 신체운동 · 건강, 의사소통, 사회관계, 자연탐구, 예술경험의 5개 영역과 연결지어 이해할 수 있도록 안내하고 있다. 개정 누리과정에서 제시하고 있는 5개 영역과 59개의 내용은 유아들이 유치원이나 어린이집에서 경험해야 할 의미 있고 가치 있는 배움의 내용으로 구성되어 있다. 이는 교사가 가르쳐야 할 내용이 아니라 유아가 즐겁게 놀이하면서 경험하고 배우게 되는 내용으로 이해해야 한다. 교사는 유아의 놀이에서 나타나는 통합적 경험을 59개의 내용과 연결해 보면서 유아의 놀이를 통한 배움을 이해할 수 있다.

둘째, 놀이와 연계한 활동을 통해 유아의 배움을 지원한다.

교사는 일상생활과 활동에도 유아의 흥미와 관심을 반영하여 유아가 즐겁게 경험하며 배우도록 지원할 수 있다. 교사가 활동을 운영할 때 유아가 주도하는 놀이의 내용과 연계하여 유아가 즐겁게 배울 수 있도록 지원하는 것이 중요하다. 예를 들어, 현재 유아가 하고 있는 놀이에 부합하면서 유아의 흥미나 관심과 관련된 동화 듣기, 노래 부르기, 요리하기, 게임 등을 제안하여 즐겁게 놀이하는 방식으로 활동을 할 수 있다. 또한 유아가 자신이 하고 있는 놀이를 친구들에게 소개하기, 놀이 규칙 정하기, 특정 관심사에 대해 함께 알아보기 등 상황에 따라 이야기를 나누는 것도 가능하다. 만일 교사가 유아의 놀이를 지원하기 위해 다양한 활동을 계획했더라도 이는 유아의 관심과 흥미에 따라 얼마든지 수정할 수 있다. 유아의 흥미나 관심 등을 고려하지 않고 미리 정해진 생활주제에 따라 활동을 진행하기보다는 유아가 주도해 가는 놀이와 연계하여 활동을 진행하는 것이 바람직하다.

교사는 유아의 건강과 안전을 위해 필수적으로 요구되는 일상생활 습관지도나 안전 교육을 계획하여 운영할 수 있다. 어린이집에서는 유아가 놀이 안전과 생활 안전을 지키고, 위험한 일이 발생하였을 때 도움을 받아 대처할 수 있는 능력을 기를 수 있도록 안전 교육을 실시해야 한다. 안전 교육이 필요한 항목으로는 화재안전, 교통안전, 약물안전, 유괴에 대처하는 방법 등이 있으며, 이는 안전 교육 관련 법령 및 지침 등에서 제안하는 내용을 바탕으로 유아들이 이해하기 쉬운 방식으로 지도한다.

셋째, 자율성을 바탕으로 유아의 놀이와 배움을 지원한다.

유아 중심 · 놀이 중심 교육과정에서는 유아가 놀이에서 경험하는 배움을 지원하기 위해 교사의 자율성을 강조한다. 유아는 자신에게 가장 적합한 방식으로 놀이하기 때문에 유아의 놀이는 예측하기 어렵다. 교사는 유아의 특성, 안전, 놀이 환경, 자료, 날씨, 기관의 상황 등을 고려하여 놀이를 지원해야 한다. 교사는 유아가 놀이하며 배울 수 있도록 상황에 따라 필요한 교육적 판단을 자율적으로 할 수 있어야 한다. 예를 들어, 교사는 유아의 놀이가 자신이 계획한 주제나 활동과 다르게 이루어지더라도 유아의 놀이를 존중하여 계획된 활동을 변경할 수 있다.

교사가 유아의 놀이를 존중한다는 것은 유아의 놀이를 바라만 보거나 방관하는 것이 아니라, 유아의 배움에 필요한 지원 내용을 생각하고, 준비하고, 지원하는 과정을 모두 포함한다. 예를 들어, 교사는 유아가 놀이하며 경험한 내용을 관찰하고, 놀이에서 나타나는 배움에 주목하여 이를 기록할 수 있다. 이러한 기록은 유아의 놀이 지원을 위한 교사의 자율적 판단의 근거가 된다. 교사는 계획안을 활용하여 유아가 실제 놀이한 내용을 적합한 방식으로 기록하고, 그에 따른 교사의 지원 내용도 함께 작성할 수 있다. 계획안은 유아가 놀이하며 배우는 과정을 이해하는 자료가 되며, 이를 작성하면서 유아에게 필요한 놀이 지원도 함께 계획할 수 있다.

5. 놀이관찰 평가

개정누리과정 해설서(교육부, 보건복지부, 2019)와 서울특별시교육청(2024)이 제시한 놀이평가 유형을 중심으로 놀이관찰 평가에 대한 내용을 살펴보고자 한다.

1) 주기별 놀이평가

(1) 일일평가(간략형)

우리 반 일과의 계획과 평가, 유아 관찰 내용 등을 한 서식에 작성하는 평가를 말한다. 하루일과를 중심으로 놀이기록과 유아평가를 한 번에 간략하게 할 수 있다. 개별유아 관찰 서식이 나누어 있어서 유아별 관찰빈도를 비교할 수 있고, 교육과정 관련요소를 작성하면서 부족한 요소를 보완하여 활동을 지원할 수 있다.

일일평가 방법은 다음과 같다.

- 하루일과 계획–수정–작성
  - – 하루 전날 다음 날의 하루일과를 계획, 작성하기
  - – 당일 하루일과의 내용과 변화된 부분 수정, 작성하기
- 하루일과에 포함된 교육과정 관련 요소
  - – 하루일과에 포함된 교육과정 관련 요소를 찾아 기록하기
- 놀이 활동 내용 작성 및 놀이 지원 계획
  - – 교사지원 놀이실행 내용과 유아주도 놀이실행 내용을 파악하여 기록하기
  - – 내일의 놀이 지원 계획하기
- 유아 행동 관찰
  - – 개별 유아의 놀이 및 부모상담 등에 활용할 내용의 유아의 행동 기록하기
- 반성적 사고
  - – 하루일과를 마치고 난 후 하루 돌아보며 교사 성찰 메시지 남기기

〈표 10-5〉 일일평가 예시

2024.　　.　　.　(　　)

<table>
<tr><td rowspan="5">교육과정 관련요소</td><td>신체운동건강</td><td colspan="2">안전하게 생활하기: 일상에서 안전하게 놀이하고 생활한다.</td></tr>
<tr><td>의사소통</td><td colspan="2">듣기와 말하기: 자신의 경험, 생각, 느낌을 말한다.</td></tr>
<tr><td>사회관계</td><td colspan="2">더불어 생활하기: 서로 다른 감정, 생각, 행동을 존중한다.</td></tr>
<tr><td>예술경험</td><td colspan="2">창의적으로 표현하기: 다양한 미술 재료와 도구로 자신의 생각과 느낌을 표현한다.
극놀이로 경험이나 이야기를 표현한다.</td></tr>
<tr><td>자연탐구</td><td colspan="2">생활 속에서 탐구하기: 물체를 세어 수량을 알아본다</td></tr>
<tr><td rowspan="8">일과시간표</td><td>시간</td><td>활동명</td><td>내용</td></tr>
<tr><td>~9:00</td><td>등원 및 유아맞이</td><td></td></tr>
<tr><td>9:00~10:30</td><td>자유놀이</td><td>가게놀이, 가게놀이를 위한 준비물 만들기, 점토놀이 등</td></tr>
<tr><td>10:30~10:50</td><td>이야기 나누기</td><td>우리 동네에 있는 가게에 가 본 경험 이야기 나누기</td></tr>
<tr><td>10:50~11:50</td><td>바깥놀이</td><td>모래놀이(놀이 약속 이야기 나누기, 모래로 케이크 만들기)</td></tr>
<tr><td>11:50~13:00</td><td>점심 및 양치질</td><td></td></tr>
<tr><td>13:00~13:20</td><td>음악</td><td>노래-우리동네</td></tr>
<tr><td>13:20~13:30</td><td>평가 및 귀가</td><td></td></tr>
<tr><td rowspan="3">교사지원 실행활동</td><td>활동내용</td><td colspan="2">평가</td></tr>
<tr><td>가게놀이 간판 만들기</td><td colspan="2">가게놀이 활성화를 위해 가게 간판 만들기를 교사가 제안하여 가게 이름, 꾸미기 방법 등에 대해 이야기 나눈 후 관련 자료 제공</td></tr>
<tr><td>놀이와 연계된 노래</td><td colspan="2">우리 동네에 있는 다양한 가게를 넣어 '우리 동네' 노래를 불러 보고, 유아 스스로 노래를 개사하여 불러 볼 수 있었음</td></tr>
</table>

구분	내용	교사 지원 및 평가
유아주도 실행놀이	가게놀이 중 아이스크림 가게 놀이에 흥미를 느껴 놀이 진행	• **아이스크림을 무엇으로 만들면 좋을지 유아들과 상호작용:** 점토, 블록, 역할놀이 도구 등을 이용하여 아이스크림을 다양하게 표현할 수 있도록 지원 • **가게 놀이를 위한 역할 정하기:** 유아들의 놀이 상황을 관찰한 후 각 역할의 특성이나 언어적 상호작용에 대해 교사의 시범 등을 통하여 놀이가 활성화되도록 지원

구분	유아요청	교사지원	기타지원 (가정, 전문가, 견학 등)
내일의 놀이지원	손님은 지갑도 있고 가방이 있어서 좋은데 아이스크림 가게 주인은 무언가로 표시를 하는 것이 필요하다는 요청	• 가게에 갔을 때 가게주인이 어떤 모습을 하고 있었는지에 대해 이야기 나누기 • 모자, 목걸이 등으로 표시하자는 의견에 따라 관련 소품 및 재료 지원	• 우리 동네 가게 방문하기
반성적 성찰	연령이 어린 유아들이다 보니 가게놀이 역할에 맞는 언어적 상호작용을 지도해야 했다. 그 때 교사가 직접 손님 또는 주인이 되어 언어적 지원을 해 주다 보니 교사가 먼저 적절한 언어적 표현 모델링을 통해 유아의 놀이를 지원해야겠다는 생각이 많이 들었다.		

번	이름	관찰내용	기타사항
1	김○○	가게놀이를 할 때 계속 주인을 하고 싶다고 하면서 친구들은 손님을 하도록 권유함	투약 13:00
2	이○○	가게놀이에 관심을 보이지 않고 몇몇 남자친구들과 팽이놀이를 즐김	
3	박○○	모래놀이 시 눈에 모래가 들어가서 응급처치 함	전화상담
4	한○○	가게놀이 간판 만들기에 관심을 보이며 여러 가지 재료를 다양하게 활용하고, "선생님, 이걸로 꾸며도 돼요?"라고 물으며 적극적으로 활동에 참여함	
5		**우리 반 유아 명단 모두 기입하여 관찰내용 및 기타사항 작성할 수 있음**	

(2) 주간평가

주간계획 일정에 따른 놀이 진행상황 기록을 통해 한 주간의 놀이 활동을 담은 평가다. 주간 교육계획표, 놀이기록지(부록서식), 사진 및 영상촬영용 도구 등이 필요하다. 교사가 계획한 활동과 유아 주도의 놀이가 병행될 때 활용하기 좋으며 한 주간의 놀이의 흐름을 파악하기에 용이하다. 사진자료 등을 첨가하여 작성한다면 놀이의 내용과 상황을 이해하기 쉬우며 개별 유아가 어떤 놀이에 참여했는지 쉽게 파악할 수 있다. 방법은 다음과 같다.

- 우리 반 주간교육 계획
  - 전 주의 놀이진행 상황 및 내용과 연계한 다음 주 주간 계획 세우기
  - 놀이와 관련된 대집단 활동 계획 세우기
- 놀이 실행 내용 기록
  - 교사가 계획한 놀이, 실제 진행된 놀이 기록하기
  - 이번 주 놀이실행 내용을 파악하여 기록하기(사진, 영상 활용)
  - 그 날에 이루어진 대집단 활동도 포함해서 작성하기
  - 교사가 유아의 놀이를 지원한 내용도 함께 작성하기
- 다음 주 놀이 지원 모색
  - 이번 주 놀이실행 내용에 따른 다음 주 놀이 지원 계획하기

〈표 10-6〉 주간평가 예시

주간 교육계획표

○○반 주간일정

○○반의 주간일과 순서 및 행사를 표에 기록합니다.
일과운영 시 주의사항을 준수하여 운영합니다.
매일의 놀이실행안은 주차별 주간일과 뒤에 작성합니다.

시간	월	화	수	목	금
182	4/12	4/13	4/14	4/15	4/16
수업일수	29	30	31	32	33
행사					
등원 및 개인 물품정리					
09:20~09:50	오전간식	오전간식	오전간식	오전간식	오전간식
09:50~10:00	아침운동	아침운동	아침운동	아침달리기-안전한 놀이약속	아침운동
10:00~10:20	도서활동	(안전)교실에서 안전하게 생활해요	(인성)바른 자세로 인사	자유놀이	동화 듣기-달라도 친구
10:20~11:00	자유놀이	자유놀이	자유놀이	|	|
11:00~11:20	|	|	|	도서실 이용	|
11:20~12:00	강당 놀이 안전한 놀이약속	블록 놀이 안전한 놀이약속	바깥 놀이 안전한 놀이약속	강당놀이	블록놀이
12:00~12:20	강당	|	|	(강당) 풍선 파라슈트 놀이	
손씻기 및 화장실 다녀오기					
12:20~13:10	점심식사	점심식사	점심식사	점심식사	점심식사
13:10~13:35	〈새 노래〉 씨앗	〈게임〉 이름 모으기	〈동화〉 우리는 친구	〈미술〉 내 이름 꾸미기	〈신체〉 파라슈트 놀이
13:35~13:50	하루일과 평가 및 귀가지도				

주간 교육계획에 따른 평가기록

○○반의 놀이기록 4월 12일 31/182

*놀이 및 활동명 기입	〈벚꽃 팝콘을 사용하여 만들기〉
*놀이 및 활동 내용 기입	1. 벚꽃 팝콘을 자유롭게 사용하여 만들기 2. 벚꽃 나무 만들기, 벚꽃 팝콘 기차 만들기

*사진추가

*놀이 및 활동명 기입	〈다양한 자유놀이〉
*놀이 및 활동 내용 기입	1. 자석도형으로 삐에로인형 만들기 2. 공룡 집 짓기, 공룡인형으로 이야기 만들기 3. 음식을 파는 미용실 4. 음식을 파는 가계 5. 내가 만든 점토인형으로 이야기 지어 놀기

*사진추가

*놀이 및 활동명 기입	〈블록놀이-공이 굴러가는 길 만들기, 멋진 집 만들기〉
*놀이 및 활동 내용 기입	1. 상상 블록을 연결하여 공이 굴러가는 길 만들기 2. 블록으로 울타리와 문 만들기

*사진추가

(3) 연간평가

1년 동안의 놀이 주제 및 놀이 진행 내용을 간략하게 기록하여 학기별 또는 학년도 단위의 놀이 흐름을 한눈에 파악하는 평가를 말한다. 연간교육계획표, 교사의 다른 평가자료, 연간놀이 진행결과표(부록서식)을 준비한다. 연간교육계획을 교사가 먼저 계획한 후 실제 놀이한 내용을 수정해서 작성할 수 있다. 1년 동안 진행된 놀이를 파악하여 놀이가 계속 중복되는 일이 없이 새로운 놀이를 진행하는 데 도움이 될 수 있고, 교사의 다른 관찰, 평가자료와 연계하여 연간놀이 진행결과표를 활용하면 더욱 질 높은 평가 자료가 될 수 있다. 방법은 다음과 같다.

- 연간놀이 진행결과표 활용
  - 연간놀이 진행결과표 작성 방법에 대해 교원들과 함께 협의하기
  - 연간놀이 진행결과표를 우리 유치원, 우리 반 상황에 맞게 수정하기
- 놀이주제에 따른 놀이내용 계획–수정–작성
  - 놀이주제에 따른 놀이 계획하기
  - 놀이주제에 따른 실제 진행된 놀이내용 작성하기
  - 작성 방법은 교사가 알아보기 쉬운 방법으로 간략하게 작성하기
- 학기별, 학년도별 놀이내용 파악
  - 1학기에 이루어진 놀이내용을 작성하여 그 내용을 파악하여 2학기 놀이 전개에 활용하기
  - 1년 동안의 놀이내용을 지속적으로 작성하고 누적하여 1년의 놀이과정을 분석하기
- 다음 학년도 놀이주제에 반영
  - 기록된 연간 평가자료를 통해 다음 학년도 교육과정 계획에 반영하여 유아들의 놀이가 중복되지 않고 연계, 확장될 수 있도록 방법을 모색하기

〈표 10-7〉 연간평가 예시

학기	월	주	놀이주제	놀이	평가
	3	1	행복한 우리 반 건강과 안전	교실 탐험놀이 우리 반 친구들	• 처음 만난 친구들, 우리 반에 대해 궁금한 것에 대해 알아보고 학기 초 안전 및 건강에 관한 내용을 통해 1년 동안 학급을 운영하는 데 어려움이 없도록 실행 • 다른 놀이 주제가 진행될 때 시기에도 지속적으로 지도하면서 안전하고 건강한 학급이 될 수 있도록 운영할 예정
		2		우리 반이 궁금해요	
		3		나의 안전 우리의 안전	
		4		우리의 권리를 찾아라!	
		5		건강한 습관 만들기	
	4	1	봄	봄이라서 특별해요!	• 봄이 되면서 유아들이 가장 관심이 있는 달팽이와 꽃, 식물에 대한 놀이 진행 • 텃밭 작물을 심어 보면서 여러 식물에 관심이 많아지고 식물을 사랑하는 마음을 내면화 할 수 있었음
		2		달팽이 놀이 우리 반 텃밭	
		3		식물을 잘 가꾸려면	
		4		식물을 사랑해요	
	5	1	가족	가족을 사랑해요	• 가족의 달을 맞이하여 우리 가족을 소개하고 가족을 사랑하는 방법에 대해 함께 이야기 나누고 놀이로 풀어 가면서 다양한 가족에 대한 편견을 갖지 않도록 진행할 수 있었음
		2		다양한 가족이 있어요	
		3		우리 가족 소개하기	
		4		스스로 할 수 있어요	
	6	1	우리 동네	다양한 직업	• 직업의 다양함에 대해 알고 나의 꿈에 대해 표현해 보면서 우리 동네에 다양한 사람들을 직접 만나 봄 • 유치원에서 직업과 관련된 놀이를 진행하면서 직업의 특성, 역할 등에 대해 알고 친구들과 함께 역할을 나누는 과정도 경험함
		2		나의 꿈	
		3		우리 동네 사람들	
		4		우리 반 플리마켓	
		5		우리 동네 한 바퀴	

2) 개별 유아를 중심으로 한 놀이평가

(1) 놀이성향 평가

개별 유아의 놀이 선호도 및 놀이성향을 기록하는 평가를 말한다. 평가기록지나 전자기기에 다운로드 된 표를 준비한다. 유아별로 최대 4개까지 기록함으로써 한 가지 놀이만 하는 유아, 놀이 집중력이 짧은 유아, 개별 유아 놀이 선호, 주로 같이 놀이하는 또래 관계 등 유아 개별 평가에 용이하다. 또한 학급 내 유행하는 놀이, 인기 있는 놀이를 파악할 수 있고 초임교사의 경우에는 학급 내 놀이를 놓치지 않으면서 관찰하고 평가하는 연습을 할 수 있다. 일일 기록이 누적되면 놀이의 변화 및 유아의 성장을 볼 수 있으며, 추후 학부모 상담 자료로 활용할 수 있다. 방법은 다음과 같다.

- 교실 내에서 이루어지는 놀이를 관찰하고 유아별로 파악
  - 개별 유아의 놀이가 어떻게 이루어지고 있는지 기록하기
  - 일과 중 그때그때 기록하기
  - 필요시 사진, 영상 촬영하고 일과 후 추가 기록하기
- 평가서식표를 이용하여 일지 작성
  - 평가서식은 교사의 작성방식 등에 따라 종이를 출력하여 활용 또는 전자기기를 이용하여 작성하여도 무방
- 놀이 지원 방향 및 추후 계획도 함께 작성

〈표 10-8〉 **놀이성향 평가 예시**

2023학년도 ○○반 놀이관찰표

작성일: 2023년 10월 13일(금)

번호	이름	생년월일	전화상담	놀이1	놀이2	놀이3	놀이4	자유놀이 관찰
1	김○○	17.03.01.	김oo과 놀잇감 두고 갈등. 화해하도록 도왔음.	맥포머스	유니트 블록 놀이 (구슬 길 만들기)	미술 (색종이 접기)	퍼즐	• 유니트 블록으로 구슬 길 만드는 놀이 연일 이어짐. • 일과 끝난 후에도 전시하도록 하여 구슬 길이 매일 발전함. • 금일은 구슬이 자꾸 경사로 옆으로 떨어져 가림막 만들었음.
2	이○○	17.04.01.		맥포머스	유니트 블록 놀이 (구슬 길 만들기	미술 (색종이 접기)	종이 벽돌블록 (집짓기)	
3	박○○	17.05.01.	점심 후 감기약 투약	책읽기	미술 (물감)	역할놀이 (음식점)	맥포머스	
4	신○○	17.06.01.		미술 (물감)	역할놀이 (음식점)	역할놀이 (인형의 집)	악 기연주 (피아노)	• 환경보호, 자원 절약 차원에서 반짝이 색종이 하루 20장씩으로 제한하고 있음. • 한정된 자원 사용 두고 갈등 잦음. • 금일도 강○○-김○○ 갈등 • 반짝이 색종이를 더 많이 내줄지 어린이들과 이야기 나누기 수업 계획 중
5	양○○	17.07.01.	바깥놀이 중 넘어져 무릎에 상처 났음. 소독하고 밴드 붙였음.	미술 (폐품 만들기)	보드게임	종이 벽돌블록 (집짓기)	종이 벽돌블록 (집짓기)	
6	이○○	17.08.01.		유니트 블록 놀이 (구슬 길 만들기)	역할놀이 (인형의 집)	맥포머스	미술 (책만들기)	
7	장○○	17.09.01.	혼자놀이/ 정적인 놀이만. 가정에서 형제와는 어떤 모습인지 여쭐 것	책읽기	역할놀이 (음식점)	책읽기	퍼즐	• 퍼즐 놀이 하는 유아 적음. • 한 달가량 내주어 흥미가 떨어진 듯함. • 새로운 퍼즐로 바꾸어 내주어야 겠음. • 보드게임류는 같은 게임도 여러 번 반복하여 하는 유아 많음. • 며칠 더 두어도 좋겠음.
8	전○○	17.10.01.		역할놀이 (인형의 집)	보드게임	미술 (책만들기)	보드게임	
9	정○○	17.11.01.		맥포머스	역할놀이 (인형의 집)	보드게임	악기연주 (피아노)	
10	최○○	17.12.01.		미술 (폐품만들기)	보드게임	미술 (폐품만들기)	유니트 블록 놀이 (구슬 길 만들기)	

(2) 5개 영역별 평가

개별 유아의 신체운동 · 건강, 의사소통, 사회관계, 예술경험, 자연탐구 5개 영역에 대한 발달을 학기별로 기록한 평가를 말한다. 평가기록지(부록서식)나 간편한 기록지(태블릿, 종이 등), 개정 누리과정 해설서가 필요하다. 개별 유아의 유의미한 일화를 관찰할 때 바로 기록해 두면 이후 기록지 작성이 편리하다. 학기별로 비슷한 상황을 기록하게 되면 유아 발달 상황을 비교, 분석할 수 있고, 생활기록부 작성 시 발달상황 평가 자료로 활용할 수 있다. 방법은 다음과 같다.

- 개별 유아 영역별 관찰
  - 5개 영역 중 관찰하고자 하는 영역에 집중하여 개별 유아 관찰하기
- 개별 유아에 대한 5개 영역별 일화기록
  - 5개 영역별로 관찰한 일화 중 유의미한 내용 기록하기
- 일화기록에 대한 교사의 평가
  - 기록한 일화에 대해 평가하며 유아의 발달 및 성장에 대한 교사의 의견 기록하기
- 학기별로 기록하여 비교 분석
  - 학기별로 최소 1번씩 관찰 · 기록한 후 변화된 점이나 지원할 점 등을 비교 분석하기
- 종합 평가
  - 개별 유아에 대한 종합적인 평가 및 사후 지원 계획 기록하기

〈표 10-9〉 5개 영역별 평가 예시

유아평가기록

- 이름: 김○○
- 성별: 남
- 생년월일: 17. 03. 01.

순번	영역	1학기 평가 및 기록일	1학기 평가 및 기록일	평가자
1	신체운동 건강	2023.05.02.	2023.11.01.	유○○
2	의사소통	2023.04.17.	2023.09.15.	유○○
3	사회관계	2023.03.29.	2023.11.20.	유○○
4	예술경험	2023.06.08.	2023.12.15.	유○○
5	자연탐구	2023.05.31.	2023.10.12	유○○

종합평가
주변의 사물과 자연환경에 대해 적극적으로 관심을 갖고 탐구하는 과정을 즐기며 간단한 도구와 기계의 종류와 기능을 알고 올바르게 활용할 수 있음. 자신이 하고 싶은 놀이를 스스로 계획하고 실천하며 시작한 일을 끝까지 마무리하려고 노력함. 친구와 함께 하는 신체놀이에 자발적이고 즐겁게 참여하고 자신의 신체운동 능력에 자신감을 가지고 놀이하는 모습을 볼 수 있음. 블록을 활용하여 다양한 형태의 구조물을 구성하는 것에 관심을 갖고 참여하며 구조물을 활용한 역할놀이를 즐김.

평가세부기록

- 이름: 김○○
- 성별: 남
- 생년월일: 17. 03. 01.

자연탐구
[1학기] 날짜: 2023.05.31. 장소: 교실(쌓기놀이)
놀이상황기록
유아의 놀이상황 사진첨부 ○○이는 넓적하고 얇은 유니트 블록을 놓고 그 주위에 직사각형 형태의 유니트 블록을 세워 놓음. 그리고 세모 모양의 윈도우 블록을 오르막과 내리막 형태로 만들어 놓았음. 그리고 한쪽 편에 블록을 양 옆으로 세운 후 윗부분을 막아 구멍을 만들었음. ○○이는 구멍으로 자동차를 이리저리 옮기며 "여기가 자동차가 지나가는 길이야"라고 말함. 그 다음, 구성한 내리막길로 다른 자동차를 굴리며 "여기로도 들어올 수 있어"라고 말함.
평가 및 의견
블록을 세우고 올리며 네모형태의 공간과 문을 구성할 수 있으며 블록의 방향과 위치를 이동시키며 탐구하였음. 또한 블록의 모양과 방향을 바꿔 오르막과 내리막의 형태를 구성하며 놀이하는 모습을 볼 수 있었음.

자연탐구
[2학기] 날짜: 2023.10.12. 장소: 교실(쌓기놀이)
놀이상황 기록
유아의 놀이상황 사진첨부 유니트 블록 여러 개를 바닥에 내려놓고 그 주위에 유니트 블록을 세워 놓기 시작하였음. 한쪽 편에 블록을 양옆으로 세운 후 윗부분을 막으며 구멍을 만들었고, 그 앞에 유니트 블록 판을 놓고 여러 모양의 나무와 집 블록을 올려놓았음. ○○이는 유니트 블록 위에 자동차 여러 대를 블록 칸에 맞춰 놓으며 "여기 선 따라서 자동차를 한 개만 주차할 수 있어."라고 말하였음. 그리고 옆에 있던 △△에게 "여기 주차장에 주차하시면 됩니다."라고 이야기하며 친구 앞에 있던 자동차를 자신이 만든 구조물 안에 옮겨 놓았음.
평가 및 의견
1학기와 비슷하게 블록을 활용하여 여러 형태의 공간을 구성하는 모습을 볼 수 있었음. 비슷한 사각형 형태의 구조물이지만 1학기에 비해 구조물 앞에 다른 공간이 생기거나 길이 생기는 등 더 정교화된 형태로 구성하는 모습을 볼 수 있었음. 더불어 자신이 구성한 것을 주차장이라고 말하며 이름을 붙이거나 나무와 집 모형을 활용하여 공간을 꾸민 후 친구에게 소개하며 극놀이의 요소를 더하는 모습을 볼 수 있었음.

3) 우리 반 놀이 상황을 중심으로 한 놀이 평가

(1) 놀이 흐름 평가

놀이 흐름 평가는 놀이가 전개되고 확장되는 과정을 담아 우리 반 놀이의 흐름을 한눈에 파악할 수 있는 평가로 스마트폰(카메라, 녹음)과 놀이 기록지(부록 서식)가 필요하다. 놀이 흐름을 평가할 때 놀이가 전개되는 과정을 사진으로 담아 기록하면 놀이 상황을 파악하기 쉽고, 동영상 촬영을 할 경우에는 객관적인 기록과 평가를 할 수 있다. 놀이가 진행 중이라면 관찰한 내용을 누가하여 추가 기록하도록 한다. 방법은 다음과 같다.

- 놀이 포인트 포착
  - 놀이가 시작되었다고 생각하는 유아의 말이나 행동, 상황 등 포착하기
- 교사 및 유아 이야기 기록
  - '놀이 시작점'에 대한 교사 및 유아의 생각 기록하기
- 놀이 지원 계획
  - 교사 및 유아의 생각을 바탕으로 한 놀이 지원 계획하기
- 놀이의 변환점 기록
  - 계획에 따른 지원 이후 새롭게 나타나거나 변화된 놀이 상황을 찾아 기록하기
- 사후 평가
  - 놀이 후 유아 행동 및 놀이 환경 등을 관찰하여 평가하기
  - 놀이 속에서 유아에게 배움이 일어난 요소를 관찰하여 평가하기

〈표 10-10〉 **놀이 흐름 평가 예시**

날짜	2023. 00. 00.	놀이주제	운동

"친구들 목소리가 잘 안 들려요."
다 같이 모여 이야기 나누기를 할 때, 맨 뒷자리에 앉은 유아가 친구들의 목소리가 들리지 않는다고 이야기하였다.

교사이야기	유아이야기
– 왜 목소리가 잘 들리지 않을지 이야기 나누어 보아야겠음. 앉는 자리를 바꾸어 볼까?	– 앉는 자리를 바꿔요. – 저번에 모여 앉았던 대로 앉아 봐요.

〈놀이지원〉
– 앉는 자리에 대해 이야기 나누기

↓

교사이야기	유아이야기
– 모여 앉으려면 책상 놓는 자리를 바꾸어야 겠음.	– 지금 자리 바꿔요. – 책상이 뒤에 있어야 돼요.

〈놀이지원〉
– 화이트보드, 다양한 색의 마카 제공
– 유아와 함께 교실 도면 그리기
– 다 같이 교실 공사하기로 함

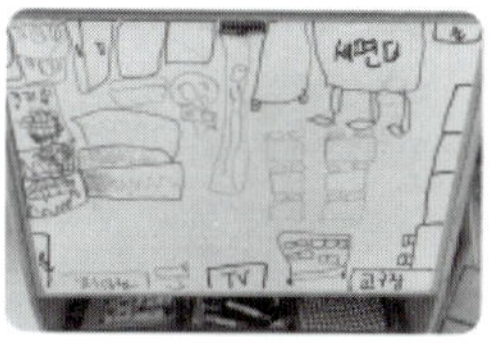

↓

교사이야기	유아이야기
– 무거운 교구장 및 가구들은 교사가 옮기도록 해야 겠음. – 유아들은 도면 보고 옮길 위치 이야기해 주기, 교실 청소 위주로 해야 겠음.	– 이거(교구장) 옮길 수 있어요. – 저도 이거(교구장/가구) 옮길래요. – 여기 청소해 주세요. – 설명서 봐야 돼!

〈놀이지원〉
– 유아들이 교구장 및 가구를 옮길 수 있도록 함.
– 교실 공사를 위한 충분한 시간 제공

↓

앞에 다 같이 모여 앉을 수 있는 교실로 변신했어요!

(2) 놀이 장면 평가

놀이 장면 평가는 유의미한 유아의 말이나 행동이 담긴 놀이 장면을 토대로 기록한 평가를 말한다. 스마트폰(카메라, 녹음)과 놀이 기록지(부록 서식)를 활용한다. 유아의 사소한 말이나 행동에도 관심을 갖고 귀를 기울인다면 흥미 있는 놀이 장면을 포착할 수 있고, 이러한 '놀이 장면 평가' 기록들이 모이면 학급의 전반적인 놀이 흐름을 파악할 수 있다. 방법은 다음과 같다.

- 유의미한 놀이 장면 관찰
  - 유아의 말이나 행동을 관찰하여 유의미한 놀이 장면 포착하기
- 놀이 장면에 대한 교사의 생각
  - 유의미한 놀이 장면에 대해 놀이 지원 및 확장 포인트 기록하기
- 놀이 장면에 대한 유아의 이야기
  - 유의미한 놀이 장면 속에서의 유아의 다양한 이야기 모두 담기
- 놀이 지원 계획
  - 교사와 유아 생각을 바탕으로 자료 및 시간 · 공간 등에 대한 카테고리별 놀이 지원 계획하기
- 지원 후 놀이 흐름 파악
  - 계획대로 놀이를 지원한 후 놀이 흐름을 관찰하여 평가하기

〈표 10-11〉 **놀이 장면 평가 예시**

날짜	2023. 00. 00.	놀이주제	운동

"피구경기장을 만드는 데 마스킹테이프가 부족해요"

꿈놀이터에서 피구를 하기로 정한 후,
마스킹테이프로 피구경기장을 만들기 시작하였다.
피구경기장을 아직 다 완성하지 못하였는데
가져온 마스킹테이프를 다 써 버렸다.

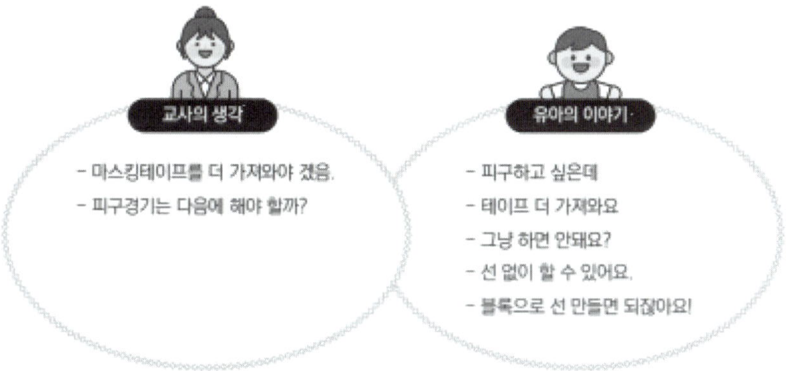

〈놀이지원〉
–자료: 꿈놀이터에 있는 큰 블록
–시간: 피구경기장을 만들 수 있도록 시간 제공

유아들은 큰 블록을 피구경기장까지 들고 왔음. 피구경기장에는 큰 네모가 두 개 필요하다는 교사의 말을 듣고 마스킹테이프를 붙이지 못한 곳에 선이 되도록 블록을 줄 지어 놓았음. 그리고 완성된 피구경기장에서 팀을 나누어 피구놀이를 하였음.

Chapter 11

특성을 반영한 다양한 보육과정 운영

학습목표

1. 지역수준, 기관수준, 개인수준의 보육과정에 대해 이해한다.
2. 중장기 보육 기본계획의 비전, 목표, 전략 등 내용 변화에 대해 이해한다.
3. 지역수준의 보육과정의 사례로 생태친화보육 프로그램, 탄소중립 실천 프로그램, 안전교육 프로그램에 대해 알아본다.
4. 기관수준의 보육과정의 사례로 탄소중립 프로그램, 인성교육 프로그램, 나트륨 저감 프로그램의 예시를 살펴본다.
5. 개인수준의 보육과정의 사례로 자료를 탐색하는 놀이, 공간의 변화로 진행된 놀이, 주제 안에서 발현된 놀이를 알아본다.

주요 용어

지역수준의 보육과정 / 기관수준의 보육과정 / 개인수준의 보육과정 / 중장기 보육 기본계획 / 새싹플랜 / 아이사랑플랜 / 생태친화보육 프로그램 / 탄소중립 실천 프로그램 / 안전교육 프로그램 / 탄소중립 프로그램 / 인성교육 프로그램 / 나트륨 저감 프로그램 / 유아주도적 놀이 / 놀이를 통한 배움

1. 지역수준의 보육과정

보육과정을 결정하는 주체에 따라 국가수준의 보육과정과 지역수준의 보육과정, 어린이집수준의 보육과정, 교사수준 및 학습자(영유아)수준의 보육과정의 5가지 수준으로 구분할 수 있다. 각 지방자치단체에서는 중장기 보육계획과 국가수준의 표준보육과정에 근거하여 해당 지역에서 지원 가능한 보육정책과 사업 안내지침을 각 어린이집에 시달하는데 이를 지역수준의 보육과정이라고 한다. 여기에서는 그동안 변화되어 온 중장기 보육계획의 중점 사항과 이를 기반으로 각 지역에서 구성하여 운영하고 있는 지역수준의 보육과정의 사례를 알아보고자 한다.

1) 중장기 보육 기본계획

현대 사회의 산업화 · 도시화 · 서구화 등의 사회적 환경 변화로 핵가족이 보편화되고 가족해체가 증가되었다. 이러한 가족구조의 변화는 전통적인 가족구조에서 당연시되었던 가족 내 자녀양육기능 약화를 초래하게 되면서 자녀 양육을 정부와 지역사회가 함께 지원해야 할 필요성이 증가하게 되었다. 또한 국민생활수준 향상과 기대수준 증대 등으로 보다 양질의 보육서비스에 대한 요구가 증가되었으며, 보육정책의 수립과정에서 부모와 지역사회의 참여가 활성화되는 것이 필요해졌다. 보편적 보육과 수요자 중심의 보육정책으로의 보육의 패러다임 전환이 요구되어 새로운 시대에 적합한 보육정책이 필요하게 되었다. 제1차 중장기 보육계획에서 현재 시행 중인 제4차 계획까지 각 계획의 특징을 살펴보고자 한다.

(1) 제1차 중장기 보육계획(새싹플랜, 2006~2010)

여성가족부에서는 보육정책 달성에 필요한 다양한 보육정책 과제를 일관되고 체계적으로 수립하고 추진하기 위해 중장기 보육정책이 수입될 필요성을 느끼고 보육에 대한 비전과 정책목표 및 과제를 계획하고 실행하였다. 제1차 중장기 보육계획은 '함께 키우는 건강한 아동'을 비전으로 보육의 공공성 강화와 양질의 보육서비스 제공이라는 2가지 정책 목표를 바탕으로 공보육 기반 조성과 부모 육아부담 경감, 다양한 보육서비스 제공, 아동 중심의 보육환경 조성, 보육서비스 관리체계 강화 등 5개의 정책과제를 마련하였다.

이후 1차 계획을 보완하고 수정한 아이사랑플랜(2009~2012)이 진행되었다. '아이와 부모가 행복한 세상'을 비전으로 영유아 중심, 국가책임제 보육, 신뢰구축의 3대 추진방향 및 부모의 비용부담 완화, 수요자 맞춤 지원, 보육시설 질 제고 및 균형 배치, 보육인력 전문성 제고, 전달체계 효율화, 보육사업 지원체계 구축의 6대 과제를 마련하고 추진하였다.

(2) 제2차 중장기 보육 기본계획(2013~2017)

제2차 중장기 보육 기본계획은 수행부서가 보건복지부로 변화되었다. 보육서비스 지원은 미래 인적 자원에 대한 투자, 여성의 경제활동 지원 및 저출산 대책으로서의 중요성을 지닌 핵심적인 사회정책이라는 데 주목하여 공급자 중심 양적 확충보다는 수요자인 아동의 건전한 발달과 부모의 선택권을 높이는 촘촘한 맞춤형 지원에 역점을 두었다. '아이는 행복하고 부모는 안심할 수 있는 세상'을 비전으로 아이의 건강한 성장과 발달에 최우선, 보육에 대한 국가의 책임 실현, 참여와 신뢰의 보육 생태계 조성을 3대 전략으로 삼았다. 또한 부모의 보육 · 양육 부담경감, 수요자 맞춤형 보육 · 양육 지원, 공공성 확대와 품질 관리 강화, 양질의 안심 보육 여건 조성, 신뢰가 있고 투명한 보육생태계 구축, 보육서비스 재정 및 전달체계 개선의 6대 추진 과제를 마련하였다.

(3) 제3차 중장기 보육 기본계획(2018~2022)

제3차 중장기 보육 기본계획은 '영유아의 행복한 성장을 위해 함께하는 사회'

를 비전으로 보육의 공공성 강화, 보육체계 개편, 보육서비스 품질향상, 부모 양육지원 확대를 4대 목표 및 전략으로 삼았다. 정부의 보육서비스 지원에 대한 부모 체감도를 더욱 높일 수 있도록 보육·양육에 대한 사회적 책임을 강화하면서 특히, 공공성 제고와 보육서비스 질 강화 방안을 집중 추진하였다. 보육의 공공성 강화를 위해서는 다양한 방식을 통한 국공립어린이집 확충 및 지역적 균형 확충을 통해 보육의 양적인 공공성을 확충하였으며, 보육체계 개편을 위해서는 부모의 어린이집 적정이용을 위해 보육서비스 이용여부, 이용시간을 스스로 선택할 수 있도록 보육지원 체계를 개선하고, 영유아 보육환경 변화와 누리과정 개편 등을 고려해 영유아의 연령과 발달수준에 맞는 표준보육과정 개정을 추진하였다. 보육서비스 품질 향상을 위해서는 쾌적한 보육환경 조성을 위해 교사 1인당 영유아 수 개선과 함께 어린이집 시설 기준을 강화하고, 모든 어린이집 대상 평가제도 전환, 지도점검 체계화, 어린이집 운영에의 부모 참여 보장 등을 통해 상시적 품질관리 강화에 집중하였으며, 부모 양육지원 확대를 위해서는 부모상담 확대, 체계적인 부모교육 지원 등 부모의 양육역량 강화를 위한 가정 내 양육 지원을 확대하였다.

(4) 제4차 중장기 보육 기본계획(2023~2027)

코로나19 팬데믹 이후 저출산의 장기화로 전체 영유아 수 감소가 본격화되고, 양육자가 느끼는 출산과 육아로 인한 부담은 여전히 지속되고 있다. 그동안의 보육정책을 통해 생애 초기 시기인 영유아기에 대한 중요성이 사회적으로 강조되고, 부모의 양육부담 완화를 위한 노력이 지속적으로 추진되며, 국공립어린이집 확충으로 믿을 수 있는 공공보육 이용을 제고하게 되었다. 또한 어린이집에 대한 지원 및 관리체계가 강화되었고, 영유아 중심 보육과정 운영과 안전관리로 건강한 성장을 뒷받침하게 되었다. 그럼에도 불구하고 여전히 불충분하고 분절적인 생애 초기 지원이 이루어지고 있으며, 보육서비스 질에 대한 높은 사회적 요구 충족에 미흡한 점들은 여전히 존재하고 있다. 이에 정책환경과 보육서비스

수요 변화를 반영한 향후 5년간 영유아 보육정책 방향의 종합적인 제시의 필요성이 대두되어 제4차 중장기 보육 기본계획이 마련되었다. 제4차 중장기 보육 기본계획은 '보육 · 양육 서비스의 질적 도약으로 모든 영유아의 행복한 성장 뒷받침'을 비전으로 영유아 성장발달 시기별 최적의 국가 지원 강화, 미래 대응 질 높은 보육환경 조성, 모든 영유아에게 격차 없는 평등한 출발선 보장이라는 3대 목표를 수립하였다. 또한 종합적 양육지원 강화, 영유아 중심 보육서비스 질 제고, 보육교직원 전문성 제고 및 역량 강화, 안정적인 보육서비스 기반 구축의 4대 중점 전략과 16대 주요 과제를 구성하여 실행해 나가고 있다.

더 알아보기

저출생 시대의 대안 - 서울형 모아어린이집

2012년 이후 지속적인 국공립어린이집 확충 및 지원으로 입소(대기) 쏠림이 발생하고, 출생률 감소 및 코로나19 장기화로 인한 어린이집 운영 어려움이 가중되면서 새로운 어린이집 운영 방식 도입에 대한 사회적 요구가 증가되었습니다. 공유와 상생으로 보육 현안을 해소할 지역 성공 사례 확산을 위해 추진된 어린이집이 바로 서울형 모아어린이집입니다.

■ 사업 내용

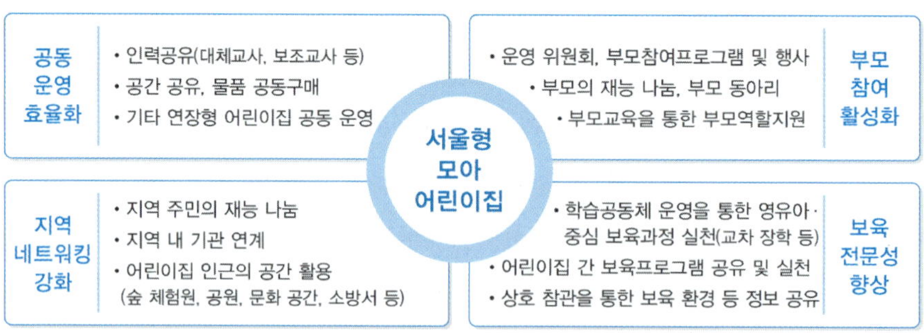

출처: 서울영등포육아종합지원센터(https://www.ydpccic.or.kr).

2) 지역수준 보육과정의 사례

현재 시행되고 있는 제4차 중장기 보육 기본계획에서 '영유아 중심 보육서비스 질 제고' 전략에서는 어린이집 보육 최적의 환경을 조성하고, 영유아의 건강한 성장·발달 지원 및 권리존중 확산, 놀이 중심 보육과정 내실화를 주요 과제로 삼고 있다. 이러한 과제 실행을 위해 지역수준에서 구성 및 운영되고 있는 보육과정의 사례를 살펴보면 다음과 같다.

(1) 생태친화보육 프로그램

생태친화보육이란 자연친화적인 보육활동을 넘어 아이의 욕구를 중시하고 아이다움의 구현을 도와주는 보육을 의미한다. 서울시는 2019년부터 영유아의 생태체험과 놀 권리를 보장하는 생태친화 어린이집을 운영하고 있다. 기존 보육과정에서 취약할 수 있는 자연경험, 놀이체험 그리고 교사와 부모의 인식변화를 중시하고 있다. 한마디로 아이를 밝고, 천진난만하며, 활기찬 아이다운 아이로 기르고자 보육공동체 구성원 모두가 함께 노력하는 과정을 말한다.

여기에서는 생태친화보육의 대표적 사례로 서울시 생태친화보육 프로그램을 소개하고자 한다(서울특별시육아종합지원센터, 2021).

① 프로그램의 배경

생태친화보육은 '신나고 활기찬 아이', 즉 건강하고 행복한 아이를 기르고자 하는 교육을 말한다. 이 땅의 아이들을 자유롭고 천진난만하며 생명력이 넘치는 아이로 키우고자 하는 교육이며, 아이들의 본래 아이의 모습 그대로, 신나고 활기찬 아이로 기르고자 하는 교육혁신이다. 또한 아이들의 몸·마음·영혼의 조화와 균형을 지향하는 진정한 전인교육이다.

생태친화보육은 우리 선조들의 삶의 지혜에 바탕을 둔 한국인의 오래된 미래의 보육과정이라 볼 수 있다.

■ 생태친화보육 프로그램의 성격

- 영유아의 생태 체험과 놀 권리를 보장하는 활동이다.
- 서울형(서울의 여건과 보육현장의 상황에 맞는)의 생태친화보육을 한다.
- 2019 개정 누리과정 및 제4차 어린이집 표준보육과정이 추구하는 영유아 중심 · 놀이 중심 보육과정과 일치한다.
- 영유아와 교사, 부모가 함께 만들어 가는 보육을 실천한다.

■ 생태친화보육의 방향

행복한 아이	어른(교사, 부모) 관점, 어른 의도 관철 → 아이다움, 아이주도 과도한 통제와 지침, 경쟁 → 아이행복중심, 자율, 조화, 공동체
어린이집 환경	정해진 시간, 정해진 공간, 연령 구분, 정해진 교재교구 → 여유로운 시간, 개방된 공간, 연령의 자연스런 통합, 자연물 놀잇감
어린이집 생활	지식 · 지능 · 이성 중시, 학습과 수업 중심 보육 → 몸 · 오감 · 감성 중시, 놀이 · 체험 중시, 자연과 함께하는 보육
교사와 부모의 역할	교사의 과중한 업무부담, 부모의 과도한 요구와 불신 → 자긍심을 가지는 교사, 함께 보육에 참여하는 부모

■ 생태친화보육의 운영원리

- 시간 운영의 원리

  생태친화보육에서 시간을 어떻게 사용하는지, 즉 교사가 계획한 시간의 흐름에 맞추어 가는지 혹은 아이들의 자율적인 흐름에 따라 계획이 변경 가능한지에 따라 시간운영은 달라진다. 또한 매주 매달 다른 주제를 선정하여 보육내용을 쌓아 가는 시간운영인지, 1년을 주기로 반복적이고 순환적으로 보육내용을 정하는 흐름인지에 따라 보육은 달라진다.

첫째, 생태친화보육의 시간운영은 일정한 규칙과 리듬을 가지되 느슨하고 여유 있게 운영한다. 아이들의 욕구와 속도에 맞게 운영하는 것이 중요하다. 이를 위하여 어린이집에서는 아이들의 특성이나 자연의 흐름에 맞게 시간을 재구성할 수 있는 여유와 넉넉함이 있어야 한다. 생태친화 보육에서는 가능한 하루일과를 촘촘하게 세분화하지 않고, 여지를 두고 큰 테두리를 정하는 선에서 계획한다.

■ **생태친화어린이집의 하루일과 예시(유아)**

시간	활동 내용
07:30~10:00	등원 및 자유놀이, 오전간식
10:00~12:00	산책이나 텃밭 등의 주요 활동
12:00~13:00	점심식사 및 이 닦기
13:00~13:30	자유놀이 및 낮잠준비 (몸짓놀이, 책언니 · 형 등)
13:30~15:00	낮잠 및 휴식
15:00~16:00	정리, 오후간식
16:00~19:30	바깥놀이 등의 자유놀이, 귀가

■ **현재 누리과정 일과 예시(유아반)**

시간	주요 일과
07:30~09:00	등원 및 통합보육
09:00~10:30	오전 자유선택활동/오전간식
10:30~10:50	정리정돈 및 화장실가기
10:50~11:20	대 · 소집단 활동
11:20~12:20	실외활동
12:20~13:20	점심식사 및 이 닦기
13:20~14:00	조용한 활동, 정리정돈 및 낮잠 준비
14:00~15:30	낮잠 및 휴식
15:30~16:00	낮잠 깨기 및 정리정돈
16:00~16:30	오후간식
16:30~18:00	오후 자유선택활동
18:00~19:30	귀가 및 통합보육

출처: 보건복지부 · 한국보육진흥원(2018) 제3차 어린이집 평가인증 안내(통합지표).

둘째, 자유놀이 시간이 충분히 주어진다. 영유아가 자신의 존재를 찾는 탐색의 경험이 선행되어야 타인의 존재를 찾는 일의 진가를 인정하고 타인의 세계를 탐색하게 된다. 일과를 세분화하지 않으면 자유놀이 시간이 더 많이 주어지고 그만큼 아이들은 자신의 세계를 탐색하는 경험의 시간이 늘어나고 아이들 개별의 생명성은 존중된다.

셋째, 장기적이고 순환적인 시간운영이다. 1년을 하나의 주기로 반복되는

세시풍속 프로그램과 산책을 나가 만나게 되는 나무나 꽃 등의 성장 과정을 알아보는 활동, 그리고 요리활동 중에 된장이나 고추장 담기 등의 활동도 장기적이고 순환적인 활동의 예라고 볼 수 있다.

• 공간운영의 원리

생태친화보육에서 공간은 자연의 순리에 따르는 자연친화적 공간이고, 생명의 원리에 따라 아이들의 일상이 있는 생활공간이다. 보육은 먹고 자고 놀고 일하고 배우고 쉬는 일상의 삶을 통해 이루어지므로, 생태친화보육의 공간은 생활공간이고 삶의 공간이다. 가능한 자연물을 소재로 하고, 자연을 닮아 화려하지 않고 단순하고 소박하며 주위 자연과 조화를 이루도록 한다.

• 사람관계의 원리

생태친화보육은 아이들의 생명성을 살리는 교육이다. 생명성은 모든 사물 속에 내재되어 있는 고유한 성질을 지닌 에너지이면서, 동시에 한 생명은 다른 생명과 밀접하게 연결되어 있다. 생명성은 개별성과 연결성이라는 이 두 가지 특성을 가진다. 사람과 사람이 더불어 살아가는 사람공동체, 개인과 가족이 함께 어우러지는 가족공동체, 사람과 사회가 함께 하는 사회공동체, 사람과 자연이 함께 하는 생명공동체로 나아가고자 하는 것이 생태친화보육의 방향이다.

② 프로그램 운영의 실제

■ 자연놀이–산책과 바깥놀이

산책과 바깥놀이 등 실외에서 이뤄지는 놀이에서는 자연과 자연의 흐름에 따라 여유로운 자연놀이를 시도해 볼 수 있다. 생태친화보육의 산책이나 바깥놀이에서 중요한 것은 틈새활동이나 특별한 날만 하는 활동이 아닌 일상의 생활로 아이들의 자유로움이 배어 나는 놀이를 만들어 가는 것이다. 자연놀이에서는 무엇보다 다양한 놀이를 신나게 즐길 수 있다. 흙놀이, 모래놀이, 물놀이, 햇빛놀이, 불놀이, 바람놀이, 뛰어놀기뿐만 아니라 그림 그리기, 노래 부르기, 게임 하기, 동화 듣기, 동식물과 놀기, 적목 및 목공놀이, 전통놀이 등 다양한 활동들을 할 수 있으며, 실내 활동과 연계된 활동들도 즐길 수 있다.

- 꼬물꼬물 개구리 알 탐색하기

  경칩이 되면 개구리 알이 연못에 나타난다. 개구리 알을 발견한 아이들은 개구리 알이 나왔다고 환호성을 지른다. 이번엔 반딧불이 연못에서 귀한 도롱도 발견해서 더욱 들뜬 아이들이다. 개구리 알을 보고 난 후 매일 연못에 가 보자고 한다. 올챙이를 통에 담아 와서 교실에서 관찰해 보다가 다음 날 다시 연못에 풀어 주기도 하며 한 달 내내 올챙이, 개구리를 만나는 재미로 살아가는 아이들이다.

- 우와, 신기해! 벌레 살펴보기

  여름이 되면 나뭇잎에 애벌레와 무당벌레 등 많은 벌레들이 생겨나기 시작한다. 아이들은 무심코 지나치지 않고 나뭇잎을 골똘히 탐색한다. 나뭇잎에 붙어 있는 애벌레와 각종 곤충을 발견하고 신기해하며 루페와 돋보기로 자세하게 보기 위해 집중한다. 개나리 잎벌레의 똥도 살펴보고, 무당벌레가 날아오를 때 날개짓도 자세하게 들여다본다. 살아 있는 생명은 다 소중하다는 것을 산책을 통해 자연스럽게 느껴 보는 소중한 시간들이다.

- 주르륵, 주르륵 비가 오면

  우산을 쓰고 빗소리를 들어 보거나 비 오는 숲속을 거닐어 보기에 우리 아이들은 비가 오는 날이면 더 신이 난다. 그렇기에 비오는 날이라도 바깥놀이를 못할 것이라는 걱정 없이 등원한다. 물로 하는 놀이를 좋아하는 아이들인데 하늘에서 물이 내려오니 얼마나 행복한 일인지 말로 표현하지 않아도 알 것이다. 평소 다니던 나들이 길도 풀내음이 달라지고 나뭇잎에 맺힌 빗방울, 슬금슬금 기어다니는 달팽이, 지렁이들을 만나며 새로운 풍경을 눈에 담는다. 비온 뒤 젖은 땅을 맨발로 걸어 보며 오롯이 자연을 느낀다.

- 아이~추워 겨울 산책

겨울이 되면 아이들은 옷을 따뜻하게 입고 겨울 산책을 나간다. 날씨가 너무 추워도 아이들은 추운 줄 모르고 산책이 마냥 신난다. 눈이 와 하얗게 변한 산의 모습은 아이들에게 계절이 또 바뀌었음을 알려 준다. 추운 날씨에 산에서 내려오는 계곡물이 꽁꽁 얼어 얼음이 된 모습도 구경해 보고 나무의 나뭇잎이 떨어져 앙상한 가지만 남아 있는 나무도 만나 보며 겨울을 잘 이기고 봄에 만나자며 이야기해 본다.

■ 실내에서 이루어지는 놀이

- 천을 사용한 놀이 광목천 놀이/보자기 놀이(3세 반의 사례)

긴 광목천을 아이들 눈높이로 고정시켜 주고, 밑으로 지나가며 놀이하기도 하고, 천을 잡고 흔들기도 한다. 나무집게, 빨래집게를 제공해 주니 아이들이 천에 집게를 꽂으며 놀이한다. 선생님이 이불을 걸어 주니 서랍장에서 여벌 옷을 꺼내 걸기도 하고 직접 자신의 바지를 벗어서 걸기도 한다. 흔들거리는 천을 서로 도와 고정하고 어느새 널려진 빨래에 함께 기뻐한다. 같은 천을 아이들 발목 높이로 고정하니 천을 따라 걷기도 하고 두 발로 뛰어넘기를 하며 놀이한다. 반복해서 놀이하다 흥미가 떨어지면 다른 놀이방법을 찾는다. 같은 천도 어느 높이에 있냐에 따라 놀이하는 법이 다르다.

- 상자놀이(4세 반의 사례)

일상생활에서 사용하고 남은 상자들은 아이들에게 다양한 크기의 쌓기 블록이 되어 여러 가지를 구성하는 놀잇감이 된다. 아이들은 단순히 상자 안에 들어갔다 나오는 놀이에도 재미를 느끼며 상자를 충분히 탐색하고 상자를 뒤집어 앉아서 이야기를 나누기도 한다. 여러 개의 상자를 쌓아 탑을 만들다가 쓰러트리며 즐거워한다. 망가지기를 걱정하지 않아도 되고 아이들의 쌓인 마음을 풀어 주기도 한다. 아이들에게 상자라는 작은 집이 생기면 친구들을 초대하기도 하고 안에서 무엇이 그리 재미있는지 웃음소리가 끊이지를 않는다.

- 손끝놀이

손끝놀이는 손가락을 사용해서 할 수 있는 모든 놀이이다. 다양한 자연물들과 흙을 만지고 놀이하면서 손의 힘은 커진다. 흙으로 만드는 여러 가지 모양들은 공기, 비석치기 등 다른 놀이로 연결되기도 한다. 손끝놀이에는 실놀이, 바느질, 직조가방 만들기 등이 있다.

- 텃밭 가꾸기

아이들은 텃밭 가꾸기를 통해 생명의 소중함과 바른 먹을거리의 중요성을 자연스럽게 알아 간다. 생태친화보육에서는 텃밭 가꾸기를 할 때 일상적으로 텃밭을 가꾸는 활동을 통해 때가 되면 물 주고, 벌레 잡고, 잡초를 솎아 주는 한 생명을 돌보는 경험을 한다. 또한 텃밭 가꾸기의 전 과정을 아이와 선생님이 함께한다. 그리고 유기농법으로 텃밭 가꾸기를 통해 로컬푸드(local food)의 필요성, 유기농법이 지구환경에 미치는 영향 등에 대한 인식을 갖고 실천하며, 화학비료나 유기합성농약 사용으로 농산물을 오염시키거나, 토양오염, 수질오염 더 나아가 생태계를 파괴하는 행위를 금지하는 것 등을 경험한다.

더 알아보기

영화 '월-E'와 영유아 환경교육 프로그램

영화 '월-E'는 2008년에 개봉한 픽사 애니메이션 영화로, 환경 문제와 인간의 소비주의, 그리고 기후 변화에 대한 강력한 메시지를 전달하는 작품입니다. 이 영화는 영유아 보육현장에서 아이들에게 환경 보호와 지속 가능한 삶에 대한 교육적 가치를 전달하는 데 유용합니다.

영화는 인간들의 과도한 소비와 쓰레기 문제, 그리고 환경 파괴를 다루며, 결국은 지구를 되살리기 위한 노력과 희망을 보여 줍니다.

영화 속에서 주인공 월-E는 혼자서 지구를 청소하며, 결국 희망을 찾아가는 여정을 그리며, 환경 보호와 소비와 자원 관리의 중요성과 협력과 소통, 상상력과 창의성과 관련된 주제를 다루고 있습니다. 보육현장에서 이 영화의 소재를 활용하여 영유아와 함께하는 보육과정을 운영한다면 어떤 보육프로그램을 구성할 수 있을까요? 영화를 보고 함께 생각해 볼까요?

(2) 탄소중립 실천 프로그램

울산광역시는 현재 기후 위기에 직면하여 지구를 지키기 위해 전기와 물을 아껴 쓰고, 플라스틱 사용을 줄이며, 대중교통을 이용하는 등 탄소 발생량을 최소화하려 노력하고 있다. 관내 어린이집에서도 아이들과 함께 텃밭 가꾸기, 재활용하기, 플로깅 등 다양한 탄소중립 방안을 실천하고 있는데, 지구의 건강을 지키고 지속적으로 유지하기 위해 중요한 것은 이러한 탄소중립 실천의 '꾸준함'이라는 데 생각을 모으고 아이들과 함께하는 탄소중립 실천이 일회성이 아닌 자발적이고 지속적인 활동이 될 수 있도록 프로그램을 개발 보급하였다(울산광역시 육아종합지원센터, 2023).

① 프로그램의 배경

영유아기 때 형성된 자연에 대한 가치관과 태도는 아이들의 현재뿐만 아니라 성인이 됐을 때의 삶의 방식에도 영향을 준다. 단순히 아이들의 성취감과 뿌듯함 또는 실천하는 행동 자체에 초점을 두기보다는 아이들이 자연과 교감하고, 자연과 인간이 어떻게 연결되어 있는지에 대한 충분한 이해를 통해 자연에 대한 관점과 인식을 변화시킬 수 있는 기회를 가질 수 있도록 한다면, 조금 더 자발적이고 지속적인 탄소중립 실천이 가능할 것이라는 전제하에 탄소중립 실천 프로그램을 계획하고 진행하였다.

이 프로그램은 교사들의 탄소중립 실천과 자연에 대한 생각, 관점, 그리고 프로그램 계획과정을 담고 있다. 미리 계획된 탄소중립 실천 프로그램을 제시한 것이 아니라 교사들의 협력, 프로그램 계획, 적용, 수정, 보완 활동의 모든 과정으로 진행되어 어린이집 교사들이 다양한 형태의 탄소중립 실천을 자율적이고 창의적으로 디자인하는 데 중점을 두고 있다.

■ 프로그램 운영 과정

• 주제 선정

· 아이들의 생각을 알아보기 위해 '이야기 나누기' 진행(예: 쓰레기 문제)

· 아이들의 흥미파악(예: 플로깅) 및 인식 이해(예: 쓰레기 줍기 등의 실천적 이해)

· 관련 영상 함께 시청하기(예: 쓰레미 산더미)

· 동료 교사들과 아이디어 공유

• 준비과정

· 영유아의 흥미를 고려하여 주제를 선정

· 월 교육 주제를 연계

· 영유아 놀이관찰을 통해 놀이를 진행, 확장

영유아 흥미고려	• 동 · 식물, 곤충은 아이들이 선호하는 주제라서 선정하였어요. 그리고 멸종위기 동물이 많으니 지켜줄 수 있는 방법들을 고민해 보고 놀이로 풀어 가면 좋지 않을까 생각했어요.
월 교육 주제 연계	• 이번 달 주제가 '교통기관과 탈것'이기도 하고, 바깥놀이 시 아이들이 전기차의 파란색 번호판을 보고 자주 이야기하는 것을 보고 자연스럽게 놀이와 탄소중립을 연결해 주면 좋겠다고 생각했어요.
영유아 놀이 관찰	• 바깥놀이 시 아이들이 전기차의 파란색 번호판을 보고 '전기차'라고 서로 이야기했어요. 자연스럽게 아이들의 놀이로 연결하면 좋을 것 같다는 생각했어요. • 교실마다 1~3개의 재활용품을 제공해 주고 아이들이 어떻게 놀이하고 어떻게 끌어가는지 관찰했어요.

② 프로그램 운영의 실제

■ 영아반 프로그램

• 활동주제

우리 주변에 있는 탄소 세균을 줄이는 방법을 실천해요.

• 활동과정 전개

1) 매주 1회 플로깅 실천하기
2) 박스 쓰레기통 만들기: 플로깅 실천 후, 쓰레기 분리배출 해 보기
   : 쓰레기 종류별로 배출할 수 있도록 종류별로 박스통 만들기
3) '지구를 지켜줘' 영상 시청(출처: 유튜브)
   - 지구를 지킬 수 있는 방법 이야기 나누기
   - 일과 중, 내가 환경을 지킬 수 있는 방법을 직접 실천해 보기
4) 탄소 관련 영상 시청 및 신문지 탄소 만들기(출처: 유튜브)
   - 탄소는 어떻게 생겼어요? 탄소 원인(전기, 자동차, 쓰레기 처리)에 대해 알려 주고 이야기 나누기)
   - 미술놀이 자료 중, 신문지를 구겨서 탄소 표현하기
   - 교실 내 탄소세균이 있을 만한 곳 찾아서 신문지 탄소 붙여 보기
   - 계단 사용, 불끄기 실천하기
5) 실제 재난대피훈련(화재)를 통한 소방관 놀이와 동물 놀이, 동물 병원 놀이가 흥미 높음. 멸종위기 동물 지킴이 놀이로 확장해 봄
6) '지구를 지켜줘', '멸종위기동물을 지켜요' 영상 시청(출처: 유튜브)
   - 사람, 곤충, 동물 등 서로 연결된 관계, 우리가 먼저 실천하자!
   - 멸종위기 단어에 대해 이야기 나누기 및 동물 지켜 주는 방법 알기
7) 교실 내 수질오염 사진 부착(물사용, 거품 사용 줄이기 실천해 보기)
8) 화장실 내 환경오염 사진 부착(화장실 물 아껴쓰기, 쓰레기는 쓰레기통에 버리기, 전기 끄고 나가기)

- 표준보육과정과의 연계

  : '동물' 주제와 연계

  · 신체운동 · 건강(건강하게 생활하기)

  · 의사소통(듣기와 말하기, 읽기와 쓰기에 관심 가지기)

  · 사회관계(나를 알고 존중하기, 더불어 생활하기)

  · 예술경험(아름다움 찾아보기, 창의적으로 표현하기)

  · 자연탐구(탐구과정 즐기기, 자연과 더불어 살기)

- 확장활동: 탄소세균은 어떻게 생겼을까?

① 미술 놀이 재료 신문지 사용

② 교실 내 탄소가 배출되는 곳 찾아보고 '탄소세균' 붙여 보기(부착위치: 전기 콘센트, 선풍기, 휴지통 등)

③ 하루일과 중, 탄소 중립 실천해 보기(불 끄기, 물 사용 줄이기)

■ 유아반 프로그램

- 활동주제

우리가 실천할 수 있는 지구사랑/쓰레기는 어디로 갈까요?

- 활동과정 전개

  1) 매주 1회 플로깅 실천하기

  2) 박스 쓰레기통 만들기(플로깅 실천 후, 쓰레기 분리배출 하기)

  3) '지구를 지켜줘' 영상 시청(출처: 유튜브)

     (지구를 지켜줘) https://youtu.be/zK4mSbcp2P8?feature=shared

     - 지구를 지킬 수 있는 방법 이야기 나누기

     - 일과 중, 내가 환경을 지킬 수 있는 방법을 직접 실천해 보기

     - 화장실 내 환경오염 사진 부착

(화장실 물 아껴 쓰기, 쓰레기는 쓰레기통에 버리기, 전기코드 보며 전기 아껴 쓰기)

4) 탄소 관련 영상 시청 및 이야기 나누기(출처: 유튜브)

(탄소중립 환경동화 1탄) https://youtu.be/KpC8LDpOb0Y?si=66NnrdVOnKYO8O8P

(탄소중립 환경동화 2탄) https://youtu.be/Ro80wXivWpI?si=ZyF6PiDrYtAgoEVA

- 탄소는 무엇일까요?
- 탄소를 줄일 수 있는 방법은 무엇이 있을까요?

5) 쓰레기 산에 대한 흥미도가 높아져 쓰레기차, 쓰레기의 이동에 대해 알아보고 놀이를 진행해 봄

(종량제쓰레기의 이동) https://youtu.be/8WbQ_ZDGx2w?si=mNSipfkNBeiYE9C8

(쓰레기는 어디로 갈까?) https://youtu.be/lFeaDOzRs4w?si=_ugkebJAeSbxHvfK

6) 영상 시청-'플라스틱 섬'을 시청한 후 분리수거와 올바른 쓰레기 처리에 대해 배워 봄

(플라스틱 섬) https://youtu.be/6vSE2eBh-Do?si=KHWP3T6t9xwinZBt

- 분리수거란 무엇일까?
- 분리수거를 해 본 경험이 있니?
- 분리수거를 한 재활용품은 어떻게 되는 걸까?

- 표준보육과정과의 연계

· 자연탐구(탐구과정 즐기기, 자연과 더불어 살기)

(3) 안전교육 프로그램

경기도에서는 지역의 실정에 맞는 보육과정 운영을 위해 육아종합지원센터를 중심으로 안전교육 프로그램 공모전을 실시하였다. 이는 현재 보육상황에 적합한 우수보육프로그램을 개발 및 공유함으로써 지역사회 어린이집의 보육과정 운영을 지원하기 위함이다. 여기서는 국공립어린이집에서 구성하고 운영한 안전교육 프로그램의 사례를 소개하고자 한다(경기북부육아종합지원센터, 2020).

① 프로그램의 배경

안전교육이란 안전하고자 하는 인간의 기본심리를 바탕으로 사고의 가능성과 위험을 제거하기 위해 인간의 행동 변화를 도모한다. 물리적 환경에서 발생한 상황 또는 상태 등 나와 타인에게 위험을 줄 수 있는 요건에 대해 적극적으로 대처하는 방법을 익히는 것이다. 이러한 안전교육은 행동주의, 인지주의, 구성주의 학습이론 등의 통합적 관점에서 접근하는 특징이 보이며, 행동주의 학습발달이론과 밀접하게 관련 있음을 발견할 수 있었다. 또한 기존의 안전교육의 문제점들을 해결해 줄 수 있는 방법을 찾던 중에 체험 중심 수업모형 이론을 접하게 되었고, 행동주의 이론과 체험 중심 수업모형 이론을 접목시켜 효과적인 안전프로그램을 실시하는 데 목적을 두고 있다.

평온하던 일상 속 갑작스런 재난 · 재해는 당혹함, 긴장감을 유발시키고 이러한 상황 속에서 안전요령을 지키며 실행하는 데 어려움이 따르기 마련이다. 일상생활 속에서 재난 · 재해로 인해 유아들의 안전을 지킬 수 있는 방법을 생각해 보며, 반복된 재난대응훈련에서 안전한 행동요령을 영유아가 더 쉽고 자연스럽게 표현할 수 있는 방법에 대해 논의하였다. 본 놀이 안전프로그램은 아이들이 직접 만든 순수창작 안전노래(해피대피 송)를 쉽게 따라 부르며 안전한 행동요령을 숙지하고 실천하고자 하였다.

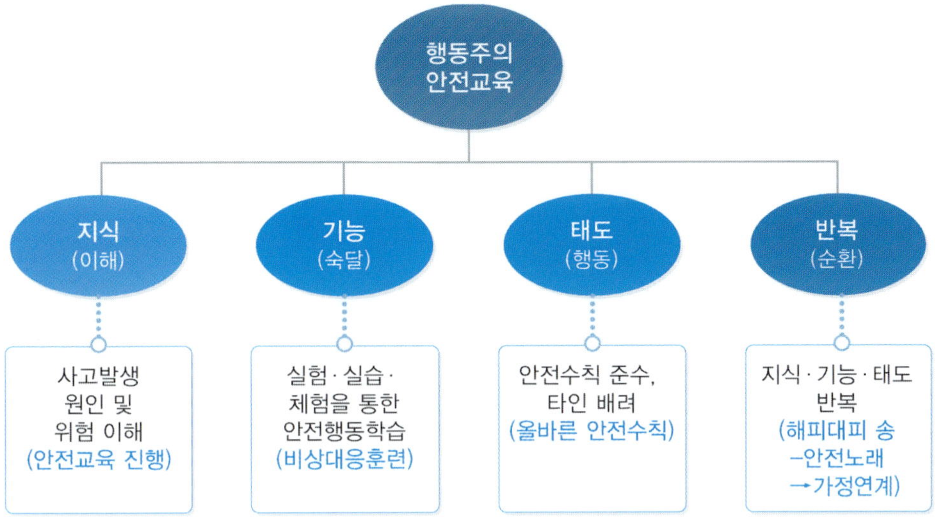

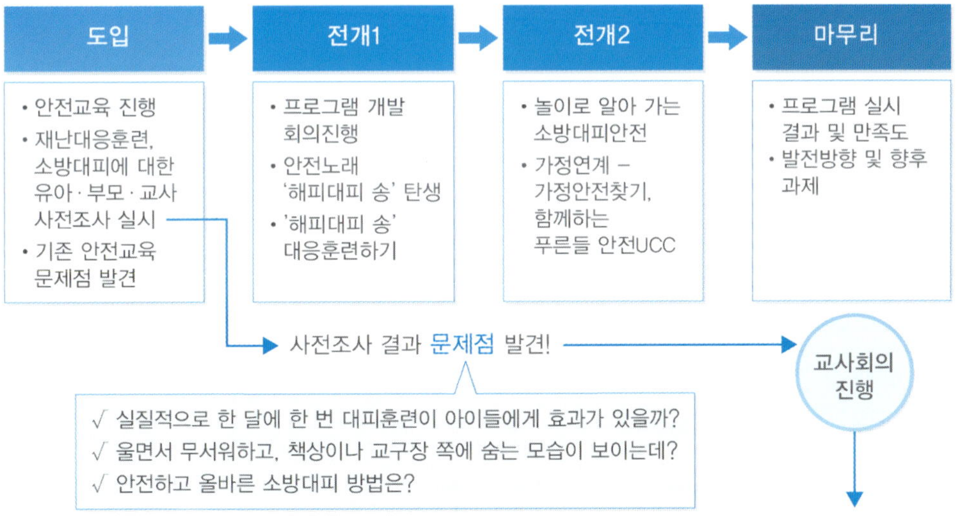

[그림 11-1] 슬기로운 해피! 대피! 프로그램 흐름도

■ 프로그램의 목적 및 기대효과

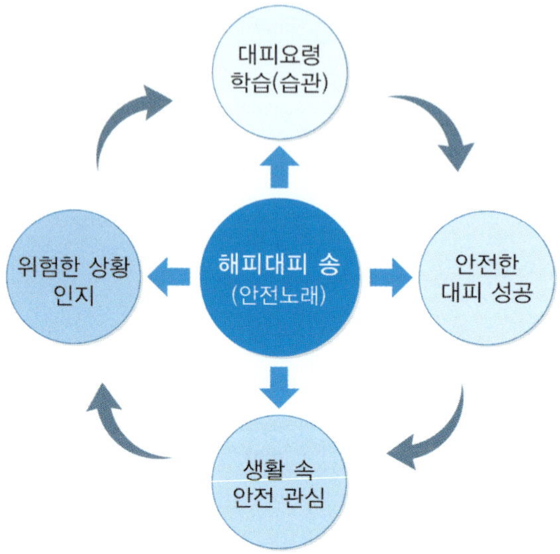

- 단순히 안전노래(해피대피 송) 부르기로 끝나는 것이 아닌 안전에 관련한 놀이 · 활동을 교사가 지원하였을 때 아이들은 자발적으로 안전상황을 발견해 보며 놀이로 발전할 수 있다.
- 영유아는 놀이로 안전에 대한 필요성을 느낄 수 있으며, 안전에 대한 사고 · 문제해결능력을 기르므로 사고를 미연에 방지하기 위한 안전태도 및 습관을 형성할 수 있다.
- 또래 · 교사 간에 원활한 상호작용으로 다양한 감정과 정서를 표현하고, 자신 및 타인의 정서를 이해함으로써 협동심을 길러 볼 수 있다.

② 프로그램 운영의 실제

〈푸른들 슬기로운 해피! 대피! 활동안〉

푸른들 슬기로운 해피! 대피!

경험학습 수업모형
- 오남소방서 지진체험
- 남양주소방서 소방체험

역할놀이 수업모형
- 긴급출동센터 구성하기
- 사고가 났어요
- 소방관 구성하기
- 불이 났어요

놀이중심 수업모형
- 불을 끄고 탈출해라
- 푸른들 워터파크 〈안전코너〉
- 여기는 안전해 〈탐정놀이〉
- 불을 끄러 가요 〈미로찾기〉
- 대피로 찾기(만들기) 〈내가 안전 왕!〉

실습·실연 수업모형
- 재난대응훈련, 소방대피 훈련에 관한 생각 나누기
- 어떻게 하면 무섭지 않게 대피할 수 있을까?
- 안전행동요령이 담긴 해피대피 송 율동 만들기
- 사이렌 소리 만들며 노래 부르기

가정연계학습 수업모형
- 안전송 푸른들 안전 UCC
- 가정에 안전한 곳, 위험한 곳 찾기
- 소화기, 대피로를 찾아요

모의훈련 수업모형
- 반소방대피훈련
- 방관이 찾아오는 소방대피훈련
- 재난대응훈련

〈2019 개정 누리과정 안전 내용범주 활동안〉

신체운동·건강	
내용범주	내용
안전하게 생활하기	일상에서 안전하게 놀이하고 생활한다.
	TV, 컴퓨터, 스마트폰 등을 바르게 사용한다.
	안전사고, 화재, 재난, 학대, 유괴 등에 대처하는 방법을 경험한다.

→

소방 안전교육
교육내용
불이야! 소리쳐요.
냉방기구가 과부하 될 수 있어요.
옷에 불이 붙었어요!
소방서에서 하는 일
소방서에 신고해요.
고마운 불, 위험한 불
소화기 사용방법을 알아요.

재난 안전교육
교육내용
모래바람이 불어요.
작고 작은 미세먼지
생명의 문 비상구
땅이 흔들려요.
다양한 사고를 예방해요.
▸ 날씨가 너무 추워요.

■ 활동 방법

• 1단계: 해피대피 송 만들기

· 아이들과 소방대피훈련에 대해 이야기를 나눈다.

· 이야기 나누기 내용을 토대로 노랫말을 구성한다.

· 아이들이 구성한 노랫말에 교사가 재미있는 음을 붙여 노래를 만든다.

• 2단계: 해피대피 송 활용하기

· 노랫말에 따른 동작을 신체로 표현해 본다.

· 어린 동생반에게 해피대피 송을 소개한다.

• 3단계: 스탑–아이–고 비상대응훈련 실시

· 이야기 나누기, 멀티자료, 안전동화, 교수자료 등을 사용하여 안전교육을 진행한다.

· 안전하게 대피할 수 있는 방법을 찾아본다.

· 스탑(Stop, 멈춤), 아이(Eye, 눈 맞춤), 고(Go, 대피) 사인에 맞춰 안전하고 신속하게 대피장소로 대피한다.

• 4단계: 스탑–아이–고 비상대응훈련 실시

· 안전교육을 통해 호기심 갖는 부분, 궁금해하는 것을 놀이로 진행한다.

· 놀이를 통해 안전의 중요성을 발견하고 실천한다.

• 5단계: 가정과 연계하기

· 가정연계활동 1. 소방관이 찾아오는 소방대피훈련-부모도 참여해요

· 가정연계활동 2. 해피대피 송! UCC 만들기에 참여해요

- 6단계: 지역사회와 연계하기
  - · 모의훈련을 할 수 있도록 소방관 견학 및 원내로 방문교육을 실시한다.
  - · 가정과 연계하여 가정에서도 안전한 생활을 실천해 볼 수 있도록 한다.
  - · 지역사회연계 1. 소방관이 찾아오는 소방대피훈련/소방서 현장학습
  - · 지역사회연계 2. 인근 어린이집과 함께해 보는 해피대피 송

2. 기관수준의 보육과정

기관수준의 보육과정은 어린이집의 특수성을 반영하고 학부모의 특성과 요구를 고려하여 보육에 대한 기관의 의도를 담은 것이다(김진규, 2015). 기관 중심 보육과정은 국가수준의 보육과정에 의거하여 편성한 것으로 어린이집의 특성과 영유아의 수준에 알맞은 보육을 효율적으로 할 수 있도록 한다. 또한 지역특성과 요구, 사회와 문화 등의 변화에 따라 새롭게 발생하는 문제 등을 적절하게 반영할 수 있어서 보육의 개인적 · 사회적 · 문화적 적합성을 높일 수 있다. 교사는 영유아의 능력과 요구를 가장 잘 파악하고 있고, 지역과 기관의 특수성을 잘 알고 있으므로 전문가적 자부심을 가지고 자율적으로 보육과정을 운영할 수 있다. 여기에서는 기관 중심 보육과정으로 탄소중립 프로그램, 인성교육 프로그램, 나트륨 저감 프로그램의 몇 가지 사례를 예시하고자 한다.

1) A 어린이집의 '녹색지구를 위한 금요일' 프로그램

여러 지역사회에서 유아들이 환경 보호의 중요성을 알고, 지구를 아끼고 지키는 가치 있는 경험을 할 수 있도록 탄소중립 관련 프로그램을 개최하고 있다. 예컨대, 충남 아산시의 '탄소중립 지구동행' 프로그램, 강원특별자치도의 '어린이

집 탄소중립 실천교육', 서울특별시의 '탄소중립경연대회', 대전광역시의 '지속가능 발전지향 환경 보육프로그램' 등이 있다. 이러한 프로그램은 유아들뿐만 아니라 부모들의 인식개선과 올바른 실천으로 함께 지속가능한 미래를 만들어 나가고자 하는 노력이다. 이러한 흐름을 반영하여 어린이집의 원장과 교사들은 탄소중립 실천 교육에 참여하고, 이를 현장에 적용하고 있다. 여기서 소개할 프로그램은 '지속가능 발전지향 환경보육프로그램' 공모전에서 우수사례로 선정된 A 어린이집의 '녹색지구를 위한 금요일' 프로그램이다(대전시육아종합지원센터, 2022). 이는 최근 다양한 산업에서 강조하고 있는 ESG[1]의 지속가능성을 보육 프로그램에 담아 다음 세대에게 더 나은 환경을 제공하기 위한 사례라고 볼 수 있다.

프로그램 개요

1. 선정 배경

현재 지구 환경은 역사상 어느 때보다 위기이다. 지구 온난화가 진행되고 있고 앞으로 계속 진행된다면 우리가 피할 수 없는 자연재해가 도래한다는 경고가 전해지고 있다. 이에 따라 탄소중립 목표를 달성하기 위한 실천이 매우 중요한 시기라고 볼 수 있다. 환경이 더 이상 심각하게 파괴되지 않고 지구가 지속가능하려면 모든 발달과 태도 형성의 기초가 되는 유아기부터 지속가능발전을 지향하는 환경교육을 하는 것이 필요하다.

2. 목적

프로그램의 목적은 다음과 같다.

1) ESG는 환경(Environmental), 사회(Social), 지배구조(Governance)의 영문 첫 글자를 조합한 단어로, 기업 경영에서 지속가능성을 달성하기 위한 3가지 핵심 요소를 말한다.

첫째. 유아, 부모, 교사가 환경 및 환경과 관련된 문제들에 대해 인식하고 관심을 갖는다.

둘째. 유아, 부모, 교사가 환경보호와 개선에 필요한 지식, 가치, 태도를 습득할 수 있는 기회를 제공한다.

셋째. 유아, 부모, 교사가 환경에 대한 배려의 태도를 기르고 환경보전에 참여하고 실천해 지속 가능한 삶이 되는 일에 적극 참여한다.

3. 활동기간 및 대상

프로그램 활동 진행은 3세에서 5세를 대상으로 9월 1주부터 10월 3주까지 총 8주간 진행한다.

4. 활동내용

1. 프로그램 전반적인 진행 계획

1) 「녹색지구를 위한 금요일」 지구 지킴이 되어 보기 안내
2) 「녹색지구를 위한 금요일」 방법
3) 「녹색지구를 위한 금요일」 프로그램 계획

2. 놀이과정

■ 사전경험
- 우유팩과 건전지 휴지로 바꾸기
- 그린패밀리
- 깨끗해 지구

■ 본 활동
- 녹색지구를 위한 우리들의 약속
- 자연과 더불어 사는 우리
- 지구의 구멍은 이제 그만~
- 환경을 위한 날이 있어요
- 생활 속 친환경
- 웩슬리 나라

■ 확장활동
- 환경지킴이 가족상
- 지구를 살리는 가게: 아나바다 시장놀이

프로그램 진행과정

1. 프로그램 전반적인 진행 계획

1) 「녹색지구를 위한 금요일」 지구 지킴이 되어 보기 안내

'자연에 대한 가치'를 알도록 가정과 어린이집에서 6개의 미션을 수행하여 '녹색지구'를 만드는 활동을 진행한다. 진행과 관련된 내용을 매주 가정통신문에 안내하고 어린이집 현관에 그림을 게시하여 '녹색지구'를 위한 활동에 동참하기를 안내한다.

2) 「녹색지구를 위한 금요일」 방법

매주 금요일마다 어린이집과 가정에서 회색의 6개 대륙을 녹색으로 바꿔 주는 방법으로 '녹색지구'를 위한 6개의 활동을 진행한다. 대형 대륙 위에 개별 대륙스티커와 나무스티커를 부착하여 회색의 지구를 녹색의 지구로 완성하는 활동이다.

3) 「녹색지구를 위한 금요일」 프로그램 계획

대륙	주	활동명	내용	
아시아	1	녹색지구를 위한 우리들의 약속	가정	녹색지구를 위한 우리 집 약속판
			아동	녹색지구를 위한 우리의 약속
유럽	2	자연과 더불어 사는 우리	가정	산책을 하며 쓰레기를 주워 보아요
			아동	자연물로 놀아요
아프리카	3	지구의 구멍은 이제 그만	가정	세계 오존층 보호의 날과 탄소 줄이기 실천방법 안내
			아동	세계 오존층 보호의 날을 맞이하여 온실가스 줄이기 위한 생활 속 노력 실천해 보기

대륙	주	활동명	내용	
오세아니아	4	환경을 위한 날이 있어요.	가정	환경을 위한 날이 있어요
			아동	환경달력 만들기
북아메리카	5	생활 속 친환경	가정	친환경 마크와 가정에서 친환경 물건 찾아보기
			아동	친환경 마크에 대해 알아보고 친환경 제품 속 마크를 찾아보기
남아메리카	6	웨슬리 나라	가정	재활용품으로 만들어 보기
			아동	〈협동작품〉 재활용품으로 만들기

2. 놀이과정

사전경험활동으로 우유팩과 건전지를 휴지로 바꾸기, 녹색소비자교육과 그린패밀리 모집, 제로 웨이스트 가정연계활동 안내를 실시하였다. 이러한 활동을 통해 유아뿐만 아니라 가족 모두 지구를 사랑하는 방법으로 재활용에 대해 생각해 볼 수 있었고, 환경오염에 대한 심각성과 친환경을 위한 실천방법에 관심을 가질 수 있게 되었다.

본 활동은 녹색지구를 위한 우리들의 약속, 자연과 더불어 사는 우리, 지구의 구멍은 이제 그만, 환경을 위한 날이 있어요, 생활 속 친환경, 웨슬리 나라 등 6개의 주제로 진행되었으며 가정연계 활동이 함께 이루어졌다. 예컨대, '녹색지구를 위한 우리들의 약속'에서는 나와 타인에게 환경보호의 중요성을 알리기 위한 구호를 정하고 피켓 만들기, 노래 개사하기 등의 활동을 진행하였다. 가정에서도 부모님과 함께 약속을 정해 보고 이를 글과 그림으로 표현해 보았다. 분리수거, 꽃 심기, 동생에게 옷 물려주기, 잔반 남기지 않기 등 다양하게 실천하는 모습을 볼 수 있었다. '자연과 더불어 사는 우리'에서는 자연물을 활용하여 다양하게 표현활동을 한 후 자연에 있던 그대로 돌려놓은 활동을 하였다. 가족과는 산책을 하면서 함께 쓰레기를 주우며 주변이 깨끗해지는 것을 경험할 수 있도록 하였다. '지구의 구멍은 이제 그만'에서는 온실가스를 줄이기 위한 방법으로 분리배출을 직접 해 보고 에너지 절약마크를 어린이집 곳곳에 붙여 보는 활동을 하였다. 가정에서도 탄소 줄이기에 동참하는 시간을 가져 일회용품 사용하지 않기, 대중교통 이용하기, 안 쓰는 전기코드 뽑기 등을 실천하였다. '환경을 위한 날이 있어요'에서는 유아들이 환경달력을 만들어 바깥놀이터에 전시하였고, 가정에서도 달력에 환경을 위한 날짜를 표시하여 지구보호에 대해 관심을 가질 수 있도록 하였다. '생활 속 친환경'에서는 친환경과 관련된 다양한 마크를 알아본 후 어린이집 내의 친환경 제품을 찾아보고, 친환경 구매센터에도 방문하여 다양한 친환경 물품을 탐색하고 구매하는 시간을 가졌다. 가정에서는 바디워시를 친환경 비누로 바꿔 욕실을 꾸며 볼 수 있도록 하였다. '웩슬리 나라(동화)'에서는 동화 내용을 각색하여 무심코 버린 쓰레기가 어떻게 환경오염으로 이어지는지에 대해 생각해 보고, 부모님의 옷을 재활용해 보는 활동을 하였다.

확장활동으로 6개의 미션을 다 수행한 가족에게 환경가족 지킴이 상장을 배부하고 그동안의 활동 내용과 유아들의 모습을 바깥놀이터에 전시하였다. 또한 아나바다 시장놀이를 통해 유아들이 부모님과 함께 지구환경을 위해 직접 체험하는 시간을 가졌다.

향후 계획

- 모든 발달과 태도 형성의 기초가 되는 유아기부터 지속가능한 삶을 살아가도록 지속가능발전을 지향하는 환경교육 실천한다.
- 어린이집과 가정이 연계되어 활동이 이루어질 때, 긍정적인 효과를 가져올 수 있으므로 어린이집과 가정이 함께 실천할 수 있는 내용을 공유하고 이를 실천하고 참여할 수 있도록 전시와 행사 등의 홍보를 통해 지원해야겠다.

2) S 어린이집의 “나는야! ‘인사’ 잘하는 ‘인싸’” 프로그램

인성교육의 중요성은 어린이집을 비롯한 교육현장에서 꾸준히 강조되고 있다. 유아기는 인성의 기초가 형성되고 교육의 효과도 매우 큰 시기다. 이때 형성된 태도와 습관은 평생 동안 지속될 수 있으므로 유아기부터 일상생활 속에서 실천 중심의 인성교육이 실시되어야 한다. 이를 위해 지역사회에서도 유아시기부터 인성교육을 지원하는 노력을 하고 있다. 예컨대, 경기도교육청에서는 유아부터 고등학생까지 성장단계별 인성교육을 나선형으로 지원하는 경기인성교육 브랜드 ‘투게더(TOGETHER)’를 운영하고 있다. 또한 경기도북부육아종합지원센터에서는 영유아 인성교육을 지원하는 보육과정을 구성하고 보육환경을 조성하며, 어린이집 현장에 적합한 인성교육 프로그램을 확산하고 보급하고자 인성교육 프로그램 공모전을 실시하였다. 이러한 흐름을 적용한 기관수준의 인성교육 프로그램 사례로 2023년 경기도 인성교육 우수어린이집 공모전에서 수상한 S 어린이집의 “나는야! ‘인사’ 잘하는 ‘인싸’” 프로그램을 소개하고자 한다(경기도북부육아종합지원센터, 2023).

프로그램 개요

1. 선정 배경

인사란 사람들이 만나고 헤어질 때 상대방에 대하여 존경, 인정, 친애, 안녕의 기원 등을 표시하는 행동양식을 말한다. 인사는 모든 인간 예절의 기틀일 뿐 아니라 상대방을 존중하는 표시이며 정성의 마음을 표현하여 친분과 협조를 한다는 표시이기도 하다. 또한 인사를 함으로써 즐겁고 명랑한 분위기를 만들어 주고 원만한 대인관계를 유지할 수 있다. 그러므로 유아시기부터 인사 예절이 생활화된다면 예의가 바르고 친사회적인 어린이로 성장할 것이다.

2. 목적

인사예절에 대한 인성교육을 부모와 교사가 협력체계를 유지하여 상호 동반자적인 입장에서 함께 실시한다면 인성교육의 질이 보다 향상될 것이다(모용희, 2015). 또한 지역사회 연계활동은 지역사회의 기관, 주민, 환경과 상호교류하면서 공동체 의식을 포함한 인성 덕목을 향상하는 데 효과가 있다(공진이, 2023). 이에 본 프로그램의 목적은 다음과 같다.

첫째, 인사예절의 중요성을 안다.

둘째, 예절의 기초가 되는 인사예절을 어린이집, 가정, 지역사회와 연계하여 실시하여 유아에게 인사예절이 생활화되는 것을 돕는다.

3. 활동기간 및 대상

프로그램 활동 진행은 4세 유아들을 대상으로 3월부터 12월까지 7개월 동안 실시하였다.

4. 연간교육계획안

"나는야 '인사' 잘하는 '인싸'" 인성프로그램의 연간계획안의 일부 내용은 다음과 같다.

〈표 11-1〉 인성프로그램 연간교육계획안의 일부

월	인사예절 상황	인성 관련요소	활동명	세부활동
3	밖에 나갈 때와 돌아왔을 때 (부모)	예의 존중	**다녀오겠습니다. 다녀왔습니다.**	– 어떻게 인사할까요?
				– 인사대장을 찾아라(게임)
			다짐구호: 예의 바른 어린이가 되겠습니다!	– 엄마, 아빠가 되어요(가정역할놀이)
				– 가정연계실천지: 인사를 바르게 했나요?
4	밖에서 어른들을 만날 때	예의 존중	**안녕하세요?(공수자세)**	– 인사는 누구에게 할까요?
				– '인사송'을 불러요(새노래)
				– 인사하는 인형을 만들어요(미술)
			다짐구호: 어른들께 인사를 잘하는 어린이가 되겠습니다!	– 지역사회연계: 어른들을 만나면 인사를 했나요?
5	감사의 마음을 표현할 때	감사 친절	**감사합니다 감사해~.**	– 감사의 꽃을 만들어요(미술)
			다짐구호: 저를 길러 주시고 사랑해 주셔서 고맙습니다!	– 가족을 위한 케이크를 만들어요(요리)
				– '고마워요 엄마, 아빠'를 불러요(새노래)
				– 가정연계실천지: 감사의 마음을 말로 표현해요(효도이벤트)
				– 지역사회연계: 관리사무소와 경비실에 방문하여 감사의 마음을 전해요
6	아침에 일어나서 잠자기 전	예의 질서	**안녕히 주무셨어요? 안녕히 주무세요**	– 잠자리 인사예절을 알아요
				– "안녕히 주무셨어요?" 인사하고 이불 개기 게임(게임)
			다짐구호: 부모님께 효도하는 어린이가 되겠습니다!	– 무드등을 만들어요(미술)
				– 가정연계실천지: 안녕히 주무셨어요? 안녕히 주무세요
7	음식을 만들어 주신 분께	감사 존중	**잘 먹겠습니다 잘 먹었습니다**	– 음식을 만들어 주셔서 감사합니다!(조리사 님 초청 인터뷰)
				– 지역사회연계: 된장을 만들어 선물해요(요리)
				– 식사 인사송 개사하기(동요개사)
			다짐구호: 만들어 주신 음식을 감사한 마음으로 잘 먹겠습니다!	– 가정연계실천지: 잘 먹겠습니다. 잘 먹었습니다(가정과 음식점)

프로그램 진행과정

1. 어린이집에서의 활동

한 유아가 등원하면서 교사에게 인사와 관련된 부정적 경험에 대해 이야기하자 다른 유아들도 비슷한 경험을 했다며 서로 이야기하기 시작했다. 자연스럽게 '인사'에 대한 흥미를 느끼게 되었고 '바른 인사 예절'에 대한 다양한 활동을 알아보기로 하였다. 먼저 인사하면 생각나는 것을 그림이나 글로 써 보는 시간을 가지고 친구들과 함께 발표해 보는 시간을 가졌다. 또한 '인사'에 대해 유아들이 어떻게 생각하고 있고 어느 부분에 흥미를 보이는지 사전에 파악하기 위해 주제망을 작성하였다. 인사를 해야 하는 다양한 상황과 인사법 등 유아들의 생각이 다양하게 표출되었다.

1) 인성 가방고리

매달 첫째 주에는 그 달의 인사예절 다짐구호와 인사상황에 맞는 인사말을 정하고 인사예절고리를 유아의 가방에 달았다. 유아는 가방고리를 보면서 가정과 어린이집에서 인사예절을 실천하고 실천한 내용을 가정과 함께 공유하였다.

2) 어린이집에서 대표적인 활동

이야기 나누기, 역할놀이, 노래와 신체표현, 요리, 게임 등의 활동을 통해 인사예절에 대한 관심과 흥미를 높이고, 직접 실천하며 인사행동의 변화를 경험할 수 있도록 격려하였다. 인성프로그램의 세부활동의 예시는 다음과 같다.

(1) 인사하는 인형을 만들어요

<table>
<tr><th>활동명</th><td>인사하는 인형을 만들어요</td><th>활동주차</th><td>4월 3주</td></tr>
<tr><th>활동형태</th><td>미술, 실외활동</td><th>인성관련요소</th><td>예절, 존중</td></tr>
<tr><th>활동목표</th><td colspan="3">– 종이컵과 빨대 등 다양한 재료를 이용하여 움직이는 인형을 만들 수 있다.
– 인형으로 인사 놀이를 하며 즐거움을 느낄 수 있다.
– 실외활동 시 만나는 어른들에게 바르게 인사할 수 있다.</td></tr>
<tr><th>누리과정 관련요소</th><td colspan="3">– 예술경험 > 창의적으로 표현하기 > 다양한 미술재료와 도구로 자신의 생각과 느낌을 표현한다.
– 사회관계 > 더불어 생활하기 > 친구와 어른께 예의 바르게 행동한다.</td></tr>
<tr><th>교수자료</th><td colspan="3">색 종이컵, 빨대, 인형 동안, 테이프, 가위 등</td></tr>
<tr><th>활동방법 및 평가</th><td colspan="3">〈우리의 계획에서 시작하는 놀이〉
유아들과 인사노래를 부르며 서로 인사한다. 더 재미있게 인사하는 방법에는 어떤 것이 있는지 이야기해 본다.

〈놀이를 통해 우리가 찾은 인성적 요소〉
종이컵과 빨대를 활용하여 인사하는 나만의 인형을 만들어 보기로 하였다.
완성된 인형을 가지고 움직여 보며 인사예절을 실천해 본다.

〈우리의 놀이실행을 통한 실천〉
실외활동 시 자연스럽게 인사에 익숙해진 유아들이 어린이집 동생을 만나거나 이웃 어른을 만날 때 인사를 실천하게 되었다.

[놀이평가] 나는야! ‘인사’ 잘하는 ‘인싸’

다양한 재료로 유아마다 개성 있는 인사하는 인형을 만드는 모습을 보였고 자신이 만든 인형으로 인사 놀이를 하면서 인사예절을 실천할 수 있었다. 또한 유아들이 실외놀이 시 만나는 이웃 분들에게 반가움의 인사를 자연스럽게 실천하는 모습을 관찰할 수 있었다.</td></tr>
<tr><th>가정연계</th><td colspan="3">가정연계실천지를 가정으로 보내 유아들이 밖에서 어른들을 만났을 때 “안녕하세요~” 인사가 생활화될 수 있도록 돕는다.</td></tr>
</table>

(2) “안녕히 주무셨어요?” 인사하고 이불 개기 게임

<table>
<tr><th>활동명</th><td>“안녕히 주무셨어요?”
인사하고 이불 개기 게임</td><th>활동주차</th><td>6월 2주</td></tr>
<tr><th>활동형태</th><td>신체 및 게임</td><th>인성관련요소</th><td>예의, 질서</td></tr>
<tr><th>활동목표</th><td colspan="3">– 게임을 통해 유아들이 잠자리 인사예절의 습관을 기를 수 있다.
– 일상생활 속에서 잠자리 인사예절을 실천할 수 있다.</td></tr>
<tr><th>누리과정
관련요소</th><td colspan="3">– 사회관계 > 더불어 생활하기 > 친구와 어른께 예의 바르게 행동한다.
– 의사소통 > 듣기와 말하기 > 상황에 적절한 단어를 사용하여 말한다.
– 신체운동 · 건강 > 신체활동 즐기기 > 신체를 인식하고 움직인다.</td></tr>
<tr><th>교수자료</th><td colspan="3">매트, 이불, 베개, 신호악기, 신나는 음악, 풀, 싸인펜, 가위, 색종이, 다양한 꾸미기 재료</td></tr>
<tr><th>활동방법 및
평가</th><td colspan="3">〈우리의 계획에서 시작하는 놀이〉
잠자리 인사예절을 알아보고, 놀이시간에 내가 잘 때 덮는 이불을 자유롭게 꾸며 보는 활동을 한다.

〈놀이를 통해 우리가 찾은 인성적 요소〉
“안녕히 주무셨어요?” 인사하면서 이불을 개는 게임을 하기로 한다.

〈우리의 놀이실행을 통한 실천〉
매일 밤과 아침마다 부모님께 “안녕히 주무세요” “안녕히 주무셨어요?” 인사를 실천해 본다. 인사를 하고 난 후에는 가정연계실천지에 도장을 찍는다.

[놀이평가] 나는야! ‘인사’ 잘하는 ‘인싸’

매일 밤과 아침마다 하는 인사에 친숙해지기 위해 게임활동을 하였고, 게임의 규칙도 유아와 함께 정해 보았다. 인사가 익숙하지 않아서 유아들이 단번에 실천하기에는 어려웠던 부분도 있었으나, 부모님들의 긍정적인 반응을 볼 때 유아들이 가정에서 인사를 잘 실천하고 있음을 알 수 있었다.</td></tr>
<tr><th>가정연계</th><td colspan="3">가정연계실천지를 가정으로 보내 유아들이 가정에서 잠자리에서 “안녕히 주무세요. 안녕히 주무셨어요?” 인사가 생활화될 수 있도록 돕는다.</td></tr>
</table>

(3) 조리사 님 초청 인터뷰

<table>
<tr><th>활동명</th><td>조리사 님 초청 인터뷰</td><th>활동주차</th><td>7월 1주~2주</td></tr>
<tr><th>활동형태</th><td>이야기 나누기, 요리활동</td><th>인성관련요소</th><td>감사, 존중</td></tr>
<tr><th>활동목표</th><td colspan="3">– 밥 먹기 전과 밥 먹은 후에 하는 인사를 실천할 수 있다.
– 음식을 만들어 주신 분께 감사하는 마음을 표현할 수 있다.</td></tr>
<tr><th>누리과정 관련요소</th><td colspan="3">– 의사소통 > 듣기와 말하기 > 상황에 적절한 단어를 사용하여 말한다.
– 신체운동 · 건강 > 건강하게 생활하기 > 몸에 좋은 음식에 관심을 가지고 바른 태도로 즐겁게 먹는다.</td></tr>
<tr><th>교수자료</th><td colspan="3">그림 자료(밥 먹기 전, 밥 먹은 후), 요리재료, 요리도구, 앞치마 및 머리 수건, 된장을 담을 용기</td></tr>
<tr><th>활동방법 및 평가</th><td colspan="3">〈우리의 계획에서 시작하는 놀이〉
맛있는 음식을 만들어 주시는 조리사 님께 궁금한 내용을 질문목록으로 작성한다.

〈놀이를 통해 우리가 찾은 인성적 요소〉
조리사 님을 반으로 초청하여 궁금한 내용을 질문하는 시간을 갖는다. 이야기 나누기를 통해 편식을 하지 않고 감사한 마음으로 음식을 먹기로 다짐한다.

〈우리의 놀이실행을 통한 실천〉
조리사 님께 감사한 마음을 전하기 위해 감사의 편지를 쓰고, 직접 된장을 만들어서 전달하는 활동을 한다.

[놀이평가] 나는야! ‘인사’ 잘하는 ‘인싸’

어린이집에서 맛있는 식사를 만들어 주시는 조리사 님께 인터뷰를 할 때 유아들은 음식을 왜 열심히 만드시는지, 어떻게 그렇게 음식을 만들 수 있는지, 어떤 음식을 가장 잘 만드시는지, 음식을 만드실 때 어떤 마음으로 만드시는지 등 궁금한 것들이 많았다. 감사의 편지와 만든 된장을 드리며 감사의 표현도 아끼지 않았다. 식사 인사는 유아들이 일상생활 속에서 매일 실천해 볼 수 있으므로 교사가 유아들의 인사 습관을 더 잘 관찰할 수 있었다.</td></tr>
<tr><th>어린이집 및 가정연계</th><td colspan="3">유아들이 급 · 간식을 먹기 전, 후에 인사를 할 수 있도록 실천한다.
부모님께 선물한 된장으로 어떤 요리를 먹었는지 사진으로 붙여 보는 가정연계활동지를 보낸다.</td></tr>
</table>

3) 다짐구호와 인사예절 실천

인사가 생활화되도록 등·하원 시간에 부모님과 선생님께 인사를 실천하고 음식을 만들어 주신 조리사 님과 이웃 어른들, 지역사회 기관에서 일하시는 분들께 상황에 맞는 인사예절을 실천하며 고마운 마음을 표현하였다.

2. 가정연계 활동

1) 가정에서 인사예절 실천

가정에서도 자녀가 인사예절이 생활화되도록 도왔다. 부모는 자녀가 외치는 '다짐구호'를 들으며 격려하고 인사예절을 실천하는 모습을 사진이나 동영상으로 찍어 키즈노트에 올려 주었다. 어린이집에서는 부모님이 올린 사진과 동영상을 보며 친구들 앞에서 발표해 보는 시간을 가지면서 인사예절 실천을 지지해 주었다.

2) 가정연계 활동(효도쿠폰 사용하여 효도하기)

부모님께 효도쿠폰을 제공하면 부모님이 이것을 자녀에게 사용하는 효도이벤트를 실시하였다. 이벤트를 통해 유아들은 심부름하기, 어린이집에서 만든 꽃 달아 드리기, 내가 정리할 수 있는 곳 청소하기, 부모님께 마사지 팩 해 드리기, 부모님께 '고마워요 엄마, 아빠' 노래 불러 드리기, 부모님 안마해 드리기, 부모님께 사랑 표현하기, 부모님 소원 들어 드리기 등 다양한 방법으로 부모님께 감사의 마음을 표현해 보았다.

3) 가정연계실천지

유아의 인사예절이 생활화되도록 상황에 맞는 인사예절 내용이 담긴 '가정연계실천지'를 매달 마지막 주에 가정으로 보냈다. 유아가 인사예절을 실천하면 부모는 그 내용을 '가정연계실천지'에 체크하여 다시 원으로 보내는 방식이다.

어린이집에서 유아가 인사예절을 실천한 내용을 친구들 앞에서 발표하는 시간을 가지면서 참여도를 높였다.

4) 인성활동 전시 및 상장수여

1학기 동안 열심히 참여한 "나는야! '인사' 잘하는 '인싸'" 인성프로그램 사진과 활동들을 현관에 전시하였다. 등 · 하원 시 전시된 인성프로그램을 보며 부모와 자녀가 함께 이야기를 나누고 기념사진도 찍어 보았다. 그리고 9월에는 한 학기 동안 참여한 모든 유아와 부모님께 상품과 수료증을 수여하는 "나는야! '인사' 잘하는 '인싸'" 인성프로그램 시상식을 실시하였다.

3. 지역사회연계 활동

밖에서 어른들을 만날 때 '안녕하세요?' 인사예절을 실천하기 위해 실외활동 시 만나는 어른들께 공손하게 인사를 하고, 감사의 편지와 다육이 화분을 꾸며 경비실과 관리실에 감사의 마음을 전했다. 그리고 유아들이 직접 만든 된장을 경비 아저씨와 청소부 아주머니께 전했고 마카롱을 지역사회 분들께 전하며 고마운 마음으로 인사를 실천하는 시간을 가졌다.

향후 계획

- 가정연계활동과 지역사회활동의 다양화가 필요하다. 부모님이 부담 없이 함께 할 수 있는 가정연계활동이 계획되어야 하겠다. 예컨대, '인사예절에 대한 부모초청 이벤트', '지역사회와 함께하는 인사예절 캠페인' 등 다양한 연계활동을 계획할 수 있다.
- 상황에 맞는 인사예절 주제의 다양성과 그에 따른 구체적인 인사법 지도가 필요하다.

3) K 어린이집의 '나트륨 슈퍼스타' 프로그램

영유아의 건강한 식생활 문화를 선도하기 위해서는 영유아, 종사자, 보호자에 대한 적절한 영양교육이 필요하다. 이를 위해 여러 지역사회에서는 어린이집 현장에 적합한 프로그램을 확산하고 보급하기 위한 노력을 하고 있다. 나트륨 저감화의 중요성에 대해 느끼고, 영유아의 올바른 성장 및 저염 식습관 형성에 도움이 될 수 있는 사업들을 진행하는 것이다. 예컨대, 경기도 남양주시에서는 어린이급식안전관리센터가 어린이급식소를 대상으로 나트륨 저감화 사업을 진행하였으며, 광주시어린이급식관리지원센터에서는 원장 및 조리원을 대상으로 특화사업 '나와 함께 줄여봐염(Na+)'을 실시하기도 하였다. 서울시 강북구에서는 '나트륨 섭취 저감화 사업'을 통해 어린이집과 유치원 등을 대상으로 염도 모니터링을 실시하였고, 관악구에서는 건강밥상을 제공한 어린이집에 '저염 실천 어린이집' 현판을 제공하는 사업도 하였다. 이러한 사회적 흐름에 따라 여러 유아교육기관에서도 나트륨 저감 프로그램을 진행하고 있다. 여기서는 2023년 나트륨을 줄이기 위한 영유아프로그램 공모전에서 수상한 K 어린이집의 '나트륨 슈퍼스타' 프로그램을 소개하고자 한다(경기도북부육아종합지원센터, 2023).

프로그램 개요

1. 선정 배경

'나트륨 슈퍼스타'는 '나트륨(Sodium)'과 '슈퍼스타(Superstar)'의 결합어로 영유아가 나트륨을 중심으로 한 건강한 식습관과 영양 지식을 함양하여 자신뿐만 아니라 다른 이에게도 모범이 되는 역할을 수행할 수 있도록 돕는 프로그램이다. 과다한 나트륨의 섭취는 성인에게도 다양한 성인병 발병의 문제를 일으키므로 영유아기의 나트륨 저감 교육은 빠르면 빠를수록 좋다. 이에 나트륨 저감 교육은 질병 예방적인 관점에서 중요하며 행복한 삶을 위한 미래의 건강을 유지하기 위해서 중요한 역할을 한다. 특히 영유아기는 식습관이 형성되는 결정적 시기이므로 균형 잡힌 음식의 제공과 올바른 식습관 형성을 위한 교육이 필요하다. 나트륨 저감을 위한 교육은 어린이집뿐만 아니라 영유아의 식생활에 지대한 영향을 미치는 가정과 연계하여 실천할 때 효과를 기대할 수 있다.

2. 목적

프로그램의 목적은 다음과 같다.

첫째, 나트륨 과다섭취의 위험성을 이해하고, 영양균형과 건강한 식습관을 형성한다.

둘째, 지속가능한 변화를 위해 가족이 참여하여 일상적으로 나트륨 저감에 관심을 가지고 실천한다.

3. 활동기간 및 대상

프로그램 활동 진행은 3세에서 5세를 대상으로 9월 1주부터 9월 2주까지 총 2주간 진행한다.

4. 활동내용

우리 몸에 필요한 무기질인 나트륨(소금)이 너무 과하면 건강에 해롭다는 것과 음식에서 나트륨 함량을 식별하는 방법을 배워 저나트륨 식품 선택을 할 수 있도록 한다. 또한 유아들과 함께 요리활동을 진행하여 소금 사용량 감소와 다양한 양념으로 요리하는 방법을 배우고 게임, 퍼즐, 그림 그리기 등의 놀이를 통해 나트륨 저감에 대한 지식과 습관을 형성한다. 프로그램 진행에 가족을 참여시켜 지속 가능한 나트륨 저감 식습관 형성에 도움을 준다. 프로그램의 흐름은 다음과 같다.

나트륨(소금)에 대해 관심 갖기(동화, 맛과 느낌 표현하기) ▶ 나트륨의 영향 알기(식물관찰을 통해 소금을 과하게 사용할 경우 결과 알기) ▶ 소금을 이용한 놀이(비밀그림, 알록달록그림, 마라카스, 저염송 부르기) ▶ 음식 속 소금양 알아보기(나트륨 함량 알아보기) ▶ 소금양을 줄여 요리하기(물김치 만들기) ▶ 가족과 함께하는 요리활동(가정 내 저염 레시피 개발) 및 참여가정과 어린이 상장 수여 ▶ 지식확장(도전 골든벨) 및 생활 속 실천 ▶ 지역사회연계(어린이급식관리지원센터 영양사의 영양교육과 조리사의 염도 측정)

프로그램 진행

1. 나트륨 저감 영유아프로그램 활동

나트륨 저감 영유아프로그램에서 영유아 대상으로 진행한 활동 중 몇 가지를 예시로 소개하면 다음과 같다.

1) 비밀그림 그리기

<table>
<tr><th colspan="2">활동명</th><th>비밀그림 그리기</th><th>유형</th><th>활동, 놀이</th></tr>
<tr><td colspan="2">내용</td><td colspan="3">지원해 준 소금에 지속적인 관심을 가져 그림으로 표현해 볼 수 있도록 한다.
1. 유아들과 함께 소금물과 소금에 대해 이야기를 나누어 본다.
– 소금이 물에 녹으면 눈으로 볼 수 있나요? 보이지 않는 소금을 다시 나타나게 할 수 있을까요?
2. 소금물과 검정 도화지를 유아들에게 제공하고 표현하는 활동을 진행한다. 교사는 비밀 그리기 방법을 설명한다.
3. 유아들과 검정색 도화지에 그림을 어떻게 표현했는지 이야기를 나눈다.
4. 검정색 도화지가 마른 후 소금 결정체가 나온 것을 유아들과 함께 보면서 이야기를 나눈다.
5. 확장활동으로 소금과 물감을 이용하여 알록달록 그림 그리기를 해 본다.</td></tr>
<tr><td rowspan="2">교사 지원</td><td>물리적 지원</td><td colspan="3">– (자료 및 공간 지원) 미술재료: 검정 도화지, 소금, 붓, 연필, 물감, 물
– 소금을 이용하여 미술활동을 할 수 있도록 다양한 재료를 지원한다.</td></tr>
<tr><td>상호작용 지원</td><td colspan="3">– 물에 녹은 소금이 마르면서 변하는 현상에 대해 상호작용을 한다.</td></tr>
</table>

2) '소금을 줄여요' 저염송 배우고 개사하기

활동명		'소금을 줄여요' 저염송 배우고 개사하기	유형	활동, 놀이
내용		확장활동으로 소금에 관련된 노래를 찾아보고 유아들과 함께 '저염송–소금을 줄여요' 노래를 배워 본다. 1. '저염송–소금을 줄여요' 노래를 들어 본 적이 있는지 이야기를 나누어 본 후 동요를 들어 본다. 2. 동요를 함께 불러 본 후 느낀 점에 대해 이야기를 나눈다. – 소금이 많이 들어 있는 음식을 먹으면 우리 몸은 어떻게 될까요? 3. 유아들이 친숙한 '문어의 꿈' 노래에 개사를 하여 저염송을 만들어 본다. – 노래를 부르면서 어떤 부분을 어떻게 바꾸면 좋을지 생각해 보자. 4. 유아들과 개사가 필요한 부분을 정하여 어떻게 바꾸면 좋을지 이야기를 나누며 개사한다. – 가사에 소금에 대한 느낌을 잘 전달한 것 같나요? 혹시 더 수정하고 싶은 부분이 있나요? 5. 완성된 곡을 반복해서 불러 보며 어떻게 활용할지 이야기를 나눈다.		
교사 지원	물리적 지원	– (자료 및 공간 지원) '저염송–소금을 줄여요' 출처: https://tv.naver.com/v/1937206 – 유아들이 새로운 노래를 배울 수 있도록 가사판과 동영상자료를 제공한다.		
	상호작용 지원	– 유아들이 나트륨 저감에 대한 개사를 원활히 할 수 있도록 상호작용을 지원한다.		

3) 도전! O, X 골든 벨

활동명		도전! O, X 골든 벨	유형	활동
내용		2주간 유아들과 나트륨에 대해 알아보고 나트륨에 대한 인식이 얼마나 형성되었는지 퀴즈를 통해 알아본다. 1. 나트륨(소금)에 대해 관련된 o,x 퀴즈 활동에 대해 알아보고 게임 방법에 대해 설명한다. 2. 규칙을 지키며 나트륨(소금)에 대한 문제를 풀어 본다. 3. 유아들과 o,x 퀴즈를 통해 나트륨(소금)에 대한 지식을 형성하고 배워 가는 시간을 가지며 퀴즈를 풀면서 어려웠던 점이나 즐거웠던 점을 이야기 나눈다.		
교사 지원	물리적 지원	– (자료 및 공간 지원) 준비물: 보드판, 나트륨 퀴즈 문제 – 유아들이 앉아서 보드판을 가지고 편하게 문제를 풀 수 있도록 교구장을 이동시켜 매트를 깔아 주고 공간을 넓혀 준다.		
	상호작용 지원	– 유아들이 퀴즈를 쉽게 풀 수 있도록 그동안 배웠던 소금 정보를 조금씩 제공하며 상호작용을 지원한다.		

2. 나트륨 저감 영유아프로그램 가정연계

나트륨 저감 영유아프로그램의 진행내용 중 가정연계 활동의 예시는 다음과 같다.

활동명	나트륨 저감 음식 만들기	유형	가정연계
내용	나트륨 저감에 관련된 활동과 놀이를 하면서 소금의 중요성과 필요성을 알게 되면서 가정과 연계하여 저감 음식 만들기 확장 활동을 한다. 1. '나트륨 저감 음식 만들기' 활동과 관련된 가정통신문을 가정으로 발송한다. - 소금 섭취를 줄이는 것에 관련된 내용 - 건강한 음식 문화와 올바른 식습관 형성에 관련된 내용 - 나트륨 이해에 대한 내용 - 나트륨 저감을 실천할 수 있는 음식 만들기 채소 소개 2. 각 가정에서 나트륨 저감 음식 만들기를 한 활동을 진행한다. 3. 유아교육 · 보육기관 알림 어플이나 가정통신문 등을 통해 활동사진과 만들었던 내용을 공유한다. 4. 유아들이 나트륨 저감 채소 만들기 사진을 유아교육 · 보육기관에서 감상하고, 소금 섭취의 적절성과 활동소감에 대해 이야기 나눈다. 5. 확장활동으로 학부모와 유아에게 나트륨 음식 만들기 실천을 칭찬하며 상장과 소정의 선물을 증정한다. 또한 학부모의 나트륨 저감 음식 레시피를 공유한다.		

3. 나트륨 저감 영유아프로그램 지역사회 연계

나트륨 저감 영유아프로그램의 진행내용 중 지역사회연계 활동의 예시는 다음과 같다.

활동명	어린이급식관리지원센터와 유아가 함께하는 염도 체크하기	유형	지역사회연계
내용	나트륨 저감에 관련된 활동과 놀이를 하면서 소금의 필요성을 알게 되면서 지역사회연계 활동으로 염도체크하기를 실시한다. 조리사 선생님이 유아반에 들어와서 유아들과 소금이 들어간 음식에 염도 측정기를 통해 소금의 염도를 체크하는 것을 눈으로 확인해 보면서 소금의 양을 알 수 있다. 1. 교사가 먼저 유아들에게 음식에 들어간 소금의 양을 염도측정기로 확인할 수 있다는 것을 알려 준다. 조리사 선생님이 이러한 내용을 교실에서 설명해 준다.		

2. 조리사 선생님이 유아들에게 염도 기준에 대해 안내하고 국의 염도를 직접 잰다.
3. 염도 측정과정이 끝난 후 점심식사 시 국 포함 급식 식단을 유아들과 함께 맛본다.
4. 나트륨 섭취를 줄이는 방안으로 소금을 적게 사용하는 것뿐만 아니라 채소류 위주의 식생활이 중요하다는 점에 대해 유아들과 이야기 나눈다.
5. 염도 측정기로 체크한 염도 기록지를 매일 표시하고 어린이급식관리지원센터에 매달 제출한다.

향후 계획

- 나트륨 저감을 생활화하고 지속가능한 실천을 위해서는 일회성 행사와 같은 교육이 아니라 국가수준의 보육과정에 포함시켜 일상생활, 놀이, 활동 속에서 꾸준히 나트륨 저감교육이 이루어지도록 해야 한다.
- 저염요리 경연대회, 레시피 개발 등 가정연계 활동으로 부모의 참여를 높이고 보건소, 어린이급식관리지원센터, 농촌진흥청 등 지역사회 자원을 활용하여 영유아에게 다양한 체험활동과 경험을 제공하면 유아의 영양지식 및 건강한 신체발달에 도움이 될 것이다.

<탄소중립 주제 연관 활동자료 예시>

기후변화로 인해 생겨나는 날씨의 변화를 알아보고, 탄소중립을 위한 다양한 방법에 대해 이야기 나누면서 활용해 볼 수 있어요.

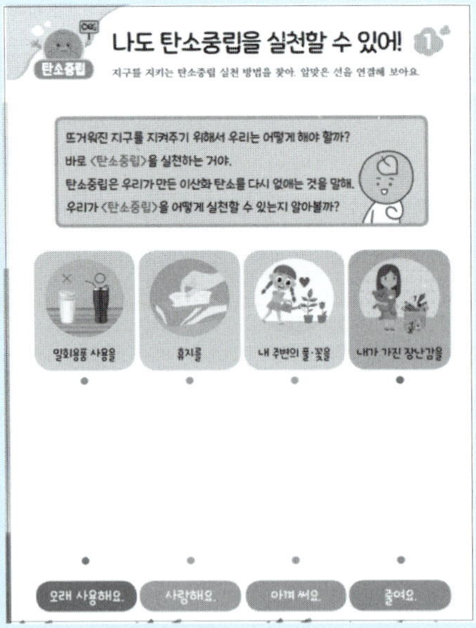

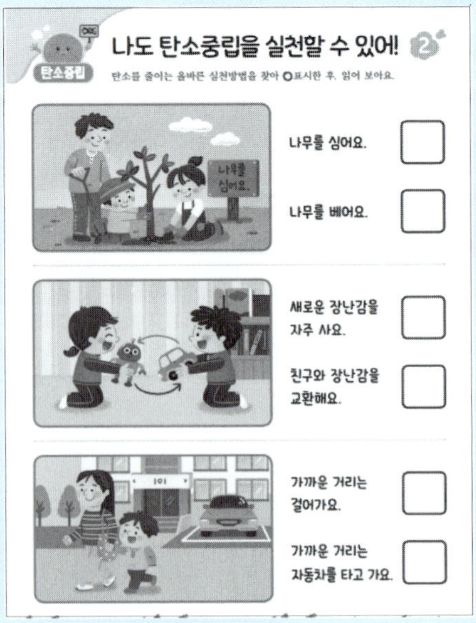

출처: 국가환경교육센터(https://www.keep.go.kr/).

<인성교육 연관 활동자료 예시>

개인차 존중, 고운 말, 소통, 디지털 예절 등의 주제를 다룰 때 활용할 수 있어요.

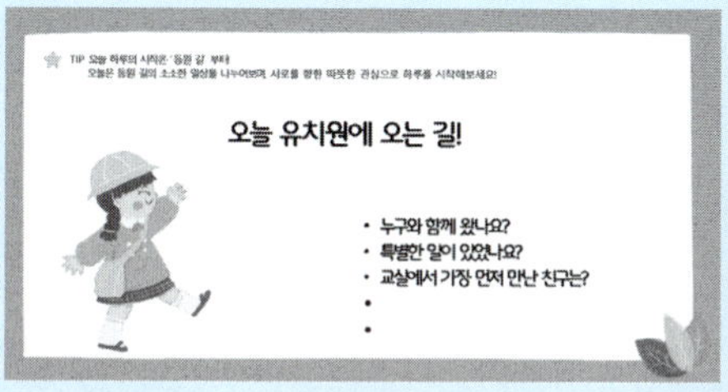

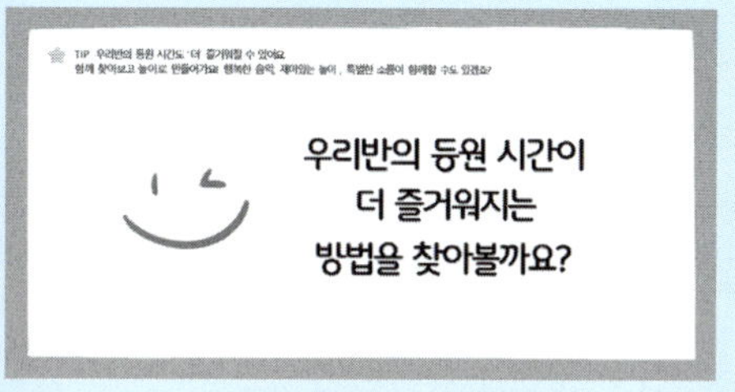

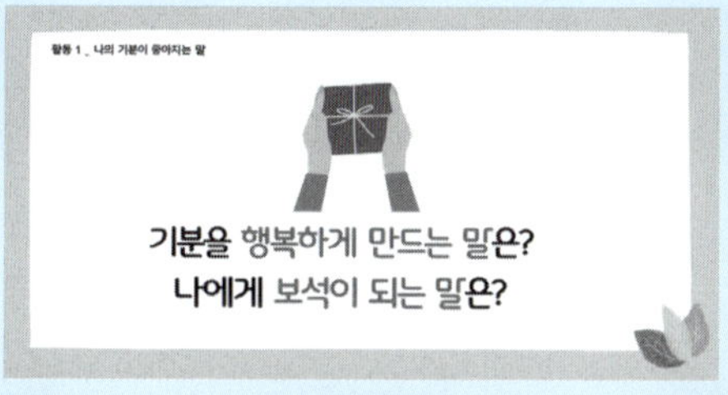

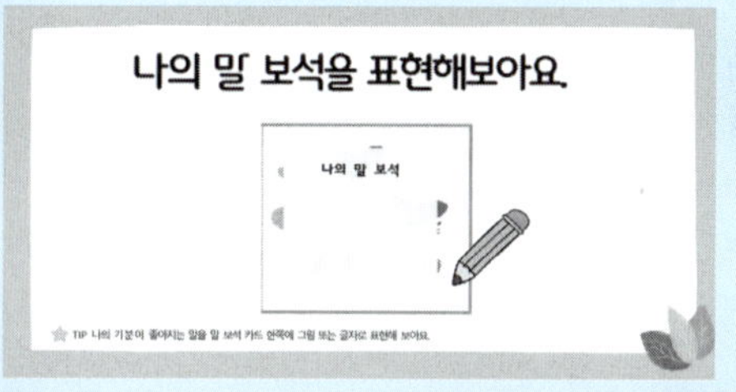

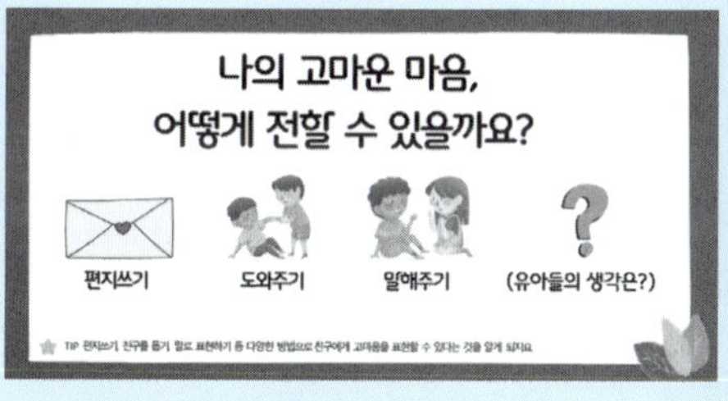

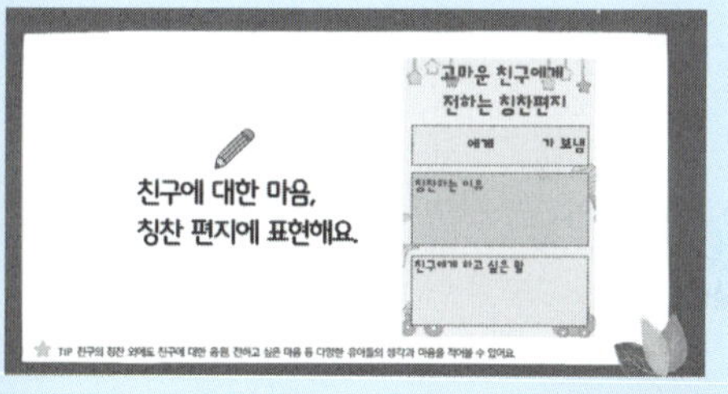

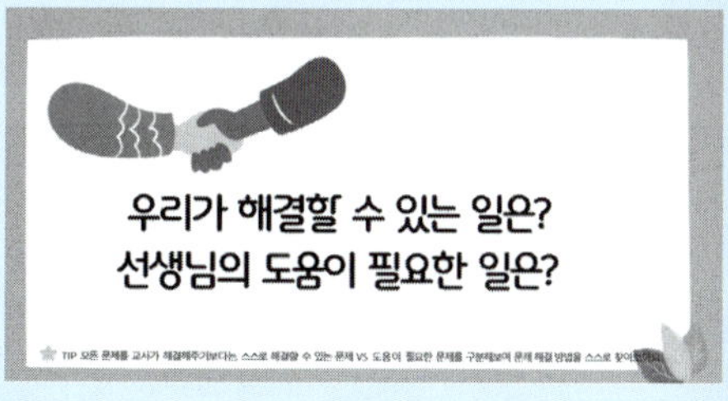

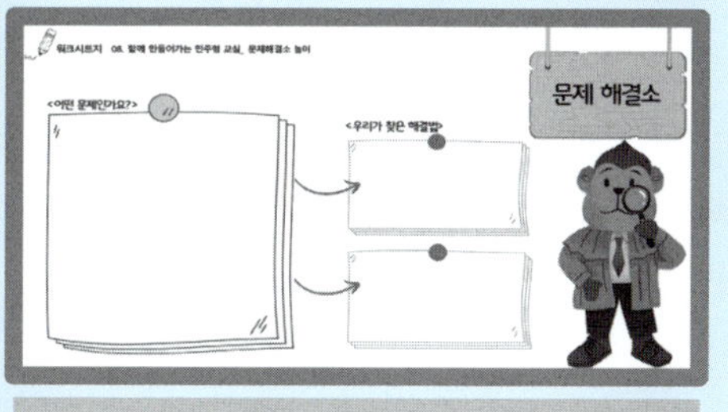

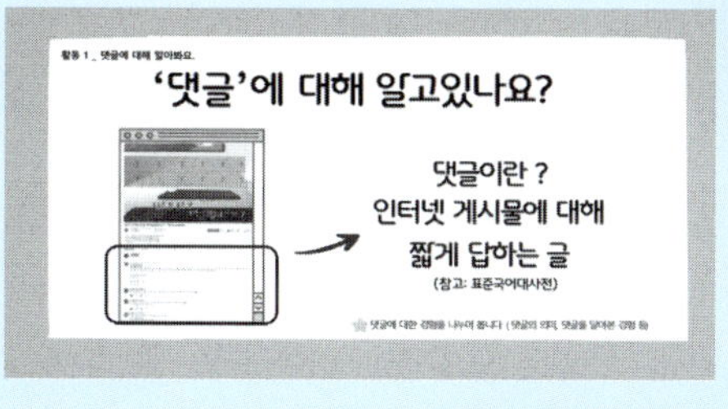

출처: 경기도교육청(2024). 유아 인성교육 장학자료 '유아 인성교육을 담다'.

<나트륨 저감 주제 연관 활동자료 예시>

나트륨의 특성에 관심을 갖고, 나트륨과 식품의 관계에 대해 알아보는 활동들을 할 때 활용할 수 있어요.

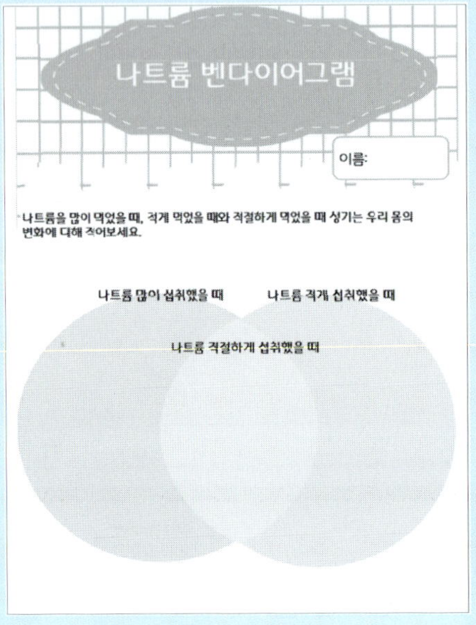

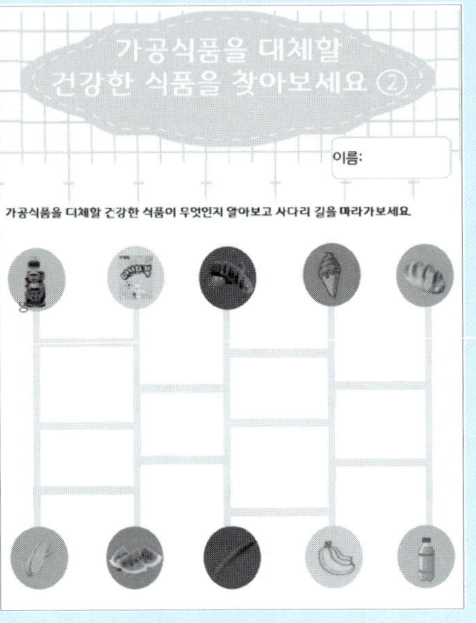

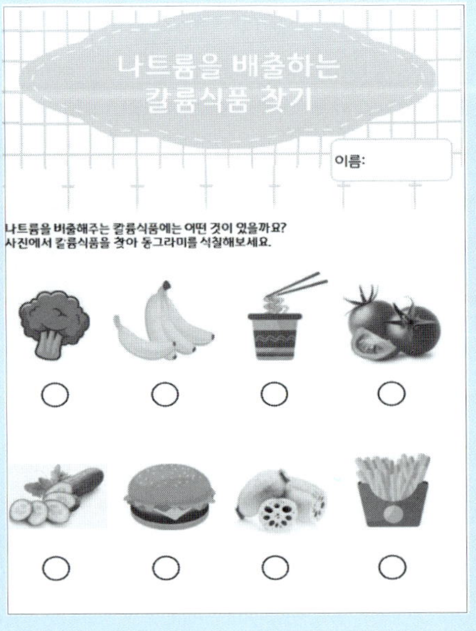

출처: 경기도북부육아종합지원센터(2023).

3. 개인수준의 보육과정

개인수준의 보육과정은 학습자로서의 유아가 스스로 이해하고 만들고 내적으로 구성한 배움의 내용을 말한다. 즉, 보육활동을 통해 유아에게 실현된 보육과정이라고 할 수 있으며 유아를 보육과정 개발 구성의 주체로 인식한다. '학습자가 실제로 무엇을 배웠는가'를 말하는 것으로 유아의 개인차에 따라 다양한 교육과정을 기대할 수 있고, 교사의 교육적 의도나 노력에 상관없이 전혀 뜻밖의 학습이 일어날 수 있다는 점에서 잠재적 교육과정이 대두된다. 학습의 구체적인 지식보다는 학습하는 과정에 그 가치를 두게 되는데, 이는 학습활동과 경험 속에 포함된 유아의 흥미 그 자체를 가치 있는 것으로 보기 때문이다. 따라서 교사는 유아가 자연스럽게 활동할 수 있는 분위기를 마련해 주고, 끊임없는 관찰과 배려로 유아를 안내하도록 힘써야 한다. 이러한 보육과정의 성격에 가장 근접한 것으로 우리나라 2019 개정 누리과정을 들 수 있다. '유아가 중심이 되고 놀이가 살아나는 교육과정'임을 천명한 2019 개정 누리과정은 유아의 자발적, 주도적 놀이를 통한 배움을 강조한다(박찬옥 외, 2020).

여기에서는 개인수준의 보육과정의 예시로 교사를 위한 놀이운영 사례집(교육부, 2020; 교육부, 보건복지부, 2020)과 놀이실행자료(교육부, 보건복지부, 2019)의 놀이사례를 소개하고자 한다. 자료 탐색 놀이인 '무엇이든 될 수 있는 백업'과 공간의 변화로 진행된 놀이 '길게, 더 길게', 주제 안에서 놀이가 발현된 '지렛대 놀이'의 내용은 다음과 같다.

1) 무엇이든 될 수 있는 백업(자료를 탐색하는 놀이 사례)

놀이의 시작

박스로 버스 만들기를 할 때 운전대를 만들고 남은 백업을 미술 영역 자료장에 넣어 두었는데 유아들이 발견하고는 신기해하고 만져 보는 행동이 계속되었다. 이에 교사는 백업을 활용하는 놀이를 지원하기로 했다.

놀이의 전개

(1) 백업탐색 · 상상놀이

유아들은 다양하게 제공된 백업을 만져 보고, 바닥에 두드려 보기도 하고, 서로 겹쳐 비벼 보기도 하며 자유롭게 탐색했다.

"바닥에 두드리면 소리가 나네?"
"비벼서 소리를 낼 수도 있어! 비비니까 악기 같아."
"(목에 걸며) 목걸이에요!"
"이렇게 흔드니까 지렁이 같아"
"더 길게 이어 보자"

(2) 백업 운동놀이

유아들은 친구가 만든 백업 길 위로 올라가 놀이했다. 튀어나온 백업의 특성상 유아들은 중심을 잡지 못하고 뒤뚱거리기 시작했다. 유아들은 백업 위로 올라가 누가 오래 버티는지 '중심 잡기 시합'을 하기 시작했다.

"(백업 위에 올라서서 밟으며) 우와~길이다! 그런데 여기 올라가기 어려워!"
"시합이야! 준비 시~작!"

한참 중심 잡기 놀이를 하던 유아는 백업을 양손으로 잡아서 콩콩 뛰는 시늉을 했다. 중심 잡기 놀이와 콩콩이 놀이를 한 유아들은 땀이 흠뻑 젖을 정도로 신나게 놀이했다.

"땀이 너무 많이 나요. 꼭 운동하는 것 같아요!"

(3) 백업 게임 놀이

한 유아가 동그랗게 연결한 백업을 옆에 있는 친구의 몸에 던져 넣었다. 그러자 다른 유아들이 "야~친구한테 던지면 어떡해~"라고 말하며 교사를 쳐다보았다. 교사가 백업을 받은 유아에게 아프냐고 물어보자 말랑해서 하나도 아프지 않다고 해서 교사는 백업을 크게 만들어 친구에게 고리 던지기 하는 놀이를 제안했다.

놀이하던 중 고리를 몸에 낀 채로 돌아다니는 유아를 보고 다른 유아가 기차놀이를 하는 것 같다고 이야기하면서 유아들의 기차놀이가 시작되었다.

"내가 신호등 할게. 빨간 불입니다~ 멈추세요~"

기차놀이를 하던 중 서로 가고 싶은 방향이 달라 유아들 간에 갈등이 생겼다. 속상해하는 유아들에게 교사는 각자 가고 싶은 방향으로 가 보는 게임을 제안했다.

(4) 백업 떡가게 놀이

교실 한쪽에 있는 백업에 대해 관심이 사그라질 때쯤 한 유아가 흰색 백업을 들고 떡이라고 이야기하며 자르기 시작했다. 이를 본 유아들이 역할영역에서 접시를 가지고 와서 떡을 담아 주었다.

백업으로 떡을 만드는 유아들을 보며 다른 유아들도 교실 한쪽에 있는 점토로 떡을 만들기 시작했다. 교사가 천사점토, 색깔 클레이를 풍족하게 제공해 주니 많은 유아들이 떡 만들기에 참여했다. 간식시간에 먹어 본 떡을 기억하며 떡꼬치와 무지개떡을 만들었다.

다음 날 유아들의 의견을 반영하여 백업, 점토 떡으로 떡가게 놀이를 시작했다. 유아들은 점원과 손님 역할을 하며 떡가게 놀이에 즐겁게 참여했다. 떡가게 놀이는 1주일이 넘도록 지속되었다.

(5) 백업 수영장 놀이

떡가게 놀이가 마무리될 때쯤 유아들이 자른 떡 모양 백업의 수가 크게 증가했다. 교사는 자른 백업으로 무엇을 할 수 있을지 유아들과 이야기를 나누었다. 한 유아가 자른 백업을 만져 보다가 한 움큼 집어서 친구 머리에 뿌리기 시작했다. 그러자 다른 유아들이 눈이 내리는 것 같다고 이야기하며 백업 눈 놀이가 시작되었다. 바닥에 뿌려진 백업 눈에 엎드려서 수영하는 유아들도 생겨났다.

"눈이 내려요!"
"어푸어푸~여기는 수영장이야."

다음 날 교사는 백업 수영 놀이를 하는 유아들을 위해 여름에 놀이했던 실내 수영장을 꺼내어 그 안에 백업을 가득 담아 주었다. 유아들은 백업 수영장 안에서 놀이하며 즐거워했다.

놀이의 마무리

한참을 백업 수영장에서 놀이한 후, 놀이 참여도가 낮아지자 교사는 자른 백업을 어떻게 치우면 좋을지 유아들과 의논했다. 유아들이 미술 영역 재료로 쓰면 좋을 것 같다고 이야기하여 미술 영역에 자른 백업을 놓아 두기로 했다. 유아들은 백업을 역할 영역에서 요리재료로 쓰기도 하고 재활용품 속에 넣어 미술 재료로 사용하기도 하며 놀이가 마무리되었다.

2) 길게, 더 길게(공간의 변화를 통해 놀이를 지원한 사례)

이 놀이는 4세 유아들 사이에서 10월, 11월 두 달간 이루어진 놀이이다.

> 알록달록 색깔고리는 귀고리, 목걸이, 팔찌 등 장신구가 되어 역할 놀이의 재미난 도구도 되고, 시장 놀이할 때는 장신구 파는 가게의 판매 품목이 된다. 유아들이 고리를 계속 연결하여 길어지자 연결 고리를 이용해 다양한 물체들의 길이를 재기 시작한다. 유아 나름의 기준을 가지고, 다양한 물체의 길이를 재어 보고 비교해 본다. 고리를 길게, 더 길게 연결하면 교실 안에서 길이 재기 놀이를 할 뿐 아니라 옆 반이나 복도나 계단 아래까지 재어 보는 놀이로 이어진다. 과연 고리는 어디까지 길어질 수 있을까?

교실 상황

교실 놀이 공간은 놀이 상황에 따라 재배치된다. 고리를 길게 이어 가는 놀이 중 길이 재기를 자유롭게 하도록 공간을 넓혀 갔다. 교실을 넘어 바깥 공간으로 이어질 때는 교사 간 협의가 이루어졌다. 외부 공간으로 이어지는 놀이는 안전에 대해 사전약속을 하여 안전하고 적극적인 놀이가 이루어질 수 있도록 하였다.

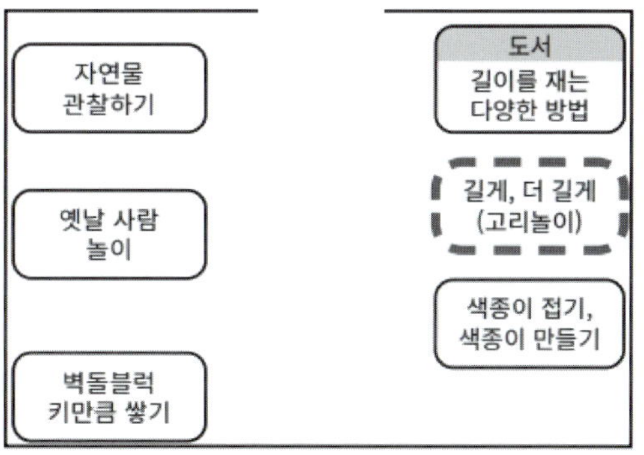

놀이의 시작

고리를 연결해서 만드는 장신구

유아들이 고리를 다양하게 연결하여 팔찌를 만들기도 하고 더 길게 연결하여 목걸이를 만들기도 한다. 고리를 두 개 빼더니 귀에도 걸어 보고, 고리를 두 개 더 끼더니 머리에도 얹는다. 한참 동안 고리로 장신구를 만들며 거울 앞에서 뽐내더니, 목과 팔, 귀에 걸어 보며 놀이한다. 유아들은 만든 장신구를 교사에게 걸어 주다가 자신들보다 더 많은 고리가 필요함을 알게 된다. 고리의 수에 따라 달라지는 길이를 자연스럽게 비교한다.

지윤: 이것 봐. 이렇게 하면 머리띠 같지?
채민: 우와, 예쁘다. 색깔이 많아서 예뻐.
지율: 더 길게 하면 목걸이도 되겠다. 난 목걸이 만들어 줘.
지윤: 어떻게 만들어 줄까?
준성: 나도! 난 좀 멋있게.
채민: 잠깐만 기다리세요. 금방 만들어 줄게요.
지윤: 준성이 손님 같다. 손님.
시우: 나도 같이 목걸이 만들면 안돼?
채민: 너는 손님 안 할 거야? 손님도 필요한데.
시우: 응. 그럼 우리 선생님이 손님해 달라고 하자.
교사: 그래, 나는 팔찌 하고 싶으니, 아주 예쁜 팔찌 없을까요?
지윤: 여기 예쁜 팔찌입니다. 손 이렇게 해 봐요 선생님! 어, 선생님 손이 안 들어간다.
채민: **선생님 팔찌는 고리를 더 끼워 봐. 우리보다 크니까….**

유아의 요청 ▶ 고리 장신구 파는 가게 놀이를 하며 손님이 필요해서 교사가 손님이 되어 주길 부탁함.

교사의 지원 ▶ 가게의 손님이 되어 놀이에 참여하며 지원함.

놀이의 전개

(1) 긴 고리로 책상 둘레를 재 보아요.

유아들은 서로 여러 개의 고리를 연결하여 자신이 연결한 고리가 길다고 뽐내며, 긴 고리를 끌고 교실 이곳저곳을 다닌다. 교실의 책상과 여러 가지 물건의 길이를 고리로 재어 보며 고리 몇 개에 해당하는지 세어 본다. 그러면서 교실에 있는 여러 가지 물건의 길이를 고리의 개수로 비교한다.

윤호: 선생님~ 이거 봐요. 제가 엄청 길게 연결했어요!
선생님, 이 책상은 고리가 몇 개가 필요할까요?
교사: 글쎄? 고리 몇 개가 필요할까?
윤호: 제가 해 볼래요. (고리를 책상 둘레를 따라 놓고)
선생님, 이거 제가 세어 볼 거예요. 여기 손가락으로 잡아 주세요.
(고리 하나를 가리키며 잡아 달라고 요청함)
교사: 알겠어. 이렇게 손가락으로 잡고만 있으면 될까?
윤호: 네, 그대로 가만히 있어야 해요.
(교사의 손가락이 있는 고리부터 숫자를 세어 가다가) 아…. 선생님 59…
그 다음에는 뭐예요? 선생님이 같이 세어 주세요.
교사: 그래. 같이 세어 보자.
윤호, 교사: 60, 61, 62, 63, 64, 65 … 97!
윤호: 얘들아~ 내가 책상을 재 봤더니 97개나 필요해.
유아들: 와~ 엄청, 엄청 많이 필요하다!

유아의 요청 ▶ 길이를 재는 데 필요한 고리의 개수를 알고자 함.

교사의 지원 ▶ 수세기 시작점을 잡아 주면서 유아와 함께 수세기를 함.

(2) 긴 고리와 같아지려면 우리가 몇 명이나 있어야 할까?

유아들은 고리를 이어 책상 길이를 재어 보고, 책상 둘레 길이만큼의 고리를 연결한다.

(책상 둘레 길이만큼의 고리를 길게 늘어놓으며)
지율: 그럼 이건 우리들이 몇 명이나 있어야 할까?
윤호: 그럼 한번 재 보자! 근데 이거 너무 긴데,
어떻게 하지? 어떻게 할 수 있지?
지율: 선생님한테 책상 위에서 잡아 달라고 하자!
교사: 여기에 올라가서 잡으면 돼?

교사가 책상에 올라가 고리를 높이 들었지만, 고리는 여전히 바닥에 닿는다.

시우: 아! 그럼…. 고리를 이렇게 (바닥에) 놓고
우리가 여기 옆으로 누워서 재 보면 어때?
유아들: 아! 맞다! 이걸 바닥에 길게 두고
우리가 누우면 되겠네!
지율: 애들아, 내 위로 누워 봐!

유아들은 연결한 고리를 바닥에 길게 놓고 고리의 길이를 누워서 잰다.

교사의 지원

유아들이 다양한 방법으로 고리의 길이를 비교할 수 있도록 지원함.
그 과정에서 유아 간 갈등을 스스로 해결하도록 상호작용하며 중재함.

고리의 길이만큼 서로서로 연결고리의 옆에 누워 보다가 위에 누운 친구들의 발이 아래에 위치한 친구의 머리에 닿기도 한다.

지율: 야! 이윤호 발 치워! 내 얼굴에 닿잖아!
윤호: 나도 자리 없다고!
지율: 야! 발 치워! 나 불편하잖아!
윤호: 미안해. 잠깐만 기다려 봐. 준성아, 위로 조금만 더 올라가 줘.
준성: 야! 왜? 나도 자리 없어!
윤호: 그럼 위에 친구한테 위로 더 올라가라고 말하면 되잖아.
준성: 지윤아! 위로 조금만 올라가! 아래 친구들이 불편하대!
지윤: 알겠어. (엉덩이를 움직여 위로 올라가며) 이제 됐어?
준성: 응. 잠깐만! 윤호야 이제 위로 올라와 봐.
윤호: 고마워. 지율아, 이제 됐어?
지율: 응. 됐어!
유아들: 선생님! 우리 몇 명이나 있어야 해요?

유아들은 친구의 발이 얼굴에 닿거나 자리가 좁아 발생한 문제를 해결하기 위해 제일 위쪽에 있는 친구에게 조금 더 위로 이동해 달라고 요청하고, 조금씩 위로 움직여 공간을 내어 주며 갈등 상황을 스스로 해결해 나간다.

(3) 고리로 우리 몸을 재 보았어요

길게 연결한 고리를 이용하여 길이 비교하기는 신체 길이 측정으로 이어졌다. 유아들은 여러 개의 고리를 연결하여 자신의 키와 친구의 키를 비교하고, 교사에게 팔을 옆으로 쭉 뻗어 보라고 하며, 고리의 개수로 교사의 팔 길이와 자신들의 신체 길이를 비교한다.

지윤: 키는 25개가 필요해!
윤호: 어? 나는 23개인데~
지윤: 내가 더 키 크다. 그치? 선생님 팔 한 번 줘 봐요.
교사: 선생님 팔? 이렇게 옆으로 쭉 들고 있으면 돼?
지윤: 네. 가만히 있으세요. 선생님, **선생님 팔은 제 키보다 작아요.**
교사: 그렇네. 지윤이 키 연결고리가 선생님의 팔보다 더 길어!
윤호: 선생님 팔은 제 키보다도 작아요.
교사: 맞아. 윤호 키 연결고리도 선생님 팔 길이보다 더 길구나!
윤호: 그럼 고리를 몇 개 빼 볼게요. 이만큼이면 되요! 몇 개인지 제가 세어 볼게요. 하나, 둘, 셋, 넷…. 선생님! **선생님 팔은 14개가 필요해요!**
윤호: 선생님 여기 잡아 주세요. 지윤아, 너 팔 옆으로 해 봐.
지윤: 이렇게?
윤호: 응. 가만히 있어 봐!
지윤: 알겠어.
윤호: 선생님도 계속 잡고 있어야 해요. 선생님! **선생님 팔 하나가 지윤이 팔 2개예요!**

유아의 관심 ▶

다양한 대상의 신체 길이를 비교함.

교사의 참여 ▶

유아들과 신체 길이 비교 대상으로 놀이에 참여함.

(4) 제일 긴 고리로 어디까지 갈 수 있을까?

유아들은 고리로 서로의 신체의 길이를 재어 보면서 고리를 더 길게 만들고 싶어 한다. 고리를 길게, 더 길게 만들기 위해, 유아들은 모든 고리를 연결한다. 유아들은 아주 긴 고리로 교실의 크기도 재어 보고, 긴 고리가 어디까지 닿을 수 있는지 고리의 끝을 잡고 이곳저곳으로 가 본다.

지윤: 윤호야, 이제 그거 줘 봐. 나 이거 제일 길게 만들어 볼래.
선생님, 엄~~~청 길죠?
교사: 모든 고리를 다 연결했구나! 와! 아주 길게 만들었네!
지윤: 우리 교실 길이 재어 보려고요. (교실 바닥에 길게 놓으며)
이렇게 놓아서 보면 되겠다! 아민아, 여기 좀 잡아 줘!
아민: (고리에 걸려 넘어질 뻔한다)
지윤아 나 넘어질 뻔했어.
지윤: 미안해. 괜찮아?
아민: 응, 괜찮아. 다른 친구들도 나처럼 걸리면 어떡해?
지윤: 그럼 다칠 텐데...
아민: 그럼 애들한테 말하면 되잖아.
지윤: 친구들한테 밟지 말아 달라고 말해야겠다.
(큰 소리로) **얘들아~~, 이거 밟으면 넘어져. 밟지 않게 조심해!**

유아의 관심▶

고리를 다 연결하면, 어디까지 갈 수 있는지 알고 싶어함.

교사의 참여▶

궁금증 해결을 위한 유아들의 시도를 지원함.

유아들: 그래 알겠어! 근데 이거 뭐야? 엄~~~청 길다!
지윤: 나 이제 **교실 길이가 얼만큼 가는지 보고 싶어서 만들었어.**
아민아, 이것 좀 잡아 줘.
아민: 응, 알겠어.
지윤: 어? 교실 밖으로 나간다!
아민: 이게 교실보다 더 긴가 봐.
지윤: 선생님! **저 이거로 형님반 어디까지 갈 수 있는지 알고 싶어요.**
미술실이랑 여기 교실 입구에서 두 번 다 해 볼래요!
교사: 그래 좋아! 두 가지 방법으로 어디까지 갈 수 있는지 한번 알아보자.
지윤: 먼저 미술실로 갈래요! 아민아~ 한 번만 더 잡아 줘!
아민: 응! 여기서 잡으면 돼?
지윤: 응. 거기서 잡고 있어 줘. 내가 갔다 올게!

(5) 미술실, 형님반, 유희실… 이만큼 멀리 갈 수 있어!

제일 긴 고리로 어디까지 갈 수 있을까?
3가지 방법 시도

방법 1	교실 입구를 통해 형님반 가기
방법 2	미술실을 통해 형님반 가기
방법 3	교실입구를 통해 1층 유희실까지 고리로 연결하기

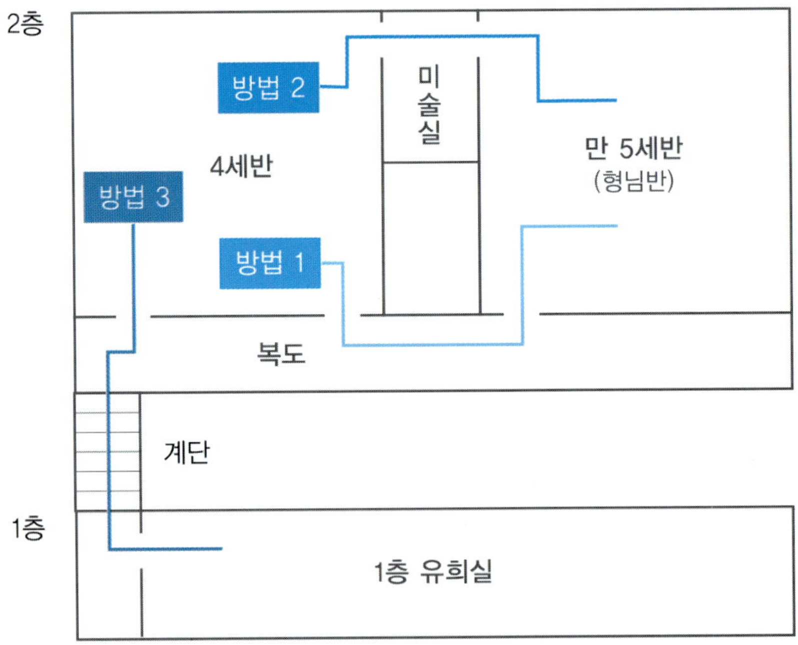

방법1 교실 입구를 통해 형님반 가기

'우리가 연결한 고리는 얼마나 긴 걸까?', '바로 옆 교실의 형님반까지는 갈 수 있을까?', '고리는 교실 문을 지나 어디까지 갈 수 있을까?' 궁금해하며 고리 끝을 잡고 교실 밖으로 나가 본다.

지윤: 옆에 형님반까지도 갈 수 있을까?
시우: 갈 수 있을 것 같은데?
채민: 그럼 우리 가 보자!
지율: 근데 교실 나가야 하는데.
지윤: 선생님 고리 가지고 형님반까지 가 보고 싶어요.
교사: 형님반 선생님하고 형님들한테 물어봐야 할 것 같은데?
지율: 우리가 물어볼게요!

형님반 교사와 형님들의 동의를 받고, 교실 문부터 복도를 지나 형님반으로 고리를 끌고 들어간다.

형님반 유아들: 이게 뭐야? 지렁이 같아!
지윤: 엄청 길지? 우리 반에서 여기까지 온 거야~
얘들아, 여기까지 올 수 있어! 여기 봐 봐!
시우: 진짜 멀리까지 갔네! **이걸로 우리 반이랑 형님반을 하나로 묶을 수 있을 거 같아.**

방법2 미술실을 통해 형님반 가기

지윤: 저 쪽으로도 형님반에 갈 수 있을까?
채민: 어디? 미술실로?
시우: 갈 수 있지 않을까?
윤호: 그럼 저기도 가 보자! 내가 잡고 있을게 이번엔.
채민: 미술실로 갈 때는 3번 구부러져야 해. 잘 잡아 줘.

형님반으로 갈 수 있는 또 다른 경로인, 미술실를 통해서도 긴 고리가 형님반까지 닿을 수 있을지, 고리를 끌며 미술실을 지나 형님반으로 간다.

방법3 교실입구를 통해 1층 유희실까지 고리로 연결하기

'형님반 교실까지 갈 수 있는 긴 고리가 1층의 유희실까지 갈 수 있을까?' 새로운 궁금증을 풀기 위해 더 많은 유아들이 놀이 참여한다. 교실 문에서 고리를 잡는 유아, 긴 고리 끝을 잡고 내려가는 유아, 혹시 고리가 중간중간 끊어지지 않는지 확인하는 유아, 교사도 유아들과 같은 호기심을 갖고, 고리를 잡아 주며 놀이에 참여한다.

지윤: 이렇게 길면 유희실까지도 내려가겠다.
채민: 헤에-! 유희실은 1층이야!
시우: 유희실도 해 보는 거 어때?
윤호, 성윤: 나도! 나도! 같이 내려가!
교사: 어디까지 갈 수 있을까? 나는 여기 꺾이는 데서 잡아 줄게.
지은: 얘들아, 고리 끊어지지 않게 조심해!
시우: 고리 밟으면 안돼 미끄러져. 조심해!
준성: 뭐야! 엄청 멀리 갔어! 자, 유희실까지 왔어.
다음에는 더 멀리까지 갈 수 있으면 좋겠다!

점점 더 길게 이어지는 고리처럼 고리를 이용한 유아들의 놀이도 점점 더 길게 이어진다.

교사의 지원 ▶

유아들의 놀이에 흥미를 갖고 놀이 참여자가 됨.

정리하면, 다양한 모양과 색의 고리 제공으로 유아들은 다양한 장신구 만들기와 가게놀이를 하였다. 장신구가게 놀이는 고리를 이용한 길이 재기, 제일 긴 고리 만들기, 긴 고리가 어디까지 갈 수 있는지 알아보는 놀이로 이어졌다. 고리를 이용한 유아들의 놀이는 이어진 고리처럼 길게 이어지며 계속되었다.

3) 지렛대 놀이(주제 안에서 놀이가 발현된 사례)

놀이의 시작

항상 신나고 자유로운 가온반에는 4세 유아 26명이 함께하고 있다. 유아들이 생활 속 각종 도구에 흥미를 보여서 '생활도구' 주제를 진행하며 교사는 유아들과 함께 과학체험관에 견학을 다녀왔다. 그 후 교실은 도구와 기계를 구성하며 놀이하는 유아들로 가득하게 되었다.

한 유아가 체험관에서 본 지렛대를 구성하고 블록 날리기를 시도하자, 교실은 소란스러워지고, 블록이 튀면서 주변에서 놀이하고 있던 유아를 깜짝 놀라게 하는 상황이 발생했다. 이후 어떤 놀이가 벌어졌을까?

"이거 지렛대 놀이다!"
"이렇게 블록이 슝~. 날아가요."
교실 한 켠에서 한두 명의 유아가
지렛대를 만들어 블록 날리기를 시작하였다.
"아우, 깜짝이야! 갑자기 블록이 날아와. 맞을 뻔했네."
"선생님, 얘네들이 블록을 날려서, 불편해요."

교사의 지원 ▶ **공간의 변화(교실 밖으로 확장)**

교사는 지렛대 놀이를 하는 유아와 주변 유아 모두에게 불편함 없이 놀이가 이어질 수 있도록 지원하는 방법에 대해 고민하였다. 유아들이 더 넓은 복도에 나가서 하고 싶다고 하였고 이를 수용하여 놀이공간을 확장하였다.

놀이의 전개

(1) 자유롭게 블록 날리기

복도로 나온 유아들은 자신이 하고 싶은 다양한 방식으로 자유롭게 블록 날리기를 하였다. 유아들은 스스로 지렛대에 힘을 가하는 다양한 방식을 시도하면서 블록을 날리기 위해서는 발로 지렛대를 누르는 것이 가장 좋은 방법임을 알게 되었다.

"엉덩이로 쿵 누를 수도 있다!"
"발로 하는 게 제일 편하지."

교사의 지원 ▶ **안전**

교사는 유아가 온몸으로 다양한 도전을 하면서 안전하게 놀이할 수 있도록 복도에 있던 물건을 치워 주었다. 그리고 복도를 공유하는 다른 반 교사에게 이 사실을 알리고 양해를 구했으며 아이들과 이야기하여 블록은 다른 반 출입문 반대쪽으로 날리도록 하여 모두의 안전을 고려하였다.

(2) 멀리 날리기 위한 조건 탐색하기

유아들은 블록을 멀리 보내기 위해서 지렛대에 가하는 힘이 세야 함을 알게 되었다.

"살짝 뛰면 벽돌을 내가 바로 잡지!"
"멀리서 뛰어오면 벽돌이 더 멀리 날아가!"

유아는 지렛대 받침대의 높이에 따라 블록이 날아가는 거리가 달라짐을 발견하였다. 유아는 시행착오를 거쳐 블록을 날려 보내기에 가장 적절한 높이의 받침대 개수를 찾았다.

"이렇게 높이 하면 우주까지 가는 거 아니야?"
"2개가 딱 적당해요."

교사의 지원 ▶ 상호작용(관찰하기)

교사는 유아가 블록을 멀리 날리기 위한 조건을 주도적으로 실험하고 탐색하는 과정을 지켜보았다.

(3) 멀리 날리기 시합하기

복도에서 블록 날리기 놀이를 제각기 하던 유아들은 점차 누가 더 멀리 날리는지 시합하는 것에 흥미를 보였다.

"어느 쪽이 더 멀리 가는지 시합해 보면 알지."
"내가 더 멀리 날릴 거야."
한 유아가 먼저 블록을 날리고 멀리 떨어진 블록을 다시 주워 왔다.
뒤이어 다른 유아가 블록을 멀리 날렸다.
"내가 더 멀리 날렸지?"
"아니지. 내 거가 더 멀리 갔어. 아까 나는 이만큼 왔잖아."
"아닌데. 잘못 본 거 같은데?"
"선생님, 내 거가 더 멀리 갔는데 얘가 자꾸 자기가 더 멀리 갔대요."

교사의 지원 ▶ **상호작용(질문하기)**

교사는 유아 간 갈등을 중재하면서 유아가 블록이 날아간 거리를 비교, 측정하는 것이 수학적 경험을 하기에 교육적으로 적절한 순간이라 생각하였다. 유아가 블록이 날아간 거리를 비교할 수 있도록 기록하고 측정하는 방법에 대해 질문하였다.
"날아간 블록을 그냥 가져와 버리면, 얼마나 멀리 날렸는지 알 수 있을까?"
"정확하게 기억하려면 어떻게 해야 할까?"
"바닥에 어떻게 표시하면 좋을까?"
유아는 자신의 이름을 적어 와서 블록이 떨어진 곳에 놓고 블록을 되가져 오는 방법으로 시합을 진행하였다.

(4) 목표물 맞추기 시합하기

복도에서 자유롭게 지렛대로 블록 날리기 놀이를 하다가, 유아가 날린 블록이 복도 한쪽으로 치워 두었던 공동작품 나무에 우연히 맞았다.

(교사의 눈치를 보며) "야, 그걸 맞추면 어떡해…."
교사는 미소 지으며 공동작품 나무를 복도 가운데로 옮겨 주었다.
유아들의 놀이는 나무에 블록 맞추기 시합으로 이어져 나갔다.
다른 유아들도 관심을 가지며 점차 많은 수의 유아가 복도로 나오기 시작하였다.

교사의 지원 ▶ **상호작용(정서적 지원하기), 일과의 변화(놀이를 지원하기 위한 활동)**

공동작품에 유아가 블록을 날려 맞춘 상황에서 교사는 유아의 행동을 제한하거나 나무라지 않고, 재미있는 놀이로 이어 갈 수 있을 것이라 판단하여 공동작품 나무를 복도 중앙으로 옮겨 주었다.
또한 교사는 더 많은 아이들과 이 놀이를 함께하고 싶다는 유아들의 제안을 받아들여 이 놀이를 활동으로 지원하기로 하였다.

(5) 지렛대로 블록 날리기 게임하기

교사는 유아들의 의견을 받아들여 가온반 모든 유아가 참여할 수 있도록 게임 활동을 진행하였다. 유아들 스스로 창안한 게임인 만큼 게임의 방법 설명하기, 게임 자료의 준비와 배치, 규칙 정하기 등 모든 과정을 유아가 주도하도록 하였다.

"우리 팀 지렛대 높이는 이 정도로 하자. 어때?"
"아냐. 2개나 3개가 적당해."
"나무판이 출발선에서 너무 멀어. 좀 당겨!"

교사의 지원 ▶ **상호작용(질문하기/제안하기)**

교사는 유아들의 놀이로부터 발현된 게임이므로 최대한 게임을 개발한 유아들이 활동의 모든 과정에서 주도적 역할을 할 수 있도록 하였으며, 교사는 다른 유아들과 함께 경청하다가 개입이 필요한 순간에 질문을 하거나 의견을 정리하면서 활동이 원활히 진행되도록 지원하였다.

(6) 지렛대 놀이에 대한 이야기 나누기(활동)

게임 활동 후 유아들은 지렛대 놀이에 대한 흥미가 커졌고, 교실 안에서도 지렛대 놀이를 하였다. 또다시 지렛대 놀이로 인해 불편함을 느끼는 유아가 있어, 교사는 교실 안에서 지렛대 놀이 시 지켜야 할 약속과 놀이방법에 대해 이야기 나누었다.

교사는 유아들의 요청에 따라 세모 받침대를 제공하였는데, 지렛대가 자꾸 미끄러졌다. 유아들은 새롭게 사용할 지렛대로 자료실에서 폼보드를 골랐다.

놀이를 하던 중 유아는 지렛대의 높이뿐 아니라 받침점의 위치에 따라 날아가는 거리가 달라짐을 알게 되었다. 점차 유아들의 놀이는 상자에 물체를 골인시키는 게임으로 발전되었다.

교사의 지원 ▶ **일과의 변화(놀이를 지원하기 위한 활동), 자료의 변화(유아가 발견한 자료 지원)**

교실 안으로 옮겨진 지렛대 놀이로 다시 유아 간 갈등이 빈번해지자 교사는 일과를 변경하여 이야기 나누기 활동을 진행함으로써 유아의 놀이를 지원하였다.
또한 유아들의 요청에 따라 세모 받침대를 제공하였고, 새로운 종류의 지렛대를 제공하기 위해 유아들과 함께 자료실에 가서 의논 후 폼보드를 제공하였다.

놀이의 마무리와 새로운 관심의 시작

발사대 놀이

지렛대 놀이가 마무리되어 갈 즈음, 교실 한쪽에서 몇몇 유아들은 생활 속의 도구 중 스프링의 움직임이 주는 흔들거림 현상에 관심을 갖고 재미있는 놀잇감을 만들며 놀이하였다.

"쭉 늘어났다 손을 놓으면 팅~. 다시 줄어들고 흔들흔들해요!"
"뚜껑을 열면, 인형이 튀어나와 친구가 깜짝 놀라요"
"스프링과 지렛대 놀이가 만나니 새로운 놀이가 되었어!"

스프링이 달린 놀잇감을 발명하던 유아들이 교실의 지렛대 놀이에 관심을 가지면서, 지렛대 놀이는 스프링이라는 새로운 자료, 유아들의 경험과 아이디어를 만나 새로운 발사대 놀이로 발전되어 갔다.

교사의 지원 ▶ **자료의 변화(유아가 발견한 자료 지원)**

교사는 발사대 놀이를 지원하기 위해 세모 받침대 위에 올려놓을 수 있는 평평한 판이 있었으면 좋겠다는 유아의 요구를 반영하여 유아들과 각종 판지와 상자들을 살펴보다가 유아들이 선택한 상자의 덮개를 제공하였다.

참/고/문/헌

경기도교육청(2024). 유아 인성교육 장학자료, 유아 인성교육을 담다.

경기도북부육아종합지원센터(2023). 나트륨 저감교육 프로그램 사례집.

경기도북부육아종합지원센터(2023). 인성교육 우수어린이집 프로그램 사례집.

경기북부육아종합지원센터(2020). 2020 우수보육프로그램.

고려대학교 교육사철학연구모임(2009). **교육사상의 역사**. 서울: 집문당.

고문숙, 권민균, 김명화, 김수영, 김수향, 임영심, 정정희(2014). **보육과정**. 경기: 양서원.

고연경, 장석경(2021). **보육과정**. 서울: 동문사.

고정곤, 이영희, 김재현, 이시진, 장지현(2015). **영유아를 위한 현장실천중심의 보육과정**. 경기: 양서원.

공진이(2023). 지역사회와 연계한 유아 인성교육 프로그램 개발. 광주대학교 대학원 박사학위 논문.

곽노의, 홍순정(2011). **유아교육사상**. 서울: 문음사.

교육과학기술부(2008). **유치원교육과정 해설-총론**. 서울: 대한교과서.

교육부(2020). 교사를 위한 놀이운영 사례집.

교육부(2020). 교사를 위한 놀이지원 워크북.

교육부(2021). 국민과 함께하는 미래형 교육과정 추진 계획(안).

교육부(2024). 2024 개정 표준보육과정(0~2세) 고시문. 교육부고시 제2024-23호.

교육부(2024). 유보통합 실행계획(안).

교육부, 보건복지부(2019). 2019개정 누리과정 놀이실행자료.

교육부, 보건복지부(2019). 2019개정 누리과정 해설서.

교육부, 보건복지부(2020). (2019 개정 누리과정) 놀이운영사례집. 놀이, 유아가 세상을 만나고 살아가는 힘.

교육부, 육아정책연구소(2024). 2024 개정 0~2세 표준보육과정 연수자료집.

교육부, 한국보육진흥원(2024). (2024 개정) 어린이집 평가 매뉴얼.

국가환경교육센터(2022). '지구야, 내가 탄소를 줄여줄게' 한글 활동지.

국립특수교육원(2022). 장애유아놀이운영지원 안내자료.

권수정, 이은진, 김민정, 백경미(2014). **보육과정**. 경기: 공동체.

권혜진, 김유미, 이보람, 이완정, 임여정(2021). (제4차 어린이집 표준보육과정 및 2019 개정 누리과정과 함께하는) **보육과정.** 서울: 창지사.

김계중, 조영주, 김정숙, 문수영, 최종문(2020). **보육과정.** 서울: 창지사.

김미영(2010). **영아발달.** 경기: 정민사.

김은영(2019). 누리과정 개정의 배경과 개정내용. **육아정책포럼**, 6-15.

김은주(2003). 생태유아교육의 사상체계 및 실천원리 연구. 부산대학교 대학원 박사학위논문.

김지은, 문혁준, 김경회, 김현주, 김혜금, 김혜연, 신혜원, 안선희, 안효진, 임연진, 조혜정, 황옥경(2006). (개정) **보육과정.** 서울: 창지사.

김진규(2015). **교육과정과 교육평가.** 서울: 동문사.

김현자, 서지영, 조미영, 강경민(2022). (개정2판) **보육과정.** 경기: 어가.

대전시육아종합지원센터(2022). 2022 우수보육프로그램 공모전 우수사례집.

모용희(2015). 가정과 연계한 인성교육이 유아의 기본생활습관, 도덕적 판단력 및 정서지능에 미치는 영향. 원광대학교 대학원 박사학위논문.

박영심, 신지현, 최희경, 박영숙(2021) 코로나19 감염예방 조치에 따른 만 2세 영아 발달특성 고찰, **차세대융합기술학회논문지, 5**(3), 487-495.

박찬옥(2020). 보육과정 이해. 보육전문성, 서울시여성가족재단.

박찬옥, 구수연, 이옥임, 안은정(2020). **제4차 어린이집표준보육과정을 반영한 보육과정.** 경기: 정민사.

박찬옥, 김낙흥, 구수연, 이옥임, 노희연, 이선영(2016). **영유아프로그램 개발과 평가.** 경기: 정민사.

박찬옥, 김낙흥, 구수연, 이옥임, 노희연, 이선영, 이예숙(2014). **보육과정.** 경기: 정민사.

박찬옥, 서동미, 곽현주, 박성희, 한남주, 홍찬의(2020). (2019 개정 누리과정을 반영한) **유아교육과정.** 경기: 정민사.

보건복지부(2000). 제4차 어린이집 표준보육과정 해설서.

보건복지부(2013). 제3차 어린이집 표준보육과정 해설서.

보건복지부(2014). 다문화보육프로그램 2권.

보건복지부(2014). 취약보육 다문화보육프로그램 1권.

보건복지부(2014). 취약보육 장애아보육프로그램 1권.

보건복지부(2020). 제4차 어린이집 표준보육과정 해설서.

보건복지부, 중앙육아종합지원센터(2020). (2019 개정 누리과정) 보육일지 개선방향 및 일지 양식 예시.

보건복지부, 한국보육진흥원(2023). 배움을 놀이에서 찾다.

서영숙, 안소영, 안지혜, 김영명(2019). **영유아프로그램 개발과 평가.** 경기: 공동체.

서울특별시교육청 미래교육지원단(2024). 구글 아트앤컬쳐 활용법 및 놀이사례 PPT 자료.

서울특별시교육청(2024). 아는 만큼 보이고 보이는 만큼 실행하는 관찰 및 평가.

서울특별시육아종합지원센터(2021). 자연, 놀이, 아이중심의 생태친화보육의 이해.

서울특별시육아종합지원센터(2022). 놀이 관찰과 기록.

성태제(2017). 제4차 산업혁명시대의 인간상과 교육의 방향 및 제언. **교육학연구**, 55(2), 1-12.

오미경, 이은미, 박경희(2017). **영유아프로그램 개발과 평가.** 경기: 공동체.

울산광역시육아종합지원센터(2023). 탄소중립 실천 보육프로그램- 실행안내서.

육아정책연구소(2019). 개정 누리과정(안) 공청회 자료.

육아정책연구소(2019). **누리과정 개정 정책 연구.**

윤매자, 안창희(2021). **보육과정.** 서울: 동문사.

윤애희(2003). **(교사를 위한) 유아놀이지도.** 서울: 창지사.

이기숙, 김정원, 이현숙, 전선옥(2019) **영유아교육과정**(제4판). 경기: 공동체.

이상진(2023). 아이들의 행복을 위한 유보통합의 방향. **육아정책포럼**, 77, 4-7.

이성호(1982). **교육과정 개발과 전략.** 서울: 문음사.

이신동, 강창동, 구자억, 김동일, 김복영(2020). **교육학개론.** 서울: 학지사.

이영(2017). **영유아발달.** 서울: 학지사.

이영덕(1987). **교육과정이란 무엇인가? 교육과정과 평가.** 서울: 교육과학사.

이원영, 이영자, 주영희(1991). **유아교육원리.** 서울: 대한교과서.

이정아(2017). 생태유아교육활동에서 나타난 유아의 창의적 경험과 의미. 경인교육대학교 교육대학원 석사학위논문.

임재택(2019). 누리과정 개편안의 성공적 실현을 위한 생태유아교육과정의 운영, 한국생태유아교육학회 2019년도 춘계학술대회 자료집. 15-45.

정금자, 석은조, 김춘화(2014). **유아교육사상사.** 경기: 정민사.

정옥분(2016). **영아발달.** 서울: 학지사.

중앙육아종합지원센터(2020). (0~2세 보육과정) 놀면서 자란다.

지성애, 배율미, 신금호, 박희숙, 정재은, 정하나, 김성희, 신수경(2018). **유아교육개론.** 경기: 정민사.

하정연, 노진형, 전재선, 황현숙, 허우정(2017). **영유아프로그램 개발과 평가.** 경기: 양서원.

한국보육진흥원(2018). 장애아 통합보육 컨설팅 매뉴얼.

한국보육진흥원(2021). 모두를 나답게 키우는 어린이집 속 다문화.

한동승(2016). 4차 산업혁명 시대, 대학 교육과 콘텐츠. **인문콘텐츠**, 42, 9-24.

한종화(2022). (제4차 어린이집 표준보육과정 실행을 위한) **일상과 놀이에 기반한 영아중심의 발현적 보육과정**. 경기: 공동체.

황해익, 송연숙, 최혜진, 손원경, 남미경, 고은미, 정명숙(2020). **영유아프로그램 개발과 평가**. 경기: 공동체.

Bredekamp, S., & Copple, C. (1997). *Developmentally Appropriate Practice in Early Childhood Programs.* Washington, DC: National Association for the Education of Young Children.

Bredekamp, S., & Rosegrant, T. (Eds.) (1992). *Reaching potentials: Appropriate curriculum and assessment for young children* (Vol. 1). Washington, DC: National Association for the Education of Young Children(NAEYC).

Bredekamp, S., & Rosegrant, T. (Eds.) (1995). *Reaching potentials: Transforming early childhood curriculum and assessment* (Vol. 2). Washington, DC: National Association for the Education of Young Children(NAEYC).

Bronfenbrenner, U. (1995). Ecological system theory. In R. Vasla (Ed.) *Annuals of Child development,* vol. 6. 187-249. Greenwich, CT: JAL Press, Inc.

CDC. (2020). *Coronavirus disease 2019 (COVID-19). Department of Health and Human Services.* Cases in U.S. Atlanta, GA: US.

Heckman, J. J. (2006). Skill formation and the Economics of investing in disadvantage Children. *Science, 312*(5782), 1900-1902.

National Association for the Education of Young Children(NAEYC). (1997). *Developmentally Appropriate Practice in Early Childhood Programs.* Washington, DC: NAEYC.

Nelson, C. A. (2000). The neurobiological based of early intervention. In J. P. Shonkoff & S. J. Meisels (Eds.) *Handbook of early childhood intervention,* 2nd(204-227). Cambridge, MA: Cambridge University Press.

Rinalid, C. (2006). *In Dialogue with Reggio Emilia: Listening, researching and learning.* London: Routledge.

Robison, H. F., & Schwartz, S. L. (1982). *Designing curriculum for early childhood.* Boston, Mass.: Allyn and Bacon.

Schwab, K. (2016). **클라우스 슈밥의 제4차 산업혁명**. [The Fourth Industrial Revolution] (송경진 역). 서울: 새로운현재(원저출간: 2016).

Stacey, S. (2015). **발현적 교육과정-이론에서 실제로의 적용**. [Emergent curriculum in early childhood setting] (정선아, 윤은주 역). 서울: 창지사(원저출간: 2009).

Tyler, R. W. (1949). *Basic principles of curriculum and instruction.* Chicago: University of Chicago Press.

Zeanah, C. H., Egger, H. L., Smyke, A. T., Nelson, C. A., Fox, N. A., Marshall, P. J.,& Guthrie, D. (2009). Institutional Rearing and Psychiatric Disorders in Romanian Preschool Children. *American Journal of Psychiatry, 166*(7), 777-785.

표준국어대사전 https://ko.dict.naver.com

네이버케스트 https://terms.naver.com/list.naver?cid=59039&categoryId=59044

찾/아/보/기

인명

내용

저 / 자 / 소 / 개

■ **박찬옥**

중앙대학교 유아교육과 학사 · 석사 · 박사
전) 중앙대학교 부속유치원 원장, 중앙대학교 유아교육과 교수
현) 중앙대학교 유아교육과 명예교수
저서) 놀이지도, 유아교육과정, 유아교육개론,
유아를 위한 감성교육 프로그램 외 다수

■ **나혜선**

중앙대학교 유아교육과 학사 · 석사 · 박사
현) 경동대학교 유아교육과 교수
저서) 유아교과교재연구 및 지도법, 영유아프로그램 개발과 평가,
영유아미술교육 외 다수

■ **이예숙**

중앙대학교 유아교육과 학사 · 석사 · 박사
현) 배화여자대학교 유아교육과 교수
배화여자대학교부속배화유치원 원장
저서) 보육학개론, 유아교사를 위한 논리논술교육, 유치원 교직실무,
영유아발달 외 다수

■ **황소영**

중앙대학교 유아교육과 학사 · 석사 · 박사
현) 유한대학교 사회서비스학과 아동보육전공 교수
저서) 영유아미술교육, 교과교재연구 및 지도법, 영유아 프로그램 개발과 평가,
영유아를 위한 음악교육, 놀이지도 외 다수

보육과정

1판 1쇄 인쇄 — 2025년 2월 24일
1판 1쇄 발행 — 2025년 2월 28일

저　　자 - 박찬옥 나혜선 이예숙 황소영
발 행 인 - 강철원
발 행 처 - 양성원
주　　소 - 경기도 파주시 검산로 173번길 29-12
전　　화 - 031-946-3861(代)
팩　　스 - 031-946-3864
이 메 일 - tnwpub@naver.com
홈페이지 - tnwpub.co.kr
출판등록 - 2015년 8월 31일 제 2015-000211 호

ISBN 979-11-6126-605-3

정가 22,000원